综合实践活动课程
理论探索与实践

尚海涛○著

民主与建设出版社

·北京·

图书在版编目（CIP）数据

综合实践活动课程理论探索与实践 / 尚海涛著. —
北京：民主与建设出版社，2020.5
ISBN 978-7-5139-2929-5

Ⅰ.①综⋯ Ⅱ.①尚⋯ Ⅲ.①活动课程—教学研究—
小学 Ⅳ.①G622.3

中国版本图书馆 CIP 数据核字（2020）第032515号

综合实践活动课程理论探索与实践
ZONGHE SHIJIAN HUODONG KECHENG LILUN TANSUO YU SHIJIAN

著　　者	尚海涛	
责任编辑	刘　芳	
封面设计	姜　龙	
出版发行	民主与建设出版社有限责任公司	
电　　话	（010）59417747　59419778	
社　　址	北京市海淀区西三环中路 10 号望海楼 E 座 7 层	
邮　　编	100142	
印　　刷	北京虎彩文化传播有限公司	
版　　次	2022年6月第1版	
印　　次	2022年6月第1次印刷	
开　　本	710 毫米 × 1000 毫米　　1/16	
印　　张	16.75	
字　　数	302千字	
书　　号	ISBN 978-7-5139-2929-5	
定　　价	45.00 元	

注：如有印、装质量问题，请与出版社联系。

从1998年任教活动课算起，至今与综合实践活动相伴已经有22年了。我也从一位一线教师，逐渐成长为教研组长、教导主任、教研员、业务校长，到现在的教科室副主任，虽然职务在变换、单位在变迁，但不变的是我对综合实践活动课程的热爱。

在我国基础教育课程改革中，"综合实践活动课程"以它崭新的课程形态和前沿的课程立意在课程结构中发挥着极其重要的作用。它的设立是社会转型和转变教育理念的产物，是基础教育课程结构的重大突破，也是我国基础教育改革的亮点和创新点之一。

作为一门全新的课程，综合实践活动有着自身的理念、目标、内容和价值的追求。如何让这门课程尽快落地生根，这期间我边学习、边实践、边思考，因地制宜，积极探索课程实施的新样态，也取得了点滴成果。

一、立德树人，价值体认照耀综合实践活动课程田野

在课程实施中，我始终将价值体认放在目标的核心位置，引领课程的开发与实施。如在开展"摄影初体验"这一实践活动时，认识相机各部分的名称和作用是知识，如何拍出好的作品是技术，而发现、记录和传播真善美的服务意识与社会责任感则是课程实施最宝贵的价值所在。在开展"面点制作——包水饺"活动时，我想告诉孩子们的是：掌握劳动技术是为了更加幸福地生活，而不是仅仅关注自身技能上的收获。我由此开发的"包水饺"课程也被《中国教育报》评为"2015年值得给孩子开设的28项创意课程"之一。

二、解决真问题，让实践活动"真实而有意义"地发生

打开《中小学综合实践活动课程指导纲要》，从课程性质到基本理念，从课程目标到内容选择和组织原则，强调学生"真实生活""自身发展需要"之类的词语有12处之多，从中凸显了综合实践活动的课程价值是通过引导学生面

对和解决现实生活中的实际问题，培养综合能力，不是教师出题、学生解题，也不是教师教什么学生就学什么，而是立足实践、面向生活，让实践学习有意义地发生。如"社区垃圾分类为何知易行难""盲道通向何方"等。

三、植根生活，开展有"泥土味、烟火气"的综合实践主题活动

陶行知先生认为，给生活以教育，用生活来教育，为生活向前向上的需要而教育，教育要通过生活才能发出力量而成为真正的教育。这和"综合实践活动课程要面向学生完整的生活世界"有着异曲同工之妙。围绕学生的生活世界，我开发实施了"快乐游学""走近百岁老人"等一系列主题实践活动。通过种植植物、探究"泥土里面有什么"、做妈妈的小帮手、争做烹饪小能手等主题实践活动，让孩子们爱上泥土味、恋上烟火气儿，懂得敬畏、尊重和感恩，从而用勤劳的双手把自己的生活捂得热气腾腾。

四、立足综合实践活动，实现与学科课程的有机融合

2016年，我所主持的山东省教育科学规划课题"综合实践活动课程与学科整合及其整体推进"顺利通过省规划办结题验收。在《中小学综合实践活动课程指导纲要》颁行前，由于没有统一的课程标准，导致这门课程在实施中遇到一些问题，例如，教学难度与学生的身心发展不够协调统一，活动内容与学科课程的重叠较多。通过研究，我们取得了丰富的成果：列出了综合实践活动与学科课程资源整合清单；编拟了综合实践活动资源包框架；编写了成体系的资源包；在学科整合后的课时安排上也有了较成熟的经验。

现在我对学科整合又有了新的理解和研究方向：如何以真实问题的研究和解决为依托，将相关学科的教育内容有机融合，开展高效的跨学科主题实践活动，提升学生综合分析和解决问题的能力。

五、开展小课题研究，让儿童自由地探究生活

我引导学生围绕生活提出自己感兴趣的问题，并从中确定有一定探究价值的问题作为综合实践活动小课题开展研究。例如，研究蒜苗在哪种颜色的薄膜下长得快、藕有几个眼儿、蒜有几个瓣儿、带领学生自己制作水果酵素……这些不但丰富了课程资源，而且培养了学生留心生活、积极探究的学习品质。

22年的相伴相知，我从一位综合实践活动战线的新兵成长为"泰山名师""齐鲁名师"，两次荣获山东省综合实践活动优质课比赛一等奖，四次荣获全国优质课比赛一等奖，"泰山名师"风采大赛金奖。2018年，我参加了山东省教科院"送教支教"活动，所申报的教学成果《"整体建构多元创新"山东省中小学综合实践活动课程实施范式的探索与实践》荣获山东省省级教学成果奖特等奖。累计执教省级优质课公开课9节，市县级30余节。累计在《中国教育报》等教育类专业期刊发表文章30余万字。《山东教育》《山东教育报》《创新教育》等先后对我进行了专题报道。我个人被河北省邢台学院初等教育学院聘为"小学综合实践活动教师培训"授课专家。我校也被聊城大学确定为"综合实践活动课程实践基地"，我作为主要参与者先后承办了山东省综合实践活动课堂教学研讨会、全国教师教育学会综合实践活动学科委员会第七届学术年会。

多年来，能够将自己对于综合实践活动的研究和思考付梓出版，一直是我的梦想。目前，经过认真地梳理、筛选和修改，本书书稿终得确定。本书共分四章，第一章为理论策略研究，主要阐述了在课程实施过程中资源开发、教师指导、目标达成等方面的理论探索和实施策略；第二章为教学实践研究，分德育案例、教学评价、教学设计三部分，分别从实践层面结合具体案例阐述活动主题的实施步骤；第三章为课题研究，分综合实践活动小课题研究和教育科学规划课题两部分，以课题研究的视角，再现课题研究的过程；第四章为教育情怀与感悟，借助文章分享综合实践活动研究之路的幸福和快乐。另外，附录部分为综合实践活动目标分层设计，将研究性学习、劳动技术与制作、社区服务与社会实践三个领域的活动目标予以分类细化，对应到不同年级、不同主题。

由于个人能力所限，对本书虽已竭尽全力，但仍难免有疏漏和不妥之处，敬请各位专家批评指正。我将继续快乐耕耘在综合实践活动这块满是希望的田野上，不忘初心，砥砺前行，为实现我心中最美的教育梦想而不懈奋斗。

尚海涛

2020年1月6日

目 录

第一章 理论策略研究

第二章　教学实践研究

第三章 课题研究

第四章 教育情怀与感悟

第一章 01

理论策略研究

运用思维导图开展综合实践活动教学的实施策略

　　综合实践活动课程的设置是整个课程体系结构性的突破，更标志着一种新的课程观念的形成。它生动活泼的课程资源、灵活多样的组织形式，把整个鲜活的世界作为儿童成长的读本，为他们自由探究生活搭建了一个更加广阔的舞台。在综合实践活动课教学中，我将思维导图作为学生知识建构的有效支架，进行了较为丰富的实践和探索。多年的实践经验让我越来越认识到：如果我们能够适时将思维导图引入到教学中，引导学生运用思维导图来构思和设计实践活动，必能大大提高学生思维和实践的效能与品质。

一、思维导图的作用和意义

　　学生要成为意义的主动建构者，就要在学习过程中充分发挥他的主体作用。思维品质决定着学生个体投入程度的高低。爱因斯坦曾经说过，假如能把学生的热情充分激发出来，则学校所规定的课程就会被孩子们当成一种礼物来愉快接受。采用哪种策略能够让学生自己的大脑不会成为他人思维的"跑马场"？通过实践，我认为让学生建立自己相对完善的思维模式是十分重要而且必要的。通过思维导图的绘制，学生对将要进行的整个实践活动有了较为清晰的认识，从顶层设计到细节实施，在活动之初便成竹在胸。另外，思维导图直观形象的特点、框架式的结构形式，更有利于接近人的自然思维过程，能够帮助记忆，整理思路，同时具有发散思维和多元的知识建构性。

二、运用思维导图开展综合实践活动教学的实施策略

第一阶段：学习认识思维导图

1. 出示思维导图样本，分析其中信息

思维导图对于学生并不陌生，甚至是他们童年时期较早熟悉的"朋友"。孩子在生命最初的信手涂鸦，就是一种思维导图的简单展示，它没有文字却说出了孩子想表达的内容，是孩子内心对外部世界的反映，更是使放射性思考变得具体化的一种方法。所以，教师展示思维导图，让学生自己通过分析，试着说出从思维导图中看到了哪些内容，并将其具体化、物化，挖掘出其中蕴含的信息，在分析样本的过程中理解它的内涵。

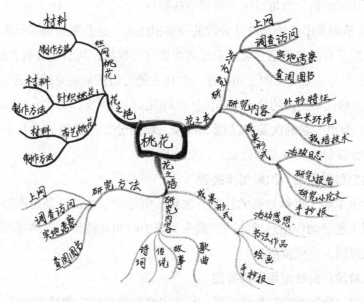

图1　"桃花"思维导图

肥城是有名的肥桃之乡，十万亩桃园更是成功申报了世界吉尼斯纪录。在桃花争相开放的缤纷四月，笔者以"桃花"为主题，向学生展示了一份制作完成的思维导图（见图1）。从图中可以提取出以下信息：研究桃花，可以从桃花的生长、有关桃花的诗词歌赋、手工做桃花等方面来进行。从思维导图中还可以找到各环节的研究方法、内容及其成果呈现形式，一目了然，浅显易懂。

2. 分析思维导图，畅谈理解

对照出示的思维导图，引导学生从结构、文字、图画等方面来分析这幅思维导图是如何绘制的，畅谈自己的认识和理解，从而总结出绘制思维导图的方法。

（1）内容集中在较为核心的问题或主题，明确目标及想解决的相关问题。

（2）将一张纸横着放于面前，以便于能在纸的中央位置绘制思维导图。

（3）在空白纸的中央画一个图像代表目标，不要担心画不好，图像可以激发学生的想象力和发散性思维。不愿画图的学生可以用文字代替。

（4）从一开始就使用颜色，刺激视觉流动和强化图像在头脑中的印象。建议在绘制时使用的颜色不少于三种，可以分不同的层次使用颜色，还可以分不同的主题使用颜色，也可以用于突出一些要点。

（5）从图像中心绘制向外分散的一些粗线条，这些粗线条即是思维导图的主分支。线条弯曲的造型，看上去比直线更富有趣味，从而容易被大脑识记。

（6）在每一条分支的上面标注一个和主题密切联系的关键词语，也可以在思维导图上画几条空白的分支线条，从而刺激大脑对照空白分支开展思考。

（7）为相关联的次要想法画二级及三级的分支。二级分支与主分支相连接，三级分支与二级分支相连接，以此类推。[①]

3. 绘制思维导图，积累创作经验

在学生了解了思维导图的绘制方法后，引导学生尝试绘制思维导图，比如为某一项主题活动作出思维导图，或为周末的时间安排作出思维导图……在练习中熟练运用，形成技巧。

第二阶段：实践运用思维导图

下面以"快乐游学"为例，说一说笔者在教学实践中的操作办法。

1. 确定目标，明确主题

五一期间，很多学生都在父母的带领下安排了外出旅游活动，笔者组织学生畅谈自己的出游感受。大家比较一致的感受是：景区人很多、路上车很多、照片拍了很多、旅游回来后感觉很累……当问及某一处景点的题字是什么内

---

① 博赞.思维导图使用手册［M］.丁大刚，张斌，译.北京：化学工业出版社，2011.

容、谁题的字、题字背后的故事时，学生变得安静了。原来他们的外出旅游仅仅是跟着父母或导游到某个地方转了一圈，事先并没有对旅游目的地开展相关的研究，没有对本次旅游活动进行策划。在学生们充分发言的前提下，笔者进行了总结——"读万卷书，行万里路"，这是人们一直以来经常采用的学习方式，更是完善个人修养的一种重要路径。在游学活动开始前，我们先对其做好相关策划，结合游学的目的地，针对游学的路线、交通方式的选择、有关景点、历史和文化故事、饮食、安全等相关事项进行研究。在游学出发前尽可能多地了解相关知识，从而在游学活动中能够有自己的感悟，对照游学前的相关了解进行印证，并获得新的发现，从而让每一次旅游活动都变成宝贵的游学。按照惯例，围绕主题绘制出"快乐游学"的思维导图。

2. 小组合作，解析主题

小学生年龄小，对于某一项活动的认识和了解还不够全面，学生彼此之间的认识也不是均衡的。建构主义认为，如果可以把联系与思考的过程同合作学习中的商讨过程（即合作、交流的过程）结合起来，那么学生进行认知建构的意义将会更大，质量也会更好。[①]以"快乐游学"为例，由于学生经历及知识储备的不同，他们对游学活动有着参差不齐的认识。因此，可以通过小组合作的形式，在思维导图的绘制和设计上互相帮助，弥补缺漏。大家互相交流开展"快乐游学"活动需要注意些什么，需要做哪些相关准备，需要什么帮助，从而意识到自己需要收集和分析哪些信息和资料，在深入解析主题的基础上，有利于学生做出相对科学完整的思维导图。

3. 实践操作，绘制导图

学生进行小组交流后，教师组织学生绘制思维导图。其间学生也可以与其他同学、老师互动交流。

4. 展示评价，完善导图

展示评价的过程是资源共享的过程，也是弥补缺漏的过程。通过组织学生展示介绍自己制作的思维导图，必定会对其他学生有所启迪，从而取长补短，不断修改完善自己的思维导图。同时也有助于教师了解学生对知识的掌握程度

---

① 高文，徐斌艳，吴刚.建构主义教育研究［M］.北京：教育科学出版社，2008.

以及他们在实践方面的综合素质，丰富学生的思维形式。

以下图2、图3、图4是学生制作的思维导图：

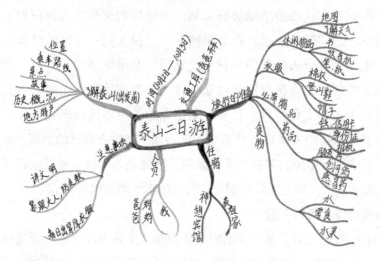

制作人：六年级四班　李铭葳

图2　"泰山二日游"思维导图

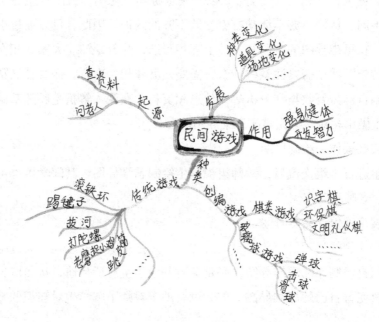

制作人：四年级六班　郭承旭

图3　"民间游戏"思维导图

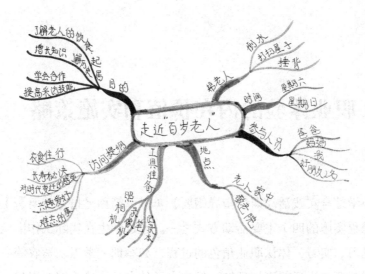

制作人:六年级一班 陈俊杰

图4 "走近'百岁老人'"思维导图

从以上我们不难看出:思维导图以其多元化的知识结构体系打破了传统学科的思维定式,从多个方面尽最大努力将学生的思维路线展现出来,激发学生的创新思维品质,如想象、联想等,使原来关联不大的事物彼此之间进行创造性的互动,不仅有利于提升学生的思维品质,而且培养了他们的想象力和创造力。坚持不断,学生就会形成"谋定而后动"的生活习惯。在今后的人生旅途中,让孩子们变得更加从容,生活更加幸福!这是我们教育的初衷,更是我们教育的目的。

职业体验的内在价值和实施策略

　　《中小学综合实践活动课程指导纲要》（以下简称《指导纲要》）将职业体验作为课程实施的四个主要活动方式之一。通过学生在实际工作岗位上或模拟情境中见习、实习，体认职业角色的过程，如军训、学工、学农等，它注重让学生获得对职业生活的真切理解，发现自己的专长，培养职业兴趣，形成正确的劳动观念和人生志向，提升生涯规划能力。站在课程实施者的角度，作为一名教师，如何来认识职业体验的内在价值呢？在课程实施中，又如何通过职业体验来开展相关实践活动呢？下面笔者将结合教学实践，分别谈一谈自己的理解和做法。

　　职业体验，是综合实践活动课程实施的一种方式，这种方式所承载的内容有哪些呢？诚如《指导纲要》所明确的，目的是通过对不同职业的体验活动，了解社会分工的必要性，了解不同的职业有不同的服务内容，虽然人们的社会分工不同，但是没有高低贵贱之分，正是因为各行各业的劳动者的集体努力，我们的生活才变得越来越美好。通过实践活动，进一步开阔学生的眼界，增进对社会的认识和了解，增长个人才干，提升自己的自理能力和服务社会的水平。

　　职业体验活动，其形式的核心内容是通过劳动来感受不同职业劳动者的工作内容，侧重借助实际的"职业影子"似的亲身实践来获得感受，加深了解，而不是纸上谈兵、坐而论道。我们要避免在教学活动中只是让学生坐在教室里体验，在口头上体验，在稿纸上体验，而要确实走到不同的职业岗位中去，去观察、去了解、去实践、去总结，这样才不会让活动变成蜻蜓点水，才不会沦为在岸上学游泳的假体验。

　　在具体的教学中，笔者认为可以通过以下途径来开展职业体验类综合实践活动课程。

一、做某一岗位的"职业影子"，真刀真枪地贴岗体验

教师在选择职业体验对象时，本着因地制宜、避难求易、易于操作的原则，精心选择，科学策划，用心设计，细心组织。例如，体验护士、医生、教师、保安、交警等职业，都可以选择在周末跟随体验对象进行一天的实践活动。这里当然不是要求学生像医生一样给病人看病，像交警一样在马路上指挥交通，而是做他们的"影子"，用眼睛去看、用耳朵去听、动脑筋去想，从而了解不同职业的工作内容，感受其中的辛苦。

曾经听一位朋友讲到这样一个例子，他的儿子特别想当一名电脑程序设计员，认为这个工作既轻松又有趣，而且开发一个程序就能挣到好多钱。于是这位朋友带儿子到了某软件设计公司，让他进行了为期一天的"职业影子"似的岗位体验，结果儿子认识大变：这个职业太辛苦了，加班多，午餐时间紧张，单调枯燥……总之，不喜欢的理由一箩筐。或许这个孩子以后随着年龄的增长，最终还是会选择电脑程序设计员作为自己的职业，但是，通过学生时期的这次体验，他对于职业本身有了更多的了解和认识，这些也必然会对他今后的生涯规划产生积极的影响。

二、校内外结合，开展职业体验活动

"职业影子"似的贴岗体验，对于时间、人力等都有着较高的要求，采用校内课堂教学与校外亲身实践相结合的方式可以较好地弥补这一不足。例如，体验邮递员、超市售货员、交警等，教师可以引导学生在课堂上完成相关职业体验的考察探究工作，对于相关职业的意义、工作内容、方式方法、注意事项等开展研究性学习活动，活动方式可以是小组合作，也可以是个人研究，总之，通过教师精心组织的课堂交流，达到问题解决、资源共享的目的。对于一些业务知识和技巧动作，也可以通过课内来完成。例如，对交警指挥交通时手势信号的掌握、邮递员的工作职责和投递方式等，都可以通过课前的信息收集、课上的成果交流和教师指导来落实。等到这些基础性的准备工作都完成了，学生已经有了一定的知识基础和情感储备，在此基础上再完成室外的实践体验内容就水到渠成了。

以《今天我当邮递员》为例，教师引导学生通过小组内的研究性学习活

动，探究邮递员的工作职责和一天的工作安排，通过课上师生交流达到增进学生了解的目的。然后借助教师精心创设的活动情境，让学生经历一次完整的投递程序，在课堂上完成收取信件—加盖邮戳—分拣信件—投递到户的前三个步骤。教师设计一份有结构的材料，将地址不清的死信放置其中，让学生自主发现问题并尝试解决，切身感受一名职场新手和优秀邮递员的区别，初步领悟"三百六十行，行行出状元"这句话的深刻内涵。教师要适时引入工匠精神，加深学生的理解和体验。这样除了投递到户，其余的步骤都在课堂上完成了，其间的互动和生成自然也是十分精彩。最后，教师确定周末某一时间，提醒学生注意安全，在教师或家长志愿者的协助下，安排学生分组投递到户，这样一次完整的职业体验活动就完成了。

由此可见，职业体验并不像想象中的那么难以操作，它的课堂组织形式有很多种，相信只要我们潜心研究、积极实践，一定会探究出更多务实高效的方式方法，为职业体验类综合实践活动课程的落实插上腾飞的翅膀。

小学综合实践活动课程价值体认的落实途径例谈

　　《中小学综合实践活动课程指导纲要》中对总目标是这样要求的："学生能从个体生活、社会生活及与大自然的接触中获得丰富的实践经验，形成并逐步提升对自然、社会和自我之间内在联系的整体认识，具有价值体认、责任担当、问题解决、创意物化等方面的意识和能力。"其中，将价值体认置于首要位置，这并不是偶然的，是有着深刻意义的。在小学阶段，关于价值体认的目标表述是这样的：获得有积极意义的价值体验。如何在实施综合实践活动课程中落实这一价值体认目标呢？结合教学中的实际案例，谈一谈我的一些见解。

📖 案例一：

　　五年级某班班长向班主任反映了这样一个情况：同学们不喜欢擦黑板，因此经常因擦黑板不及时而受到科任教师的批评。其中的原因有两个，一是同学们担心粉笔灰会吸入体内，影响到身体的健康；二是如果擦黑板时不小心，黑板擦包裹吸尘棉的薄铁皮容易划伤手。结合这一情况，综合实践活动老师组织了一次以"改造黑板擦"为主题的实践活动。活动进行得很扎实，教师组织学生从"教室用板擦的利弊"开始谈起，引导学生发现黑板擦存在的结构上的缺点，然后在此基础上让学生运用"代一代""加一加""减一减"等方法开展创意设计，设计图做好之后，准备材料动手制作出成品板擦，从而解决了粉笔灰飞扬和容易划破手的问题。

　　反思：整个案例反映的是一次典型的综合实践活动过程，存在诸多优点。比如活动主题源自学生的现实生活，是从学生的真实生活情境产生的，是为了满足生活的需要，而且活动本身存在一定的社会价值，因为它确实改变和影响了学生的学习生活。但是，这些技术上、方法上、实践上的活动总不能避免在价值体认、德育渗透方面存在的硬伤。

实践活动解决的问题只是技术上的问题——飞扬的粉笔灰变少了、铁皮扎手的危险消失了，却没有解决学生道德认知的问题。因为害怕吸入粉笔灰、怕扎手而逃避班级劳动，这显示学生在思想认知方面是不端正的，是一种狭隘的利己主义。所以在开展这一活动时，我们应该首先将情感目标放在首位，即将价值体认和德育渗透放在优先解决的位置。不能因为有困难、有自己认为的不利因素而不去从事集体劳动，推而广之，不能"见便宜就上，见困难就让"，而应该是人人有事做、事事有人做，人人为我，我为人人，这是社会生活中大家都应该遵循的道德准则。这一问题得不到解决，纵然学生设计出再高级的黑板擦，也只是一种技能上的发展，在缺乏正确价值体认的情况下，这种设计或者发明是没有温度的，也是缺乏生命的。

📖 案例二：

一位老师在一节五年级综合实践活动课上，请学生画出玉米和花生两种植物的样子。结果有超过70%的学生不会画：有的玉米棒像高粱一样长在玉米植株的顶端，有的花生植株画得像豆角一样攀缘在支架上，而花生则直接像豆角一样结在花生秧上……这位老师也很善于反思，他意识到学生对于农作物的了解太少，于是以"走进五谷杂粮"为题开展了一次综合实践活动小课题研究活动。活动取得了丰富的成果，增进了学生对农作物的了解，对于果实、植株等有了比较清晰的认识。

反思：从案例中我们明显地感受到，学生成长路上"泥土味"的缺失是一个亟待解决的问题。教师敏锐地抓住了这个问题，通过开展相关的小课题研究，让学生通过经历一次探究的过程，解决了认知层面的一些问题，较好地落实了知识目标。通过调查研究，学生的考察探究、收集信息等能力也会得到一定的发展。但是唯独在价值体认方面存在着缺失。

案例反映出的是学生对于劳动的疏离，对于土地的冷漠和对于农事的陌生。土地养育了我们，劳动者生产着我们赖以生存的粮食，我们应该以一种什么样的态度去面对土地、面对辛勤劳作的人们？我想，那肯定是一种发自内心的感恩吧。除此之外，更要有对劳动的尊重和必须对学生进行的劳动教育。苏霍姆林斯基说，劳动教育的最终目的并非仅仅培养劳动者，劳动是为了把人打造成真正的人，而每天都不停地劳动，是为了让心灵像犁耙一样光洁如新。所以，开展"走进五谷杂粮"这一小课题研究的意义，最重要的是让学生认识到劳动与人性、与幸福、与创造和道德之间的关系，培养学生热爱劳动、尊重劳动者，以劳动为快乐、珍惜劳动成果的情感。

成尚荣老师将价值体认比喻为"顶灯"，照耀综合实践活动课程的"田野"。我想这个比喻是无比贴切的，我们也只有将价值体认目标较好地落实在课程实施的过程中，才能实现课程目标，实现立德树人的最终目的。

研学旅行策略探析

"纸上得来终觉浅，绝知此事要躬行。""读万卷书不如行万里路。"几千年来，这些知行合一的方式一直是人们成长的重要途径之一。这和研学旅行在本质上有着相通之处。

2012年，教育部、外交部等4部委联合发布的《关于进一步加强中小学生出国参加夏（冬）令营等有关活动管理的通知》，强调中小学校及教育部门对于学生校外的主导性。2013年，国务院办公厅颁布《国民旅游休闲纲要（2013—2020年）》，首次提出研学旅行的概念，要求各地中小学逐步推行。2016年12月，教育部、国家发改委等11部门联合发布《关于推进中小学生研学旅行的意见》，详细阐述了研学旅行的定义、目标、意义和落实方案，其中提到各中小学要结合当地实际，把研学旅行纳入教育教学计划中。

作为综合实践活动课程实施的一种新样态，研学旅行有着它独特的育人价值和实践价值。研学旅行使综合实践活动课程在实施空间上进一步得到了拓展，在实施方式和实施内容上进一步得到了丰富。尤其是通过研学旅行对学生进行的安全教育、文明礼仪教育、社会规则教育、环保教育等会得到很好地锻炼和落实。

但是在研学旅行的实施过程中，也暴露出一些问题。

首先是对研学旅行的认识方面出现了窄化。研学旅行作为综合实践活动课程的一个内容，它应该具备课程结构的四要素，即课程目标、课程内容、实施过程、实施评价。但在实施过程中，忽视了对于课程目标和内容的研究，活动结束后也缺乏评价、反思和总结，只是简单地将研学旅行作为一次旅行来进行。而学生对于活动的评价和认识也只是体现在只要好玩就可以了，至于"研"与"学"的内涵，则较少考虑。研学旅行本应是综合实践活动课程考查探究领域的一个点，但是如果把它做成了无穷大，甚至认为综合实践活动课程就是研学旅行，就欠妥当了。

其次是目的地的选择。教育部、国家发政委等11部门在《关于推进中小学生研学旅行的意见》中指出：中小学研学旅行是由教育部门和学校有计划地组织安排，通过集体旅行、集体食宿方式开展的研究性学习和旅行体验相结合的校外教育活动，是教育教学的重要内容。之所以强调了集体食宿，目的是借助这种形式培养学生的自我管理能力，提升学生的独立生活技能。但是在有些研学旅行活动中，学生走得越来越远，花费越来越大，因此去太远的地方开展活动，不会成为研学旅行的常态，因为它不可持续，而真正的好的教育应该是常态教育。两三天的时间除去在路上坐车的时间，便是如蜻蜓点水般穿梭于各个景点，这样的研学旅行更多地起到了一种"捋油"的效果——学生疲惫不堪。

"研""学""行"搭配失衡。通过调查发现，小学生的研学旅行较多地存在着"研""学""行"失衡的现象，表现为"研行不一""只行不研""只研不行""研少行多"。由于出发前缺乏对目的地开展相关的调查探究，对于旅途中的衣食住行没有进行策划和设计，导致学生在研学旅行过程中只是被动接受服务：坐车有老师陪同、车票由老师统一保管、景区由导游负责……学生一点儿都不用操心。试想，这样的研学旅行又能取得什么效果呢？显然也背离了我们开展研学旅行活动的初衷。

研学中的伪体验偏离了正确的价值观轨道。为了让学生体验农民的辛劳，于是安排学生到基地当小农夫，摸几下锄头，做几个动作，学生追逐打闹、嬉皮笑脸，就这样体验了农民劳动的辛苦；为了让学生体验钻木取火的过程，于是让学生手拉钻杆去钻木条，可是却怎么也看不到一点儿火星，仿佛这样就感受到了远古人类的不容易；更有甚者，把学生带到了游乐场，美其名曰自然教育；还有一些把成年人的活动强加给孩子，如打坐、辟谷等，这些只做表面文章的伪体验，不仅不能让学生得到生动的教育，反而可能背离我们的初衷。

缺乏对活动的评价，也是导致以上乱象的原因之一。学生出行之前没有具体的策划，研学旅行过程中缺乏印证和对照，研学归来后又没有必要的评价和总结，活动的效果也就可想而知了。作为课程，是需要有具体的评价的，对照目标，落实了多少，哪些还没有落实好，具体原因分析，这些必要的反思和评价对于保证活动的质量和效果起着十分重要的作用。缺乏评价，研学活动也就缺少了标准和监督，容易变成放任自流。

那么，在研学旅行活动中，教师应该做好哪些工作呢？

首先，要做好和学生、家长的沟通工作。沟通的目的，首先是为了统一思想，将学生、家长对于研学旅行的认识统一到正确的思想上来，这样才会在后续的活动中减少无谓的消耗。记得发生过这样一件事，一个已经读初二的女学生，因为乘车下错了站，竟然在福州流浪了3天2夜，最终在热心人的帮助下才得以回到家人的身边。这些令人深思的案例更应该引起家长们的高度重视：成长的目的是更好地生活，而不是单纯地追求分数，家长应该注意培养孩子接触社会、融入社会、与人相处的能力。而研学旅行的集体活动、集体食宿，无疑将会有效培养学生的自理能力和与人沟通的能力。

其次，要引导学生掌握开展研学旅行的方法。即教师需要将研学旅行作为一门课程对学生开展教学活动，如何研学、研学的步骤、方法、任务……只有学生懂得如何去做了，才能将研学旅行的价值落在实处。这就需要教师精心做好教学设计，如何策划一次研学旅行，在人、财、物等方面需要做好哪些准备，还有乘车路线、往返时间、目的地的风土人情等，只有这样，才能做到有所印证、有所比对、有所发现，实现直接经验与间接经验的交会对接。

家长也需要掌握方法，为学生提供必要的帮助。例如听孩子讲一讲研学旅行过程中的体验，协助孩子整理研学旅行的记录和制作研学攻略、收集资料等，这些支持活动都会给学生巨大的心理支持和物质、方法的帮助，提升他们研学旅行的效率，帮助孩子获得更多的成功感。

"十步之内，必有芳草。"研学旅行活动不在于一定要去多远的地方，也不在于时间的长短，而在于教师引导学生所进行的精心的策划，诚如此，我们的初衷才会变成美好的现实。

综合实践活动课程资源开发的实施策略

综合实践活动课程的显著特点是没有统一的教材，这也恰恰是该课程最宝贵的意义和价值所在。《中小学综合实践活动课程指导纲要》（以下简称《指导纲要》）中对于这一学科的性质是这样描述的：综合实践活动是从学生的真实生活和发展需要出发，从生活情境中发现问题，转化为活动主题，通过探究、服务、制作、体验等方式，培养学生综合素质的跨学科实践性课程。具体内容以学校开发为主，自小学一年级至高中三年级全面实施。由此可见，综合实践活动课程是一门密切联系学生生活的课程，我们的课程资源自然应该围绕学生的"真实生活和发展需要"展开。那么如何开发课程资源呢？我想可以从以下几个方面做起。

一、学生的问题即课程资源

充分发挥学生的主观能动性，引导学生围绕生活提出问题。"道在伦常日用中"，我们不必刻意去追求问题的高大上，只要是来自学生生活世界的问题，都可以作为综合实践活动内容予以考虑。世界是丰富多彩的，学生是千差万别的，我们又有什么理由去要求学生提出我们指定的问题呢？唯有来自学生自身的真实的问题，才是学生真正需要的、最有生命力的资源。儿童都是天生的观察家，也是天生的科学家，他们的小脑袋里对这个世界有着无数的"为什么"，我们需要做的，是引导他们将这些问题提出来，并予以合理地对待。

面对学生提出的问题，教师不是要照单全收，而是要引导学生予以归类、概括、总结、提升。哪些问题是目前还不方便研究的；哪些问题是我们研究不了的；哪些问题是已经有了答案，其他同学就可以帮忙解决的；哪些问题适合小学生研究，但是问题需要进行规范或概括……这样对问题进行细致的分类之后，可以作为综合实践活动课程资源予以开展活动的也就确定下来了，然后作为综合实践活动小课题开展研究。

无论是在农村还是城市，儿童的世界是一片无比广阔的天地。他们会提出各种各样的问题，如秋风扫下的落叶，为什么有的叶面朝上有的朝下呢？爬山虎是怎么爬到墙上去的呢？蝉真的要在地下生活14年才爬出地面吗？蚂蚁喜欢吃肉还是喜欢吃甜食？……这些问题，是综合实践活动课程资源无比宝贵的财富，让学生像科学家一样，在教师的引导下，经历一个科学探究的过程，通过实践、实验等途径使问题得以解决，这也恰恰是该课程设置的重要意义所在。

二、教师的才艺即课程资源

综合实践活动课程没有固定的教学内容，只是在《指导纲要》中分学段提出了相关目标。在课程资源的开发方面，教师本身的才艺就可以作为生动的课程资源予以利用。学校可以针对本校教师开展调查统计，征集教师们的个人特长和业余爱好，并征求他们的个人意愿将其所长应用到综合实践活动课程教学中，如此，也会极大地补充课程资源不足的问题。

例如，我校的罗老师是一位临近退休的老教师，也不再担任主要的教学任务，但她有一手做面食的绝活，不管是烙饼还是做花式水饺，不管是做月饼还是做烘焙，罗老师都是行家里手。获得这个信息后，我主动和罗老师沟通，征求她的个人意愿，能不能在学校开设一门面食制作的综合实践活动课。罗老师十分高兴，也非常想继续自己的课堂教学生活。于是学校为罗老师准备了专门的面食制作工作坊，根据罗老师的要求，配齐了所需材料。现在，每学期跟随罗老师学习面食制作的学生能达到五百余人。像罗老师这样的有专长的老师还有很多。将本校老师的个人才艺开发成一门课程资源，能够较好地弥补综合实践活动课程的资源开发和师资问题。

三、家长义教，让课程资源变得丰富多彩

家长是学生成长过程中非常重要的教育者，承担着十分关键的角色，同时，每一位家长的身上都蕴藏着无比丰富的教育资源，只要我们用心去发掘，就能让这些宝贵的资源成为学生成长中珍贵的教育力量，不仅能够极大地丰富

学校教育的课程资源，更能增进家校之间的了解，营造和谐的家校关系，无论是之于学校还是学生、教师都是大有裨益的。家长的专业或特长丰富多彩，可以较好地弥补学校课程资源单一的瓶颈问题，而家长们各不相同的个性和人格气质，也必然会给学生的学习生活带来清新的体验和耳目一新的感受，有利于拓展学生的学习兴趣，增进学生对社会的了解，进一步帮助学生融入社会，同时增进学生对不同职业的了解，加深体验，增进对不同职业劳动者的理解和尊敬之情。

家长义教资源有两种开发方式。一种方式可以以班级为单位，以本班家长为对象，在家长自愿的前提下，聘请学生家长到学校开展义教活动，受众可以是本班学生，也可以是多班级、多年级甚至全校学生；另一种方式是以学校为单位，邀请乐于到学校开展义教活动的家长到校开展义教活动，参与的学生可以是几个年级的学生或者全校学生。无论采用哪种形式，都需要在家长自愿的基础上进行。确定了义教家长，学校或者教师还需要协助家长做好义教课程的备课工作。家长在某个领域是比较专业的，但是，当他们面对小学生的时候，却可能感到无所适从：讲哪些内容、用什么方式讲解、讲多长时间、在哪里上课等。这些都需要教师的及时介入，或为义教家长提供咨询，或提供帮助等，协助家长将授课内容以课程的形态呈现出来，既能让家长讲得清楚，又能保证学生听得明白，从而实现家长义教活动社会效益的最大化。

四、学科课程与综合实践活动课程有机融合，整合实施

学科课程之间、学科课程与综合实践活动课程之间，存在着大量的整合空间，表现为教学内容的交叉重叠，如水在大自然的循环，科学课、品德与社会课、综合实践活动课都涉及这个内容，这样一部分内容可以在整合后作为综合实践活动课程资源进行教学。另外，在学科课程教学中，课堂生成的创新点或者新问题都可以作为综合实践活动课程资源来开发实施。因为学科课程有着固定的教学内容和有限的教学时间，如果将这些课堂生成的创新点逐一解决，显然无论是时间还是教师精力都是不够的，这样教师就可以将这一部分内容变为综合实践活动课程，由综合实践活动教师来开展教学活动，解决这一问题。

例如，在部编三年级语文教材中，有《鹿角和鹿腿》这一课，临近下课时，一名学生提出了这样一个问题："老师，您说这头鹿是雄鹿还是雌鹿

呢？"我问他："怎么想到这个问题的？""老师，如果这是一头雄鹿，它就不应该这么臭美，天天在河边照镜子，如果这是一头雌鹿的话，它就不该有美丽的鹿角，因为动物世界的雌性都长得比较丑！"多么有趣的一个问题啊，最宝贵的是学生能够自圆其说，有一个初步的思维推理的过程。这个问题很明显用一两分钟是解决不好的，但是如果再拿出一节语文课来解决这个问题也很困难。怎么办呢？我首先肯定这名学生提出了一个很有价值的问题，然后引导学生将这个问题归纳为一个综合实践活动主题——动物界的美与丑，在综合实践活动课上开展研究。在综合实践活动课上，我们又进一步细化，将这一小课题分解成：动物界的性别与美丑、造成这种现象的原因、雄性动物不爱美吗、美与丑的判断标准是什么等研究小课题，由学生分小组开展研究。这样不仅较好地解决了语文课上生成的课程资源，而且有效地丰富了综合实践活动课程资源，实现了一箭多雕的效果。

课程资源不是什么神秘的东西，它就在学生的周围，在学生的日常生活中，只要我们做一个有心人，善于去发现和找寻，我们的综合实践活动课程一定会有着取之不尽，用之不竭的生动的课程资源。

在综合实践活动课程中培养学生的工匠精神

《中小学综合实践活动课程指导纲要》明确指出：在活动过程中，鼓励学生手脑并用，灵活掌握，融会变通各类知识和技巧，提高学生的技术操作水平、知识迁移水平，体验工匠精神。那么如何在课程实施中落实这一目标要求，培养学生的工匠精神呢？结合具体的教学实践，我认为可以从以下几个方面做起。

一、正本清源，理解体验工匠精神的具体内涵

"体验"一词，《现代汉语词典》解释为：在实践中认识事物，亲身经历，体察、考察。从释义中我们可以清晰地认识到体验的方法和途径。"工匠"一词源自《周礼·考工记》：知者创物，巧者述之守之，世谓之工。而"工匠精神"，则是指工匠对产品的精雕细琢、精益求精的精神理念，概括起来是追求卓越的创造精神、精益求精的品质精神和用户至上的服务精神。

二、在作品的设计制作过程中，精益求精

综合实践活动中存在大量的动手制作的内容，这也是课程的显著特点之一。在制作作品的过程中，学生对作品的加工的态度、对自我的要求，都与工匠精神的培养息息相关。这主要体现在标准的制定是不是足够高，是不是有一个不断修改、不断提升、精益求精的过程。以民间剪纸为例，同样是剪窗花，有的学生采用折、画、剪，一会儿就完成了一幅作品；有的学生却采用了镂空、复色剪纸等多种技法，目的是剪出更加精美的窗花作品；有的学生一直在对自己的剪纸作品进行再次加工，这种对作品标准的自我提升，都是工匠精神的体现。教师则可以给学生讲述在高铁脚踝上绣花的宁允展叔叔的故事，借助

真实案例，让学生形象地理解工匠精神的意义。

工匠精神还体现在对作品的设计中，表现为对作品创造性的构思及发明。例如，在《小小发明家》这一实践活动中，学生对于自己的创新设计在材料、结构、装饰等方面展开坚持不懈的研究和提升，总想把自己的作品设计得尽善尽美。落实这一点，对学生的启发和渗透也是十分必要且重要的。这时教师可以给学生补充讲解"南仁东教授和他的天眼工程"等，通过形象的故事让学生进一步理解工匠精神的深刻内涵。

三、在问题的解决过程中，矢志不渝

培养学生的问题意识和探究能力是综合实践活动课程的目标之一。在引导学生提出有探究价值的问题后，如何借助小组合作、自主探究将"？"变成"。"，是教师和学生都需要努力实现的问题。

例如，在《今天我是邮递员》这一实践活动中，引导学生体验邮递员这一职业，借助体验"邮递员的一天"的活动，感受邮递员的敬业奉献精神，理解职业分工是社会发展的需要。那么，如何更多地体验邮递员的工作内容呢？这就需要教师的精心设计。例如，教师在交给学生投递的信件中，放置一封地址不详的信件。学生在第一次的信件分拣过程中，由于缺乏工作经验，只是按照小区进行了分拣，而没有注意到地址只写了所住小区和楼层，却没有写清楼号和所在单元。这时教师进行及时评价："这就是一个职场新手和优秀邮递员的区别，一个优秀的邮递员在分拣的过程中能够同时找出存在问题的信件，并想办法予以解决。"在此基础上，让学生再次观察分拣的信件，看能否有新的发现。这时学生通过比对和研究，找出了地址不详的信件，并思考如何解决这个问题。同时，教师讲述作为一名优秀的邮递员，叶其懂叔叔是如何处理此类信件的，通过具体鲜活的实例让学生深刻理解工匠精神的另一内涵，即对以解决问题为目标的不懈地努力和坚持，是一种用户至上的服务精神。

四、在对历史文化遗产的解读中，理解工匠精神的历史脉络

历史是有生命的，是有传承的，同样，工匠精神也不是现在才有的，在我国悠久的历史发展中，它是相伴始终的。从商朝的司母戊大方鼎到铜奔马，从被称为"中华第一古物"的石鼓到价值连城的青花瓷"鬼谷子下山"，无一

不是先人们工匠精神的生动体现。借助这些珍贵的历史文化遗产，让学生感受祖国文化发展的历史脉络，领略先人高超的创造技艺，在产生民族自豪感的同时，受到生动的教育。

工匠精神还可以从耳熟能详的历史典故切入，帮助学生从另一个侧面理解。例如"庖丁解牛""卖油翁"等，学生不仅能够拓展自己的知识面，更能从生动有趣的历史故事中感受祖国文化的博大精深，同时加深对于工匠精神的深刻理解。

教师应该及时地予以捕捉，并适时地将工匠精神的概念告诉学生，让工匠精神在学生的世界里入耳、入脑、入心，如此坚持不懈地对学生进行润物无声的教育，他们必将对工匠精神有更加深刻全面的理解，并践行在自己的学习、生活和未来的工作岗位中。

总之，在综合实践活动教学中渗透工匠精神，需要教师的精心设计和组织，引导学生树立正确的价值观、人生观和世界观，无论是在求学的路上，还是在今后的工作中，都能牢记工匠精神的内涵，在文化传承发展中守住自己的匠心，在孜孜不倦的学习中承匠技，不管身处哪个行业，都能为成为一名优秀的大国工匠而做出自己最大的努力。

设计制作类综合实践活动课程的教师指导

《中小学综合实践活动课程指导纲要》（以下简称《指导纲要》）将设计制作作为综合实践活动课程实施中的主要方式之一。它是指学生运用各种工具、工艺（包括信息技术）进行设计，并动手操作，将自己的创意、方案付诸现实，转化为物品或作品的过程，如动漫制作、编程、陶艺创作等，它注重提高学生的技术意识、工程思维、动手操作能力等。在活动过程中，鼓励学生手脑并用，灵活掌握、融会贯通各类知识和技巧，提高学生的技术操作水平、知识迁移水平，体验工匠精神等。

从《指导纲要》中可以清晰地认识到，设计制作包含两个部分：设计和制作，两者之间相互联系，设计是制作的基础，制作是将设计物化的过程。除此之外，也可以有单一的设计或者制作。两者侧重点不同，共同描绘了从设计创意到制作物化的过程。在活动实施中，每一次教学活动的完成，都是教师与学生共同创造的过程。

郭元祥教授指出："增强教师指导的有效性，是实施综合实践活动的基本要求。因而，研究和探讨综合实践活动实施过程中的教师有效指导策略，是目前需要注意的基本问题。教师的有效指导是防止综合实践活动流于形式的基本保障。"那么在设计制作类课程的实施过程中，教师如何适时介入和指导呢？下面结合教学实践谈一谈我的认识。

一、设计制作前的指导

设计制作活动前的指导主要是指导学生做好相关准备，比如知识方面的储备、材料方面的准备、工具的准备及其选择，以及设计制作过程中的注意事项。知识储备需要指导学生在搜集整理相关信息方面有一个大致的方向，即阅读哪些方面的书、访问哪一部分人群、整理哪一方面的信息等；材料的准备需要指导学生自己准备哪些材料，材料的材质、规格要求，为什么这样安排等，要指导学生知其然还要知其所以然；工具则是在设计制作中需要用到的相关用具，如何准备和存放等，做到会使用，还要确保使用安全；注意事项尤为重要，设计制作类活动多需要用到一些加工工具，如黏胶、针、剪子、美工刀等，这些工具正确的使用方法十分重要，避免孩子受到伤害。

二、设计制作中的指导

设计制作中的指导尤为重要和必要，在这一过程中，实际制作中的教师指导更要凸显，注意把握教师介入的时机，及时出现在学生需要的时间节点。例如在开展《缝沙包》这一实践活动时，当发现学生没有翻面这个步骤，而将线头、边角都暴露在外部时，教师提醒学生注意观察：这样做出的沙包漂亮吗？存在哪些问题？和成品沙包相比，存在哪些不同，从而引导学生自主探究，发现缺少了翻面的环节。这时教师继续引导学生思考，翻面的作用仅仅是为了美观吗？通过学生小组交流，自主观察，发现翻面不仅会让沙包变得漂亮，还能让沙包内的填充物不容易漏出来。

三、设计制作后的指导

设计制作后的指导主要体现在针对作品的评价交流、组织学生对制作活动进行体味反思两个方面。在设计制作活动结束后，教师要组织学生进行作品的评价和交流。这一过程中的教师指导包含对于作品展示形式的指导，根据实际采用课件、图片、展板、实物、说唱等不同的形式，既有利于呈现设计制作的成果，又能激发学生的兴趣，保证较好的展示效果。另外，教师还要指导学生对展示内容进行互动交流，比如肯定作品的优点，同时有理有据地提出自己的建议，对作品从不同的方面进行评价，注意从取材、外观、是否结实、实用程度等不同的视角展开评价。最后，教师需要指导学生开展务实高效的体味反思活动：在整个设计制作活动中，哪些地方是自己的得意之作，哪些地方是自己的遗憾之处，通过实践活动自己又有了哪些新的想法；在和同伴合作时，在与他人互动时，有哪些新的感受和发展……这些反思活动的进行都需要教师及时有效的指导，进而让学生最大化地获得自身的发展。

四、设计制作活动的拓展与延伸

整个设计制作活动，从准备设计到体味反思，只是表示这一个单一的小活动的结束，教师需要引导学生以此为起点，开展更加深入的探究活动，继续开展更高层次、更高水平的设计制作活动。以"缝沙包"为例，学生还可以设计制作异形沙包、尝试体验沙包加工厂的流水线运作等。在后续的持续不断的活动中进一步培养技能，提升素养。

诚如《指导纲要》要求的那样，教师既不能"教"综合实践活动，也不能推卸指导的责任，而应该作为一个组织者、参与者和促进者，将教师的指导贯穿于学生学习活动的全过程。不管是在创意设计、选择活动材料或工具时，还是在动手制作、汇报交流与展示中，以及后续的体味反思、拓展延伸环节，如何体现教师的指导，需要我们每一位综合实践活动教师做出持之以恒的努力和研究。

综合实践活动小课题研究课程资源的开发策略

综合实践活动课程没有传统的文本教材，因此，精心开发课程资源，"有米下锅"是实施好该课程的基础和前提。近十年来，我们以综合实践活动小课题研究为突破口，开展了对该课程的研究和实践，在课程资源的开发方面笔者认为可以从以下几方面做起。

一、观察身边生活，开展科学探究活动

针对学生自主进行的探索活动未能在一定深度的层面上进行、学生真正直面课题自行探索的东西较少的状况，我们广泛征集问题资源，启发引导学生提出自己感兴趣且有一定探究价值的问题，作为小课题研究内容。正如钟启泉等人指出的那样："我们试图给学生的和学生体验到的一切都是课程，而凡是有助于学生的成长和发展的活动所能开发与利用的物质的、精神的材料和素材，都是课程资源。"①这学期我们在四年级开展了"身边的科学"小课题研究活动，综合实践活动教师和学生一起，从一些身边的小细节入手，进行科学探究活动。比如研究小狗、小猫等是否存在左撇子现象，左撇子和右撇子的比例问题，这一比例和小动物的性别是否有关系？研究它们的坐立行走和喜怒哀乐等；还研究藕眼的个数、大蒜的瓣数，研究它们的常态分布，初步感知统计学的相关原理和应用价值。在这一过程中，通过有计划地开展研究性学习活动，学生的动手能力和创新精神得到了较好的发展。例如在研究"小狗有左撇子

---

① 钟启泉，崔允漷，张华.为了中华民族的复兴为了每位学生的发展：《基础教育课程改革纲要（试行）》解读［M］.上海：华东师范大学出版社，2001.

吗"时，学生们设计了一件研究工具（见图1）：在木架上悬挂一个小桶，并在里面放上食物，这样小狗如果想吃到食物，就会用前爪去抓小桶，从而判断出小狗是不是左撇子。

图1 "小狗有左撇子吗"研究工具

图2 "小狗有左撇子吗"研究工具

但是在实践中发现，绝大多数的小狗并不是用前爪去抓小桶，而是通过用嘴将小桶拱翻的方法吃到食物。于是又改进制作了第二件研究工具（见图2）：制作了一个槽型工具，两块木条之间的距离经过了精心设计，这样小狗用嘴不能接触到食物，从而只能用前爪去取。

二、注重情感体验，开展专题化、系列化活动

注重学生的情感体验，并对体验活动进行专题化、系统化展开，进一步将其引向深入。为了培养学生的安全意识和紧急避险等自我保护能力，我们开展了"关爱生命，关注安全"小课题，学生们从家庭安全、学校安全、社会安

全、其他安全等几方面进行了深入的研究，并设计制作了宣传版面，排演了紧急避险情景剧，发布了"关注安全"宣传口号，发放了"关注安全"明白纸和倡议书。我们结合学生的开展情况设置了安全教育展室，定期组织全校师生到活动室开展安全教育活动，学生的安全意识和自护能力显著增强。再如，为了增强学生的感恩意识和责任感，开展感恩教育主题活动等，增强学生的责任感和感恩意识。

三、针对学生年龄特点，进行相应的领域拓展

在研究领域上，我们进行了有针对性的拓展。以三年级为例，针对学生年龄较小，动手能力有待增强，但想象力较为丰富的特点，我们开展了"艺术创想"小课题系列研究活动。师生们在白纸上做足了文章，如何制作线拉画，如何将漫画变得古老陈旧，如何将自己画成外星人，如何制作立体效果波纹图，如何制作点对称图案，如何制作火剪影、夕阳剪影，等等。活动丰富多彩，学生兴趣盎然。学生画的蓝天白云图天马行空，清新美丽；具有远近效果的水彩画形象逼真，令人遐想。

四、开展学科融合，实现"一科实践，多科受益"

我们在每个年级还设置了"学科融合，综合实践"的小课题，即将语文、数学、英语、科学、品德与社会等学科中需要开展实践活动的内容整理出来，由综合实践活动教师精心设计，作为小课题研究内容加以拓展，开展研究。这样，既充实了综合实践活动课程内容，落实了教学目标，又培养了学生的能力，真正实现了一科实践，多科受益。

没有丰富灵动的鲜活资源，难以使这一课程走得更远！让我们充分利用一切可以利用的人力、物力、经验、文化以及自然条件等资源，加以甄别、开发、积累和引导，努力开发综合实践活动课程资源，让学生在与社会、与他人、与自我的交互作用中去探索发现，让他们在收获知识的同时，更收获能力、收获情感！

教劳结合的价值意义和实施策略

　　教育与生产劳动相结合，是近代学校教育的显著特点之一，是马克思主义教育思想的重要组成部分，也是实现人的全面发展的根本途径和唯一方法。同时，这一思想也是我国社会主义教育方针的理论基础。目前，面对全面实施国家中长期教育改革和发展纲要的新形势、新要求，为了实现把学生培养成"体力和智力尽可能多方面的、充分的、自由的和统一的全面发展的人"的目标，我们更需要深入总结新形势下教育与生产劳动相结合的新特点，探索实施教育与生产劳动相结合的新路径。

　　成有信在《教育与生产劳动相结合问题新探索》一书中这样谈道："事实证明，如果只是让学生关起门来读书，不参加劳动，不接触社会，不了解工人农民是怎样辛勤创造社会财富的，不培养劳动人民感情，是不利于他们健康成长和全面发展的。学生适当参加一些物质生产劳动，应成为一门必修课，不是可有可无，这一点务必要充分认识和高度重视。"诚如此言。改革开放以来，我国实施教育与生产劳动相结合的理论与实践取得了丰富的实践经验。

一、恢复和发展了一些传统的行之有效的教劳结合形式

　　1978年9月教育部颁发的《全日制中小学暂行工作条例（试行草案）》中，一些传统的教育与生产劳动相结合的形式被重新提出。1983年国务院办公厅印发了《全国中小学勤工俭学暂行工作条例》以规范这项工作，实验教学、生产实习、学生参加适当的劳动都得到了逐渐恢复。

二、改革教育体制，调整教育结构，大力发展职业教育

1985年中共中央下发《关于教育体制改革的决定》，指出我国教育上的主要问题之一是"在教育结构上，经济建设大量急需的职业和技术教育没有得到应有的发展"。稍后的《中国教育改革和发展纲要》《深化教育改革全面推进素质教育的决定》都很好地延续了这一政策。大力发展职业教育，是新时期教劳结合实践的重要特征之一。

三、学生社会实践活动成为教劳结合的重要形式之一

20世纪90年代后，学生通过参加社会实践，在实践中了解国情、了解社会主义建设和改革实际的作用不断显现，使得社会实践活动受到越来越多的重视。学生的社会实践活动也称为新时期教劳结合实践的重要形式。

四、"三结合"新的表现形式

教学、科研、生产三结合具有了新的表现形式，各级各类学校的教育教学改革领域，教劳结合的理论创新和实践探索蓬勃展开。学校微观层面上，教学改革层出不穷，如专业调整、课程设置改革等。这些措施都力求提高学生的创新精神和实践能力，努力提高教育质量，以不断满足经济社会发展对人才培养的需求。

随着社会的高速发展，新时期的教育与生产劳动的结合也呈现出了许多新的特点。新时期的教育与生产劳动相结合的实践形式概括起来有以下几种：学校逐渐成为教劳结合探索实践活动的改革主体；教劳结合中劳动深化，要与教育相结合或者教育要与之相结合的劳动，不再是简单、原始、高强度的体力劳动，而更多的指专业劳动。这些特点同步投射在学校教育的方方面面，对我们的教劳结合也提出了新的要求。

1. 必须把技术教育列为教劳结合的主要内容

苏霍姆林斯基在劳动教育中所谈到的劳动，并不是简单、重复的体力劳动，而且，他认为简单、重复的体力劳动对学生不仅没有益处，反而有害。他提出利用设计和装配各种装置、器械和仪器的劳动，促进儿童发展那些用来发现因果联系、技能联系、时间联系的思维能力，让儿童的思维处在不停地运动

与持续地探索中。这种精细化的劳动操作，就是技术教育的一个表现。

2. 教劳结合是对学生进行思想品德教育，培养一代新人的重要途径

"劳动从童年起就进入了他们的精神生活，成了他们的理想，唤起了他们的最深刻的欢乐感——发现世界、进行创造的欢乐感。"对学生进行劳动教育，我们需要注意纠正"仅仅劳动，而没有劳动教育"的个别现象。例如，劳动时，学生不爱惜劳动工具、不遵守劳动秩序，胡打乱闹，作为劳动这一活动的组织者，教师不能将活动提升到劳动教育的高度加以引导和实施教育，这样的劳动教育显然就有些不妥了。

3. 教劳结合，是培养学生走向现代生活的必由之路

劳动教育对小学生的影响越发显著。劳动教育对于学生的智力发展、健康人格的养成有着不可替代的作用。苏霍姆林斯基发现，"那些双手灵巧的儿童，热爱劳动的儿童，能够形成聪明的、好钻研的智慧"。以做家务为例，哈佛大学的一项研究表明，爱做家务的孩子跟不爱做家务的相比，就业率为15∶1，收入比后者高20%，而且婚姻更幸福。国内研究机构对全国2万个小学生家庭进行的调查也表明，孩子做家务的家庭与不做家务的家庭相比，孩子成绩优秀的比例高了27倍。《中国学生发展核心素养》中提出，劳动意识、问题解决、技术应用应作为实践创新的一个重要方面，重点强调了学生在日常生活、问题解决、适应挑战等方面所形成的实践能力、创新意识和行为表现。俗话说"教儿婴孩"，说的就是劳动教育从孩子抓起的重要性和必要性。18世纪末至19世纪初，瑞士著名资产阶级民主主义教育家裴斯塔洛齐则把劳动教育看成是儿童获得独立生活能力不可缺少的手段。除了对智力等方面的训练和开发，"少年若天性，习惯成自然"。当孩子养成了良好的劳动习惯，必然会受用一生，诸如"干一行爱一行""转一行学一行干一行"……这些朴素的道理也就水到渠成了。李克强总理在2016年的政府工作报告中提到了"工匠精神"，即一种精雕细琢、精益求精的精神理念。

总之，将教育与生产劳动紧密结合，是培养学生走向现代生活的必由之路，也是提高全民素质、为社会主义建设输送各类人才和合格劳动者的迫切要求。我们相信，在未来社会，教育无论在培养劳动者，还是在促进社会生产的发展，抑或是在培养社会新人方面，必将发挥越来越重要的作用。

在实践中用发展的眼光审视教学模式

连续看到了几篇关于教学模式的讨论，发现对其几乎全是一片挞伐之声。"教学模式如纸上谈兵，不能应对瞬息万变的课堂""模式会让教师被动地形成思维定式"。对于教学模式，笔者认为应该在实践的基础上用发展的眼光去对待和分析。

一、学习教学模式是提高课堂教学水平的一种方法

所有的教学模式都是根据一些较为先进和成熟的经验精心提炼出来的，是经过实践检验的，所以在教育教学工作中，教师学习并应用这些教学模式，具有很强的实用性，对于提高教学效果很有益处。诚然，借鉴使用教学模式带有模仿的味道，但创新何尝不多是从模仿开始的呢？教学模式是一种实践层面的成果，它告诉我们，这里面体现着一种什么思想，这种思想又是如何在课堂教学中落实的。记得笔者刚接触科学课的时候，并不了解"问题意识""有结构的材料""挑起矛盾"等名词，于是笔者将章鼎儿老师的名课"碘酒和淀粉"作为自己设计科学课的模式之一。一遍一遍地研习、实践，笔者模仿着章老师组织课堂教学的方式，甚至想象章老师的表情和神态。就这样，每上一次课之后都有收获。同时从那些实践中感觉干瘪生硬的地方发现了自己认识上的差距，从而思考其背后深层次的原因。就这样在不断地学习和反思的过程中，笔者的课堂教学水平获得了很大提高，被评为"泰山名师"，并先后三次荣获全国优质课比赛一等奖。

二、学习教学模式只是我们提高课堂教学水平的工具之一

反对总结推广教学模式者认为：似乎每一个课型只要有了一个教学模式，

教师照着去做，就能上好课！我想，这就犯了形而上学的错误。首先，我们总结推广的并非只有一种教学模式，而是有多种教学模式供教师们选择。我们随时发现优秀的典型经验补充进来，并不代表废弃原来的经验或模式，而是教师们多了一种选择：在众多的较为成熟的操作模式中，你可以选择最适合自己的方式予以实践。其次，就像我们不能说没有哪一种药物能包治某种疾病一样，学习某一种教学模式就能包上好课是一种十分幼稚和不负责任的想法。教学模式充其量只是一个呈现教学内容的载体，至于如何才能上好一节课，还需要从时间安排、方法选择、环节设计、重难点突破等方面予以细致考量。

三、教学模式只是提供了一个框架或流程，并没有细化到细枝末节

反对总结推广教学模式者认为：教学中信息瞬息万变，必须采用灵活机动的战略战术，而照搬教学模式无异于纸上谈兵，势必会出现问题。我想，这也犯了以偏概全的形而上学的错误。首先，课堂上瞬息万变的信息交流和教学模式并没有直接关系。课堂上的预设和生成交相呼应是一种必然现象，而见招拆招则是教师需要解决的问题，它考验的是教师的业务素养，如课堂应急能力和教育机智等。其次，教学模式只是一种教学思想和理念的体现，它并没有细化到教师的举手投足、一颦一笑，它是教学设计层面上的一个框架，而在教态、语言等上并没有加以限制，教师依旧可以让自己的教学个性飞扬。

四、教学模式的使用者是发展中的人，要用发展的眼光来考量

反对总结推广教学模式者认为：一旦"入模"就容易形成思维定式，限制教师发展，而"入模"之后还需"出模"，那何必"入模"？这一观点也很值得推敲。首先，学习并应用模式的教师是一个发展中的人，必须把他放在一个主动、灵活、发展的环境下来加以对待。每个人都有自己的思想，尤其是作为一名教师，他应用模式所呈现出来的课堂，必将是与他的个人特质做了最紧密的结合，他会主动地进行自己的再创造，从而或继承或扬弃，以期取得最佳的教学效果。其次，"入模"和"出模"代表着两种思想境界。就像人吃饱饭后不久就会有饥饿感，然后需要再进餐，在饱腹和饥饿的交替下，人不断成长。在教学中，当教师已经能够对某种教学模式熟练地加以应用，个体自我发展的

内驱力必然促使他继续尝试更新的东西，从而对所应用的教学模式结合自己的教学实践加以改造或重建，显然，这时的"出模"并不是再次回到"入模"时的原点，而是站在一个更高的平台上进行一次新的创造。

　　教学模式并没有什么对错之分，我们需要思考的是对待教学模式的方式。有一个教学模式供教师们参考，总比摸石头过河好得多。教学的过程是一个师生共同成长的过程，作为一名教师，让我们抱着一种学习和研究的态度去实践教学模式，在与诸教学模式的交流互动中，不断生成自己的思想，提高自己的课堂教学研究水平，形成具有自身特色的教学模式，为实现最优质的教育而不懈奋斗！

让方法指导真实而有意义地发生

综合实践活动课程作为一门实践性和经验性课程，学生在实践活动过程中，会用到诸多研究方法，如观察、调查、小组合作、数据分析、成果展示等，这些方法的掌握可以让学生在长期的实践活动中逐步习得，也可以通过专门的方法指导课让学生系统掌握。方法指导课根据学生年龄和学段的不同，以培养学生掌握某种研究方法为目标而设置。显然，借助方法指导课而达到方法习得的目的，更有利于学生实践活动的开展。本文以"学会小组合作"为例，结合综合实践活动课程特点，谈一谈方法指导类实践活动的实施策略。

一、立德树人，让价值体认目标照耀方法习得过程

作为必修课程，综合实践活动课程和其他学科课程一起承担着立德树人的根本任务。综合实践活动的课程价值附着在具体活动中，因此，如何将价值体认目标与具体的活动设计紧密结合起来，是教师需要精心思考的问题。这就要求教师在设计实践活动时，要以价值教育为基点，将生动的价值体认目标融汇在具体的实践活动中。

如在开展"学会小组合作"时，通过为学校图书馆义务整理图书的主题实践活动，加深学生对服务意识、志愿精神、社会责任感的理解。教师引导学生逐步经历价值体验、价值澄清、价值引领和价值内化的过程，指引实践的方向，从而通过活动引领对小学生社会主义核心价值观进行培养。

二、解决真问题，让活动真实而有意义地发生

打开《中小学综合实践活动课程指导纲要》，强调学生真实生活、自身发展需要的词语有12处之多，从中凸显了该课程的价值，是通过引导学生面对

和解决现实生活中的实际问题，培养综合能力。它不是教师出题、学生解题，也不是教师教什么学生就学什么，而应立足实践、面向生活，注重解决学生现实生活的实际问题。教师的方法指导更要充分渗透到活动中，因此，围绕目标的落实设计科学有效的实践活动则显得尤为重要。通过情境的创设、问题的解决，让学生探索方法、应用方法、总结方法。

在开展"学会小组合作"时，如何让这一方法的学习自然发生呢？我想到了学校图书馆的图书整理上架工作。学校新进了一批图书，教师们也加班参加了部分图书的整理。于是我和学生聊起这件事情，学生们纷纷表示愿意帮助图书馆的老师整理图书，一项有着明确方法指导目标的实践活动就这样水到渠成地生成了。不仅解决了图书整理的现实问题，而且让学生在实践活动中亲身感受到了分工合作的价值意义。

三、学生充分实践，教师适时指导，在活动中形成技能

自主性和实践性是综合实践活动课程的显著特点，在活动中，通过让学生亲历整个过程，从中发现问题、分析问题和解决问题，落实方法习得的相关技术点。

在"学会小组合作"的实践活动中，笔者引导学生对图书的分类、编号、贴标签、加盖图书印章、录入电脑等工作尝试多种分工方法，让学生经历丰富的实践过程。从最初小组合作时分工不全面、分工不合理、组员意见不统一，到最终合理快速地开展小组合作，引导学生进一步总结经验教训，如此反复实践、不断总结。在此过程中，学生对于问题解决的迫切要求与方法的实践巧妙地整合在一起，从中深刻感受到了分工合作的重要性，从而将方法的习得与自身生活紧密结合在一起，认识到方法与生活的联系与价值。

作为课程实施中的组织者、引导者和参与者，教师的指导贯穿于方法指导课的全过程。这种指导可能是方法上的，如小组分工的方法；也可能是情感态度方面的，如面对失败时的焦虑情绪等。在"学会小组合作"的实践活动中，笔者引导学生进一步思考：小组合作还有没有其他办法？小组在分工时遇到了哪些问题？组长如何做到组内民主？遇到不服从安排的组员应该怎么办？组长应该具备哪些优秀的品质？通过捕捉活动中的生成性问题资源，进一步落实活动目标。

四、总结提升，在拓展延伸中开展应用

在方法指导课中，通过学生的自主探究，要让学生明确运用某种方法的动作要领和注意事项，教师和学生一同予以归纳提炼，以板书的形式呈现出来，并设计活动加以应用，借助实践提高学生的应用技巧。

在"学会小组合作"这一实践活动中，笔者引导学生总结归纳出小组分工合作的四大要领，即任务明确、分工合理、和谐民主、个体投入之后出示了一段"双向四车道汽车行驶"的视频，让学生数出视频中共有多少辆汽车，学生运用小组分工合作的策略，很快使问题得到了解决。

总之，方法指导要渗透在真实而有意义的实践活动中，通过充分发挥学生的主体性，采用边实践、边研究、边总结的方式，使学生在问题解决的过程中习得方法，并能在掌握相关研究方法后，提出进一步需要探究的问题，逐步从少到多，积累丰富的经验，不断培养和提升学生在探究中发现问题、解决问题的能力。

附：

《小组分工与合作》教学设计

【教学目标】

（1）通过实践活动，学会小组分工与合作的方法，以及怎样合理的分工与合作才能提高活动效率。

（2）在实践活动中，共同体验分工与合作带给我们的便利。

（3）通过小组分工与合作，体会如何与人和睦相处，并尽职尽责地完成自己所分担的工作。

【教学重难点】

（1）教学重点：通过实践活动，学会分工与合作的方法。

（2）教学难点：学会怎样合理的分工与合作才能提高活动效率。

【教学准备】

课件，图书适量，整理图书所需的相关材料。

【教学过程】

1.精选载体，尝试困难

师：同学们，今天老师给大家带来一段视频，视频中共出现了草莓、香蕉、苹果、菠萝四种水果，你能数出四种水果各有多少个吗？

生：能！

教师播放视频，学生数数。

师：哪位同学数出了四种水果的个数？

生摇头。

师：为什么没有数出来？说一说原因。

生：因为水果太多太杂了。

生：因为水果不能在屏幕上停留。

师：你能想一个办法吗？

生：多找几个人一起数。

师：也就是我们常说的合作。这节课的主题就是"小组分工与合作"。

师：进行分工合作，第一步要干什么？

生：选组长。

教师组织学生选出本小组的小组长。

师：请大家说一下你们刚才选择小组长的标准是什么？

生：有一定的领导能力，以身作则，公平公正，声音洪亮……

师：请大家小组内分一下工，稍后我们再数一次。

学生进行小组内的分工。

教师播放视频，学生数四种水果的数量并统计。

教师组织学生汇报各小组的数水果数量。

学生进行汇报，但数量不一致，出现了各种情况。教师组织学生交流。

生：（1）同一种水果的数量，数的结果各不相同；（2）有的小组没有数全，把其中的一种水果忘了数……

师：小组内出现了哪些问题？我们交流一下。

一组：我们小组分工出现了问题，三个人数苹果，一个人数香蕉，一个人数草莓，没有人数菠萝，就把菠萝忘了。

二组：两个人争着数菠萝，结果两个人数的不一样，于是我就凭感觉记录了一个数。

师：当小组内出现了不同的意见时，应该如何解决？

生：剪子、包袱、锤。

生：投票。

生：少数服从多数……

三组：有一个同学是指着数的，数着数着就糊涂了。

师：所以我们在数数的时候可以怎么做？

生：用笔记。

生：画圈圈……

四组：我们小组报错数了，报数的时候急着汇报，结果一着急忘了，就编了一个数报了上去。

师：数完的时候可以及时将数字记在纸上。

2. 概括提升，总结方法

师：现在我们再来回顾一下小组分工合作的过程。

师：第一步先干什么？

生：知道要干什么。（任务明确）

师：明确任务之后干什么？

生：分工要合理。（分工合理）

师：接下来呢？

生：要快乐开心地做事。（团结一致）

师：还有呢？

生：把自己的事情做好。（各尽所能）

师：在小组分工与合作的时候，需要注意的地方还有很多很多，请同学们在实际运用中不断地总结发现。

3. 再次体验，熟练方法

教师组织学生再数一次，在数之前各小组再次进行分工。

学生进行分工。

教师播放视频，学生小组分工合作数出四种水果的数量。由于分工明确、各尽所能，这次每个小组均正确无误地数出了四种水果的个数。

4. 亲身实践，服务生活

教师下发编图书的方法，学生小组内学习编图书的方法，并进行组内分工。

分好工后，各小组组长领回图书，进行整理。教师告诉学生，这些图书都是已经分好类的图书，分别是I、J、H类。

各小组学生进行分工合作，完成图书的整理。如，写图书编码、贴编码（距离书脊下端2厘米）、加盖图书管理专用章、贴条形码、录入电脑等。

各小组完成之后，组织小组之间互相参观和检查，评价各小组的完成情况。

教师组织学生畅谈在整理图书时小组分工合作的感受和难忘的小故事。

5. 拓展延伸，升华情感

师：接下来老师再请大家看一段视频。（教师播放"哥伦比亚"号从发射到坠毁的视频，而其原因是因为航天飞机外壁一块公文包大小的泡沫的脱落）

教师组织学生谈感受，认识到小组合作的重要性：在小组合作的过程中，每一个人都无可替代，一个人的疏忽可能会给整个小组带来难以弥补的损失。老师也祝愿同学们在今后的生活中，在与其他同学的合作中，人生的道路越走越宽广，越走越辉煌！

开展小课题研究，搭建教师专业成长的平台

近年来，我们在市教育局教研室的领导下，紧密结合"全国教育科学国家部委级"重点课题"综合实践活动及其师资建设"，结合本地实际扎实开展了综合实践活动课程，并努力开创了一种以原生性课题为源头，以再生性课题为依托，以小课题研究为主要研究形式的综合实践活动课程新模式。小课题研究开展几年来，取得了较显著的成绩，每一个参与其中的教师都感到受益匪浅。

一、通过小课题研究活动的开展，教师参与教材资源建设的能力显著增强

多年来，我们一直是在依照教材教授教科书上的内容，教学方式、方法也几经变革，以期使其更有利于培养学生的探究能力和创新精神。但从根本上讲，很少有脱离教科书自主设计开展的活动。在广大教师的潜意识里，开发课程资源一直都是教材编写专家的工作，教师只是课程资源的讲授者，而不是资源的建设者，教师们的资源建设意识还很淡薄。开展小课题研究活动以来，很多本乡本土的教育资源纷纷纳入小课题研究的内容中来，它们有的是独具家乡特色的土特产，如王庄镇的演马红烧牛肉、孔庄绿豆粉皮，汶阳镇的河岔口鸭蛋；有的是一些特色种植项目，如桃园镇肥城桃的研究，王庄镇有机绿色蔬菜的种植与销售；有的是由某些社会现象直接生成的，如"走进电动自行车""金线河的烦恼"等；有的对中国的传统艺术进行了挖掘研究，如民间工艺剪纸、走近中国戏曲、根艺等，这些小课题的产生都具有原生性的特点，它们都是在日常教学过程中根据师生的一些问题生成的，它们来源于问题，而学生们本身就具有解决问题的强烈欲望，从而为课题的研究开展注入了较强的动力。随着新课程改革的不断深入，对于课程改革的实施者——教师的要求也在

不断提高。新课改提倡教学资源是开放的，能紧密结合本地实际，提倡因地制宜、因人而异。在课题资源挖掘和建设的过程中，首先纠正了教师们的一些错误认识，教材资源是可以师生共建的。只要能落实相应的教学目标，对学生的知识、能力、情感态度等方面有所提高、有所帮助，都可纳入日常的教学工作中进行研究，从而使教材资源的建设从高高在上的神坛上走下来，走到师生中间，通过师生共建，还其本真。教材资源本身是唯物的、朴素的，也只有加入师生共建中，才能真正还原自己，才能使其具有与时俱进的强劲生命力。教师自身也成长为一个教材资源的建设者，并在一次次的课题生成、资源建设、课题开展中锻炼着自己，使自己的教材资源建设水平由低到高，不断进步，自身素质不断增强。

二、通过小课题研究的开展，丰富了教师的知识储备，扩大了知识量

开展小课题研究的过程也是一个教学相长的过程。在活动开展过程中，教师与学生都获得了不同程度的发展。因为课题本身原生性的特点，所以教材资源的共建也一直是一个贯穿始终的问题。在这其中，问题解决贯穿始终，而要解决这些问题就需要师生不断地开展深入的探究。解决问题的过程中会遇到各个方面的知识，而有些并不是教师本身具有的。因此，为了解决这些问题，教师就需要坚持不断地学习，以使自身能够很好地参与到问题解决的过程中。如"走近中国戏曲"的指导教师王老师，学的是音乐专业，同时也是一位戏曲爱好者，但在接受课题指导的任务后，随着课题研究不断向纵深发展，她明显感觉到自身知识的匮乏，于是买来很多戏曲光盘坚持学习。在结题时她兴奋地说："如果没有这次小课题研究，我的戏曲也不会唱得这么好！我感谢小课题研究！"一位老师指导的是二胡的渊源及其演奏，他为了能胜任指导教师这个角色，刻苦练习，课余时间拜师学艺，不仅使学生获得了很大的帮助，而且自身也有了很大的发展。通过小课题研究活动的开展，不仅在学生中培养了一批小能手、小专家，而且很多教师也成了某一方面的专业技术人员。

在知识方面，教师们也获得了相应的发展。王庄镇是远近闻名的有机绿色蔬菜基地，于是他们从学生问题出发确立了"绿色蔬菜的种植、销售"这一小课题。指导教师邱老师和学生们一起研究，但对于绿色蔬菜的定义、绿色蔬菜

的销售流程、绿色蔬菜在世界范围内的种植与销售等诸多问题则不是很了解。为了解决这些问题，邱老师和学生们一起去购买相关专业书籍，通过上网、采访镇农机站专业技术人员及菜农，在解决问题的过程中拓宽了自己的知识面，丰富了自己的知识积累。

三、通过小课题研究的开展，教师参与社会交往的能力显著增强

小课题研究包罗万象，在预设的目标之外还会生成很多非预设性的内容，这对于小课题指导教师既是一种挑战，同时也是一种丰富的享受。很多教师反映，通过小课题研究的开展，自己的课余生活丰富了，兴趣比以前更加广泛了，不只是喜欢根雕、剪纸、戏曲，还喜欢盆景、画画、歌唱等，产生了许许多多的爱好；不只是关心绿色食品，更加关注我们的生活；不只是关注食品的问题，还关心我们的日常用品。从一些教师的成长笔记中我们可以明显地看出这一点。例如邱老师在指导学生研究绿色食品时，为了获得第一手的资料，学生们决定开展社会调查与访问。说到外出采访，邱老师心里一直在打退堂鼓，平时很少走出校园的她根本就不知如何与外界联系，加之又是一位女老师，所以对于外出联系采访心里一直没底。邱老师心里暗自发愁，这时是同事的一句话点拨了她："你怎么不去镇宣传办公室看一看。"那里能有吗？于是邱老师抱着试一试的态度去了，没想到竟得到了一些录像资料，这真是一次意想不到的收获。

在活动中老师们感觉做事情的效率与计划性也得到了很大的提高，考虑事情也比以前细心多了。学生外出活动之前，总是先集体讨论一番，总结出外出活动时的注意事项，以确保活动的安全性。如果是采访有关工作人员须提前预约，才能保证活动的顺利进行。

由于活动研究需要，探究活动中有很多内容需留影像资料，尽量把活动情况及时录下来，以记录孩子们的成长，并为今后的研究积累资料。这又对指导教师提出了一个问题：很少有人会录像，也不会使用刻录设备。怎么办呢？没有影像资料可不行。于是，他们利用课余时间和休息日走亲访友、拜师学艺，经过一段时间的勤学苦练，终于学有所成，保障了研究活动的常态化发展。

综合实践活动小课题研究为指导教师提供了广阔的发展平台。在课题研究的过程中，他们和学生一起学习、共同进步，无论是知识能力，还是情感态度等方面均获得了发展。我们希望这样的研究能持续深入地发展下去，和广大师生一道去开辟更加广阔的空间。

综合实践活动微课题研究的实施策略举例

　　《中小学综合实践活动课程指导纲要》明确规定了课程实施的主要方式之一是考察探究，也有教师在交流时问及其与研究性学习两者之间的区别，其实研究性学习作为一种学习的方式，与考察探究有着很多的相通之处，只是考察探究的表述更全面和准确。因为在其他活动方式如社会服务、设计制作、职业体验中也会用到研究性学习这种研究方法。

　　开展考察探究的方式有很多，其中微课题的研究就是一种行之有效的活动形式。它通过组织学生围绕自己的生活世界，提出感兴趣的问题，并自由组合成学习小组，制订研究方案、组织开展研究、记录研究过程、撰写研究报告、交流体味反思，从中经历一个完整的研究过程，应用间接经验，获取直接经验，在自主、合作与探究活动中体验综合实践活动课程的魅力。

　　如何指导学生制订微课题的研究方案呢？在研究方案的制订过程中如何体现教师的指导作用呢？下面结合具体案例谈一谈这两个问题。

💬 **微课题方案一：**

我是小小交通安全员

【活动背景】

　　学校门前交通状况不是很理想，存在交通安全隐患，希望能够带领学生做此调查，提高自身交通安全意识，力所能及地减少上学、放学期间的交通安全隐患。

【活动目标】

　　（1）通过观察、访问、记录、分析、归纳，收集整理交通状况产生的原因，形成调查报告。

（2）培养学生发现问题、解决问题的能力。

（3）通过让学生关注校门口的交通问题，培养他们热爱生命、珍惜生命、注重安全、关心他人的意识，增强社会责任感。

【活动准备】

录音笔、摄像工具、调查问卷、水彩笔、白纸、学校志愿者服装。

【活动分工】

组长：统筹整理；收集相关资料：3人；实地考察：2人；资料整理：1人；撰写调查报告：6人。

【活动时间】

2019年9月20—23日。

【活动分析】

1.教学内容分析

学生利用多种方法调查校园门口的交通状况，得出结论并找到解决办法。

2.学情分析

因为涉及校外调查研究，尤其是对周围市民、家长、学生的调查，同时还要完成调查报告以及相应的宣讲和志愿者服务工作，所以适宜于四、五、六年级学生参与。

【活动流程】

（1）学校天天见，交通时时忧。（第一课时）

学生讨论校门口交通问题，并自由分组，每组都形成一份调查方案，利用课后时间进行调查。

（2）交通问题大汇总，解决方案齐思索。（第二课时）

学生分组汇报展示调查出的交通问题，教师指导进行分类汇总，然后针对每个问题找出解决办法。

（3）生生宣传执行去，人人安全从中来。（第三课时）

学生根据总结出的解决办法，分小组执行，让全校学生都受益。

预设的成果展现形式：

（1）宣传海报。

（2）校门口交通安全志愿者。

（3）校内各班级宣讲员。

（4）给相关部门的建议书。

······

"我是小小交通安全员"微课题评价及指导建议：

（1）本研究方案的指导对象不够明确，是低年级、中年级还是高年级的学生呢？需要在方案中予以明确说明，以利于在充分结合学情的基础上制订出方案的其他内容。

（2）活动主题的确定不够科学。确定主题要尽量小一点，做微课题，"微"是一个显著的特点。本课题选择了交通安全这个内容来写，宽泛且指向性不强，不利于学生开展实践研究。可以选择其中的一个点来开展研究。以拥堵为例，可以进行常规的调查工作，也可以进行访谈，还可以设计调查问卷，采访交警、协警、路人、学生、家长等，采访和调查的方式可以有蹲点，也可以流动式调查；调查内容可以是调查某一时间段的车流量，或者调查轻度拥堵和重度拥堵的不同情况。

（3）活动目标的确定中，表述方式需要规范，目标方面的主语是学生，所以语言的组织顺序需要调整一下。

（4）研究过程有些笼统。方案一定要尽量具体，呈现得越具体越好。例如调查研究的时间点、车流量、统计方法、人们的意识以及交通状况的统计等，研究内容也可以是通过统计车流量的多少来计算路口红绿灯设置的等待时间是否合理等。

🗨 微课题方案二：

鹅卵石步道促进健康探秘

【活动背景】

公园、小区的鹅卵石步道随处可见，在鹅卵石上锻炼的人也络绎不绝，踩鹅卵石对于人体健康具有怎样的功效？又有哪些讲究？值得一探究竟。

【活动目标】

（1）通过多种渠道了解鹅卵石步道对人体健康的作用。

（2）通过调查采访，了解人们对踩鹅卵石锻炼身体的认识，培养学生的沟通能力。

（3）通过实地考察，结合专家建议，提出科学踩踏鹅卵石的方法。

（4）通过活动，培养学生学会分享，小组有效合作，有责任担当。

【活动形式】

问卷调查、考察探究、实地采访、提出建议。

【活动准备】

多渠道收集资料、小组问卷调查设计、采访提纲、人员分工、工具准备、安全预案。

【活动过程】

（1）实地考察，发现问题。

（2）收集资料，调查相关人群。

（3）采访专家，亲身体验。

（4）整理数据，提出建议。

【活动成果】

（1）小组撰写关于鹅卵石步道的小课题研究报告，涉及方法、时间、走步道的禁忌、速度、鹅卵石的间距以及适宜人群。

（2）活动调查报告、活动美篇。

"鹅卵石步道促进健康探秘"微课题评价及指导建议：

（1）确定主题的科学性需要验证，还未验证的不要用这种表述方式。比如确定为"鹅卵石步道与身体健康探秘"就更准确一些。

（2）内容设计上，需要再具体一些，如对于鹅卵石步道中出现损坏部分的维护工作、受损部分如何处理等，如何防止人们被破损处划伤、摔伤等。

（3）走不走步道的区别如何体现？健康的指标是否有所提升？如何来辨别走步道与健康的关系？可以将研究内容进行细化和量化，可以采用同一人的某两项指标，如"血压"或"走步道可以缓解手脚冰凉的情况"，通过实际的测量，让数据说话。血压可以通过血压计测量，而缓解手脚冰凉的情况则可以借助温度计来测量。还可以采用对比试验的方法，请两队人，其中一队人走鹅卵石步道，另一队人走人行道，通过测量两队人血压等数据来说明情况。

（4）本主题还可以推荐研究以下内容：鹅卵石时间久了会长青苔，这会导致鹅卵石步道的路面变滑。那么如何维护鹅卵石步道才能防止滋生青苔。还可以用鞋子进行青苔与摩擦力的关系的研究，通过将鞋子放在长有青苔的鹅卵石步道上，用弹簧秤拉动鞋子，计算出摩擦力和摩擦系数的大小。或者是走鹅卵石步道时一定要赤脚吗？穿袜子呢？穿软底鞋呢？鹅卵石的质地不同，效果一样吗？不同的材质又有哪些不同的疗效呢？

从以上两个案例中我们可以看出，开展微课题研究，我们需要注意以下几个问题：

（1）微课题不是一定要标新立异，旧的微课题也可以做，也就是说，同一个微课题，同一批学生可以继续深入开展研究，而一些成熟的微课题研究，面对不同的学生，完全可以重复研究。

（2）微课题的来源以来自学生日常生活中的发现为主，也可以是教师根据资源优势引导学生开发。以日常生活中的现象为例，学生去超市买鸡蛋，拿起一个鸡蛋无意识地摇晃，超市工作人员说："生鸡蛋不能摇，那样会摇坏的。"为什么会摇坏呢？这一问题就可以转化为一个很好的综合实践活动微课题：摇晃生鸡蛋对其保存状况的影响。学生可以通过对比实验等方法，经历研究过程，达到对问题探究的目的。

（3）微课题的研究要注重实践，让学生亲身经历研究的全过程。在研究中，切记要从学生的角度、站在学生的视角，选择合适的方法予以必要的指导，做到不盲目拔高，因地制宜地开展研究。

设计制作活动要有明确的标准意识

连续听了几节设计制作类综合实践活动课，在教师的组织引导下，学生设计制作了台灯、书橱、课桌凳……课堂气氛活跃，学生兴趣高涨。在这貌似高效课堂的背后，笔者却有了一种深深的隐忧：设计制作就是空想主义吗？笔者认为设计制作还需要有明确的标准意识。

下面以一个教学片段为例，一起来看一看学生的设计成果。

设计班级储物柜

师：同学们，通过小组研究讨论，你们想设计一种什么样子的储物柜呢？

生：我们想设计一种会根据意念飞翔的储物柜，哪位同学想从储物柜里取东西，储物柜就会自动飞到这位同学的身边。

生：我们想设计一种会变形的储物柜，从周一到周五，它可以变化出各种形状，我们只要看到储物柜的形状就知道今天是星期几了。

生：我们想设计一种冬暖夏凉的储物柜，就像给储物柜安装上了空调，可以根据外部环境的变化自行调节储物柜内的温度。

……

在以上教学片段中，学生的构想美妙吗？美妙。新奇吗？新奇。有创造力吗？有创造力。但是，能实际操作吗？不能。自己能加工制作吗？不能。有科学依据和证据支持吗？没有。毫无依据的创新设计近乎乱想、空想，除去课堂表面的热闹和喧嚣，学生最终依然站在原地，只是参与了一场漫无边际的狂欢。

设计制作，从设计开始，到制作结束。例如为小区的某个公园设计一盏灯，需要考虑以下标准：节约材料、省电、照明效果好、灯架坚固耐用等。学生只有始终牢记这些标准，他们的设计制作活动才能有实际的价值意义。为某一情境设计一座桥，也要有清晰的标准：坚固耐用、造型美观、节约材料、能实际操作等。凡此种种，能实际操作是其中的共同要求，否则，设计的作品再新奇、美观，不能制作也是毫无意义的。

除此之外，设计制作活动还要实现与创意物化、教学做合一、工匠精神的有机统一。

设计制作活动要实现与创意物化的有机统一。《中小学综合实践活动课程指导纲要》小学阶段的具体目标对创意物化要求如下：通过动手操作实践，初步掌握手工设计与制作的基本技能；学会运用信息技术，设计并制作有一定创意的数字作品。运用常见、简单的信息技术解决实际问题，服务于学习和生活。从中我们可以看出，无论是掌握技能，还是设计出作品、解决实际问题，都清晰地指向了具体内容的实现，而不是空想的镜花水月。

设计制作要实现与"教学做合一"的有机统一。陶行知先生说："教学做是一件事，不是三件事。我们要在做上教，在做上学。在做上教的是先生，在做上学的是学生。从先生对先生的关系说：做便是教；从学生对先生的关系说：做便是学。先生拿做来教，乃是真教；学生拿做来学，方是实学。不在做上用功夫，教固不成为教，学也不成为学。""教学做合一"的思想也突出强调了"做"的重要性。设计与制作，如果只是存在于学生头脑中天马行空的设计，而不能最终落实在具体的实践中，甚至毫无变成现实的可能，根本就不能"做"，那么这样的设计也毫无价值可言。就如学生在头脑中设计了一座无比精美的大桥，通过语言的描述，它既动若脱兔，又静如处子；既飘若惊鸿，又婉若游龙……总之集万千创意于一身，但却丝毫没有考虑如何实现这种结构，它的桥墩打在哪里，材料从何而来，甚至不清楚这座桥的长和宽是多少，试想，这样的设计又有什么意义？

设计制作要实现与工匠精神的有机统一。党的十九大报告指出：建设知识型、技能型、创新型劳动者大军，弘扬劳模精神和工匠精神，营造劳动光荣的社会风尚和精益求精的敬业风气。《中小学综合实践活动课程指导纲要》中也明确提出了"在设计与制作活动中，鼓励学生体验工匠精神"的要求。在学生的设计与制作活动中，无论是折一个简单的纸飞机，还是剪一个窗花；不管是拍摄一张照片，还是缝制一个沙包，都会有一个从简单到复杂、从稚嫩到成熟的过程，在这个不断发展的过程中，工匠精神应该成为最强大的内驱力。正是为了让纸飞机能飞得更稳、更远，而去一次次的实验、改造；为了剪出更加漂亮别致的窗花，而采用更先进的工具、更有效的方法；为了拍出一张更美的蝴蝶图片，而去学习更复杂的摄影知识……这些都是工匠精神的具体体现，工匠精神，是一种追求卓越的创造精神、精益求精的品质精神。

　　在设计制作中建立牢固的标准意识，从而让设计有据可依，让制作切实可行。设计与制作，归根结底，还是要落实到制作上来，这样的创意设计才会有意义，这样的教学活动才会有价值。

巧用生成性课程资源，让综合实践主题活动绽放异彩

——以"包水饺"主题活动为例

"课程是一个教育环境中实际发生的事情——不是理性上计划要发生的事，而是真正发生的事情"①，这就要求我们除了将"本质先定，一切既成"的思维方式转变为充分预设下的"一切将成"外，还要有较强的捕捉课程资源的能力。

下面以开展"包水饺"这一主题活动为例，梳理本活动中生成性课程资源出现的时机及其运用。

"教育一开始就应该成为一种体验发现的乐趣。"（怀特海语）在确定"包水饺"这一课题后，我告诉学生，利用半个月左右的时间跟父母等家庭成员学习包水饺，能够熟知流程并掌握各个环节的操作技巧。孩子们兴致很高，学得很快，每天我都做一次统计：学会和面的学生有多少？学会擀皮的学生有多少？……一切都在按部就班地进行着。

生成性资源一：老师，我写了一份包水饺的说明书！

半个月的自主学习时间将至，我再一次统计学生们的学习成果。这时，很多学生都表示已经学会了"包水饺"这一流程上的所有技术动作。这时，吴凯同学站起来说："老师，我把包水饺的方法写了下来。"我拿过来一看，只见

---

① 伊丽莎白·琼斯，约翰·尼莫.生成课程［M］.周欣，卢乐珍，译.上海：华东师范大学出版社，2004.

他从和面开始到盛盘上桌详细地写出了操作方法。看着这些内容，我猛然间想到了非连续性文本这种文本形式，作为一种实用性文体，实践性和实用性正是它的显著特点，为什么不借此安排学生写出包水饺的说明书呢？

于是，我和学生们一起明确了包水饺的各个步骤：和面、调馅、擀皮、包水饺、煮水饺，然后让他们分环节写出各自的操作办法，要求说明书能够让别人看得懂、学得会。除了文字，还可以配以照片和图画。

清明节三天假期结束，学生的说明书也都写好了。下面是郭承旭同学的作品：

包饺子的步骤及说明

1. 和面

工具及原料：面盆、面粉、清水。

方法步骤：取适量面粉放入面盆中，准备一碗清水。先向面粉里倒入些清水，一边加水一边用手按顺时针方向轻轻搅拌，让水和面充分地糅合在一起。粘手就说明水多了，面硬就说明水少了。最后揉成一个光滑的面团，盖上盖子等20分钟左右就可以了，这样揉出的面不发死，煮时也不会粘在一起。

2. 调馅

（略）

生成性资源二：老师，我想去参加你们周四的包水饺活动，可以吗？

经过前期的精心准备，教学包水饺活动的时机已经成熟，于是我安排在4月10日上午的两节综合实践活动课包水饺。

中午时分，一位学生家长给我打来电话，问是否可以参加我们班的包水饺活动。这个电话给了我很大的启示：是呀！为什么不请几位家长一起来参加我们的活动呢？不仅可以让学生获得更丰富的体验，而且家长还可以作为指导教师指导学生的活动。我答应了他的要求，同时向各位家长发出了招募七位家长志愿者的请求。周四那天，家长们早早来到了学校餐厅，帮助我做好各项准备，每人还承担了两个小组的业务指导工作。

生成性资源三：包水饺活动的背后是什么？

包水饺活动结束后，我组织了一次主题为"感受与收获"的总结与交流活动。学生们交流异常踊跃："我学会了包水饺""自己劳动最光荣"……听着大家的回答，我猛然间意识到一个问题：掌握了劳动技术的目的是什么？仅仅是为了学会一项技术吗？孩子们的感受只关注到了自身的付出和技能上的收获，却丝毫没有想到活动背后来自老师、家长、餐厅阿姨等众人的辛勤付出，更没有与自己的生活联系在一起……

这时我意识到这是一个必须要解决好的问题！仅仅让学生学会包水饺显然不是我这次教学活动的全部目的，甚至可以说这不是我的主要目的。我想告诉学生的是：掌握技能并不是学习的全部，学习的目的是为了未来更加幸福的生活，培养健全丰富的情感，树立爱生活、享受生活的意识，会生活是工作和学习的重要基础，所以要学会安排生活、享受生活。

于是，我以"包水饺的背后"为题，组织学生思考：除了学会了包水饺和自己动手的幸福，包水饺的背后还有什么？在一段长时间的沉默之后，小手陆陆续续地举了起来：背后有老师、餐厅阿姨、家长志愿者、父母长辈等许多人的辛勤付出……在我的启发下，他们也意识到了"学贵在用"的重要意义，理解了我希望他们爱生活、学会生活、享受生活的良苦用心。

下面是杜琪玥同学以"懂得感恩，学会生活"为题写的一篇小文章。

懂得感恩，学会生活

在这次包水饺活动中，尚老师并不是单纯地请我们吃一顿水饺，而是让我们体会生活的乐趣。在包水饺的背后，隐藏着很多人的努力，才凝结成这来之不易的饺子。

为了这次活动，尚老师提前做了很多准备工作。……在此，我代表全体同学和家长，向尚老师表示深深的谢意！

餐厅的叔叔阿姨早早打扫好卫生，迎接我们的到来……

另外，还有一些同学的家长主动申请成为本次活动的家长志愿者……

正是因为有了老师、父母还有各位叔叔阿姨的支持，才使这次活动举办得非常圆满、非常成功……

……

通过这次活动，尚老师不但让我们学会了包水饺这项技能，而且还让我们懂得了要热爱生活、享受生活，并要学会感恩，感恩老师、感恩父母、感恩所有给予我们帮助的人……

　　由此可见，三次生成性课程资源极大地丰富了"包水饺"这一主题实践活动，让学生在尽可能多的方面获得收获和发展。同样对我而言，生成性课程资源为我打开了一扇扇更大更美的窗户，透过这些窗口，我得以更近距离地贴近家长、学生的内心世界，得以无限接近幸福教育的目的和归宿。生成性课程资源，在丰满课程的同时，更帮我和学生成就了不可预约的美丽和精彩！

请给孩子们开具一张劳动清单

2018年，习近平总书记在全国教育大会上指出："要在学生中弘扬劳动精神，教育引导学生崇尚劳动、尊重劳动，懂得劳动最光荣、劳动最崇高、劳动最伟大、劳动最美丽的道理，长大后能够辛勤劳动、诚实劳动、创造性劳动。"总书记的讲话高屋建瓴。那么，如何在学校教学中落实好劳动教育呢？这是每一位教育工作者都应该深入思考的问题。作为一名小学教师，我在让劳动教育真正在校园落地扎根、真正走进学生的生活世界方面进行了诸多探索，下面谈一谈我的理解和认识。

当前学生劳动教育的现状亟须改变，学生劳动教育的比重亟须加强。记得我上小学的时候，每当假期开学，同学们都会扛着铁锨、镘头、扫帚，拉着平板车，来到学校整理校园卫生。或许是年纪小的缘故，只记得那时候的操场特别大，杂草特别多，整个操场上满满的都是人，同学们干得热火朝天。放学回到家，需要自己烧水做饭，而且还要把装满开水的暖水瓶给父母送到田间地头。现在母亲还经常提起我上小学三年级时给她做饭的情景：中午放学回家，母亲仍在责任田里摘棉花，我自己做好饭吃完后把给母亲留出来的饭菜用塑料筐盖好，然后跑到地头对母亲大声说："妈，我把饭菜给您盖好放桌上了！"就去上学了。母亲一遍遍讲着，我静静地听着，每次眼泪都会情不自禁地流出来。和同事朋友聊起来，大家对自己儿时的劳动经历也都是如数家珍，而劳动对于我们成长的意义却又是出奇的一致：感谢那段岁月让我们学会了分享、学会了感恩、学会了坚强、学会了生活……劳动教会我们的东西太多太多。但是现在呢？北京教育科学研究院基础教育科学研究所的报告显示：美国小学生平均每天的劳动时间为1.2小时，韩国为0.7小时，法国为0.6小时，而中国小学生平均每天的劳动时间只有12分钟。嘴上念着"谁知盘中餐，粒粒皆辛苦"，吃饭时几乎整个的白面馒头剩在餐盘里，在家也是饭来张口、衣来伸手，意识不到粮食的来之不易，自然也不会爱惜粮食、珍惜劳动成果，不懂得劳动的光荣，自然也不会有尊重劳动者的意识和行为。

劳动对于价值观形成期的小学生而言更加重要。苏霍姆林斯基说过：劳动教育的最终目的并非仅仅是培养劳动者，而是把人造成真正的人，每天劳动不止，让心灵犹如天天耕地的犁耙一样光洁如新。借用马克思在《资本论》中关于劳动的定义：劳动是人的自我实现，是他的体力和智力的表现；在劳动这一真正的活动过程中，人使自己得到了发展，成为人自身。"教儿婴孩"，对于小学生来说，劳动教育就变得更加重要而且必要，更是刻不容缓的。让每一个孩子都能用自己勤劳的双手，去挖掘属于自己的幸福之井，品尝到劳动的甜美果实，真正体会到陶行知先生"流自己的血，滴自己的汗，靠天靠地靠爹娘，不算好汉"的内涵意义。

开展劳动教育的方法和渠道有很多，课堂是学校开展劳动教育的主渠道，除此之外，家校结合也是开展劳动教育的一种行之有效的重要途径。下面结合教育实践，谈一谈笔者的一些做法。

一、走进厨房，做出属于自己的四菜一汤

每年假期，我都会有计划地安排这样一项炒菜做饭的实践作业。例如，三年级为学会炒两样青菜，会煮面条；四年级为会炒四样青菜，会包水饺和馄饨，会做汤；五年级会做一道葱油鱼，会擀面条……如何体现教师的指导呢？我会有所选择地选择时间开展家访，除了检查和辅导学生的假期作业、与家长沟通交流家庭教育理念，还会留在学生家中午餐，饭菜是实践作业中早就明确的：四样青菜、稀饭、馒头。大厨自然是我们的学生了。这一活动实施几年来，得到了学生、家长的热烈欢迎，对于提升学生的劳动技能，养成正确的劳动观念，起到了十分重要的促进作用。

二、分年级给学生开具一张劳动教育清单

回想自己的童年，那时候可以从事的劳动选择实在是太多太多，家务劳动、生产劳动、学校劳动……时过境迁，随着城镇化的迅速发展，受条件限制，现在的学生无法像我们儿时一样去田地里掰玉米、拔草。怎么办呢？我是

通过给学生开具劳动清单的方法进行的。以我校为例，学校处于城乡接合部，周围既有公园、社区，也有责任田，这些都为学生的劳动体验提供了空间。我分年级给学生确定了劳动项目，如一、二年级注重个人小房间的收拾整理、饭前摆碗筷、饭后擦桌子，洗自己的红领巾、手绢等小件物品；三、四年级则安排了拖地、冲茶倒水、收拾厨房、炒菜做饭、洗自己的校服、去社区清洗健身器材等活动；五、六年级安排了超市购物，"本周我当家"等活动，会做掰玉米、收花生等几种农活。这样将劳动项目具体化，使劳动教育言之有物，利于操作，同时帮助家长进一步端正家庭教育观念，既便于给家长一个引领，又便于教师的考核评价。

经过教师的精心设计，当教师把劳动教育内容设计得如此有趣且丰富多彩，学生怎么会不喜欢呢？当家长有了劳动清单这个扶手，又怎么会不响应学校建议并积极配合老师，齐心协力做好家校共育工作呢？

留心细节，精心开发德育资源

——从"青虫之死"说开去

　　预备铃已经响了一段时间，我正准备去上课，远远看到四年级教室前面围着三四个男生，叽叽喳喳不知在玩什么。好奇心驱使我悄悄走过去，只见一条菜青虫正处在一群蚂蚁的围攻之下，青虫痛苦地打着滚，胖乎乎的身体已经有了多处伤口，淡绿色的液体不断从它身上流出来。再看这几个学生，一个个兴奋异常，不断地把试图逃走的虫子拿回来，同时不断地把周围的蚂蚁引向青虫，嘴里还在不停地喊着："咬它！咬它！咬死它！"

　　看到这一幕，我陷入了沉思：原本一个个天真可爱的孩子怎么会变得如此狰狞，这样做是不是有些太残忍了？一番思索之后，我决定放弃已准备的教学内容，以"残忍？不残忍？"为题进行一次全班讨论。

　　话题一出，班里就像炸开了锅。学习委员王小月率先发炮："我们班的男生这样做已经有一段时间了，我认为他们太残忍了，看到那条虫子难受得打滚，我就浑身难受！"

　　一句话点燃了导火索，双方你来我往，一场辩论开始了。

　　"你难受什么？又不是咬的你，它只是一条虫子！"

　　"虫子也有生命，难道你连一点儿的同情心也没有？"

　　"我们有同情心，但我们从来不同情虫子，而且是一条害虫，难道你们也同情苍蝇和蚊子吗？"

　　"我们是应该消灭害虫，但不能采用这样残忍的方法。"

　　"冰岛政府曾经否决了原本拟定的再次允许捕鲸的计划，原因就是还没有能使鲸鱼迅速结束痛苦的捕鲸枪，看看他们是如何珍爱生命的！"

此时，认为这种行为很残忍的学生显然已经占了上风，但他们的质问远未停止。

"青虫原本在月季花上，是你们把它放在蚂蚁的窝旁，并且让它想跑跑不掉，想死死不了。蚂蚁可以吃青虫，但需要它们自己去寻找，你们这样做破坏了它们之间的生存法则。"

"青虫是害虫，我们可以消灭它，但没有权利眼睁睁地看着它受罪，让它在那么多蚂蚁的叮咬下，直到用尽最后一丝力气后才痛苦地死去。"

"这个时间太长了，有时它挣扎半个多小时，人心都是肉长的，它不该如此痛苦地死去。"

……

经过辩论，大家对这种行为有了更深的认识。这时我顺势做了引申：大家想一想，在生活中我们应该如何对待生命呢？

"我们应该珍爱生命、善待生命，而不能折磨它们，任意的伤害它们。"

"对于生命，我们都要尊重，不能随便剥夺它们生存的权利。"

在这节课上，学生们结合发生在自己身边的事情畅所欲言，在彼此交流的过程中，认识不断得以深化，不仅接受了一次"善待生命、珍爱生命"的教育，而且亲历了这一认识形成的全过程。

其实我们对学生的德育教育就蕴含在这些点滴小事之中，正所谓"德育无小事，时时处处都育人"，只要我们在生活中善于把握、善于发掘，很多细节都会成为对学生进行德育教育的生动资源。一个人的思想道德品质，并不是单纯的在课堂上形成的，而是在自然发展的生活中形成的，这是人的德性形成的一个基本规律。我们要抓住学生所表现出的实实在在的道德行为，加以分析，深化认识，形成共识。因为学生亲历其中，他们获得的情感体验更真实、更丰富，这远胜过我们凭空杜撰出的情境，更胜过枯燥的说教。他们感到有话可说，不用再作无病呻吟；感到道德的培养、人性的提高并非遥不可及，道德、德行这些词语其实并不神秘，它就存在于我们身边，体现在这些再寻常不过的点滴小事中，只要用心去对待，时刻以较高的标准要求自己，道德水平在不知不觉中就会得到提高。这就要求我们教师要有一颗善于发现的眼睛，能及时地捕捉到这些信息，进而不断挖掘、不断构建，使每一个学生的道德素质都得到提升，健康成长，为构建社会主义和谐社会做出自己的贡献。

劳技制作，应从理解意义开始

劳动技术与制作是综合实践活动课程研究的重要领域，其中有大量需要学生进行劳技制作、动手创作的内容。在课程的实施过程中，技术和生活两张皮的现象应该引起我们的充分关注：学生学会了制作小板凳的方法，却不清楚起初自己为什么要制作小板凳；学生掌握了烙饼的方法，在家却从不做家务……劳动技术的习得，应当从理解意义开始。只有学生充分理解了学习该项劳动技术的价值和意义，才能更有利于他们在习得技能的同时形成正确的劳动观点。

一、制作脸谱，不是单一的绘画创作，需从了解脸谱的内涵开始

前几天听了一节综合实践活动课，课题为"京剧脸谱"，课堂教学内容为"让学生设计制作脸谱"。课堂的呈现形式引发了笔者的思考：上课伊始，教师伴随着《说唱脸谱》的音乐向学生们展示了几十件已经制作好的脸谱，随后让学生制作脸谱并张贴在展板上，最后教师在进行简短的评价后，课堂随之结束。

看着展板上的脸谱，可谓丰富多彩，色彩鲜亮明丽。制作的过程中，我随机问了几名学生："你这张脸谱是给谁做的呢？""额头涂成红色是表示什么意思呢？"他们的回答着实让我吃惊："这样好玩！""这样好看！"

好玩、好看……诸如此类的词语就是学生制作脸谱的感受。这样的制作虽然保证了学生制作成果的丰富多彩，他们在制作的过程中也表现出了浓厚的制作兴趣，但这显然背离了我们开展"创作京剧脸谱"活动的目的。

为什么会出现这样的情况？原因很简单：学生在制作之前并没有理解脸谱的相关知识，如"脸谱的由来""脸谱色彩的象征意义""谱式"……他们不知道每一张脸谱的后面都有一个鲜活的人物，没有认识到脸谱上的每一抹油彩

都是人物性格的体现。于是，艺术创作成了一次肆意妄为的绘画狂欢。如此，我们开展教学的目的不仅没有达到，而且让学生对于脸谱这一戏曲艺术产生了诸多错误的认识。

二、学炒菜，不是简单的烹饪学习，更要理解技能习得的意义

学习炒菜、做饭、蒸馒头、包水饺，并不仅仅是技术上的习得，更为重要的是建立一种乐观积极的生活态度，懂得爱生活、会生活，能够发自内心地关爱家人、朋友，以及周围的人，甚至"无穷的远方，无数的人们，都与我有关"。学会了这些劳动技术，掌握了这些生活技能，就具有了照顾别人的能力，能够为父母做一顿可口的饭菜，能够在集体生活中为同学朋友包水饺、做馄饨、擀面条……首先能够学以致用，在家里甚至一个人独处的时候，能够有包水饺的心情、有自己擀面条的行动，能够爱上人间烟火，懂得"家人团座，灯火可亲"。诚如此，我们的技能教学才有价值，学生掌握的劳动技能才有意义。

苏霍姆林斯基曾经说过：学生学习的一个突出特点就是对学习的对象采取一种研究的态度。在劳技制作的教学中，从引导学生思考和理解每一项劳动技术活动意义的基础上开展教学，对于学生掌握劳动技能、体味劳动乐趣、培养劳动观点、养成劳动习惯有着非同寻常的意义。让学生不仅掌握技术要领，更清楚自己为什么学、在生活中怎样应用，从而将每一项劳动技术都能与自己的生活紧密联系起来。

关注学生，注重生成，开发课程资源

在美丽的江城武汉，笔者参加了全国中小学综合实践活动理论研讨及课堂教学展示会议，聆听了教育部基础教育课程教材发展中心傅宜红及教育部基础教育课程改革专家组核心成员郭元祥博士的报告，现场观摩了由全国各省、市、自治区分课题组精心提供的18节综合实践活动课，观摩了部分教师的视频说课。

一、因地制宜，破解课程资源瓶颈问题

综合实践活动课程的开设早已不是一件什么新鲜事，但由于它一定程度上属于一种"三无"课程（无课程标准、无教材、无师资），所以在全国范围内开展的情况也是参差不齐。在与其他省市课题组的交流中，可以很明显地感觉到我市综合实践活动课程的开设还是很有成效的，积累了一定的实践经验，摸索出了一条结合自身实际开发课程的新路子，各地同行纷纷要求我们做经验介绍，为大家提供一些可资借鉴的东西。但是，在一定的理论高度上认识了综合实践活动后，大家心中还存在一些问题，如综合实验活动的四大领域如何整合、各研究阶段教师指导与学生自主活动过程中如何把握度的问题、预设和生成的关系等。通过聆听傅宜红、郭元祥博士、陈树杰教授等专家的专题讲座，一些心中的谜题得到了破解，使大家对于综合实践活动的开展有了一个更清晰的认识：既不能形而上，把课程开设的信马由缰、漫无目的，也不是搞教条主义，把活动统得太死，而是应该结合《中小学综合实践活动课程指导纲要》，密切结合本地实际，努力探索适合自身发展的模式。活动可因人而异、因地制宜，在活动的准备之前应做好活动计划，对于活动所要达到的目标、完成的内容做好预设，以便对活动效果进行检验。综合实践活动课程作为一门国家规定

的必修课程，并不是学校开好开不好的问题，而是如何想办法开好的问题。作为必修课，它并不是衡量学校校长办学良知的试金石，而应是对学校综合办学水平进行评估的重要指标之一。

二、课堂观摩，引发诸多思考

与会期间，笔者现场观摩了18节优质课，这些教师来自五湖四海，教学风格各异，通过对优质课的研讨、评析，笔者也有颇多收获。

1. 关注学生

如何关注学生？"关注学生"这四个字很容易理解，就是注意观察学生的一言一行、一举一动，但在实践过程中能做到及时洞察、密切关注就不是很容易的一件事了。关注学生，首先要关注学生的情感。这种关注并不局限于课堂，它应是贯穿于学生接触的各个层面。笔者执教的课题是"考察生活垃圾"，在六年级二班熟悉学生时，发现一个叫浩铭的男生很是突出：不是默默不语，就是偶尔起哄，看得出这是一个很有个性的男孩子，能否拢住他，对于全班学生应该具有标志性的意义。于是我请他担当了调查小组长，并毛遂自荐担当他的助手——副组长，结果在校外调查中浩铭一直表现得很优秀。在课上交流时其他三个小组纷纷举手、踊跃发言，而浩铭所在的一组则静悄悄的，这时我示意其他学生停下来，走到他们中间说："浩铭，你们小组一定也会有许多发现吧！选个代表说一说吧！"看到他们没有行动，我只好点将，"浩铭，你先说吧！"浩铭一看老师点名了，硬着头皮说了自己的观点，我当即对其进行了表扬，该组学生的情绪立刻被带动起来，举手发言的多了、参与互动的多了。虽然这一环节的耗时比我课前预设的多了近4分钟的时间，但我想这是值得的。因为在所有预设的深处都有一个潜目标，那就是"为了学生的发展"。在有限的一节课内我可以少落实一些预设目标，但决不能让课堂生成的一些随机因素对学生造成伤害或成为不成功教育的契机。从浩铭在留言板上的留言，我可以十分清晰地感受到他的喜悦和感激之情。

关注学生还表现为留给学生思考的时间。真实的课堂教学应是由一系列的思考组成的，显然这需要时间，需要一种接收信息后进行思考的空间，然后才能有所认同、有所否定。正如医生不会在病患未完全说明病情或听完病患陈述后不加思考就开出处方一样，好的教师也不应该在课堂上学生话音未落，对错判断已出，尽管你对学生的所述所想早已判定十之八九，纵然你的判断完全正确，也应留给自己一些思考的时间以示严谨和尊重；留给其他学生一些思考的时间，以便能在他们的脑海里留下思考的轨迹。留给学生思考的时间的另一面就是要认真倾听学生的发言。我们对学生的发言总是该有所表态的，这就要求我们要认真负责的听一听。逢错必纠应是最基本的，我们宁可让学生接收的信息相对少一些，但绝不能让他们接收一些错误的信息。求真求实应是我们所始终追求的目标。过快的语速、腾转、接语等不仅剥夺了思考的时空，而且给学生一种心里很不安全的感觉，而思考恰恰是儿童最需要的，因为它是激发创造力的重要因素。

2. 深度探究

我们提倡的是"一英寸宽，一英寸深"的探究，既要在宏观上如课题设计、研究领域上尽量做到，又要在某些微观领域如学生只言片语等方面也要做到这一点。即在学生发表自己的观点时，老师应和其他学生都参与到和发言学生的互动交流中来，"问你想问的，咨询你所关心的，发表你所知道的"，这样，在一系列连续不断地提问题中，使原本宏观的变得微观具体，原本模糊的变得清晰（也可能有些由清晰变得模糊），这样会让探究活动的价值成几何倍数增长，从而大大提高课堂发言的效率，扩大了信息容量。更为重要的是培养了学生动态的连续思考问题的能力，不要仅仅看到表面的问题，不要仅仅想到自己一时兴起提出的问题，而是能够对一个问题连续地进行深度思考，连续不断地提出问题，这种科学素养是很重要的。

3. 预设和生成的关系问题

预设的目标我们很好把握，而生成则是未可知的，它是活动开展过程中随机出现的，其涉及的知识领域、情感层面、能力方面等都是事前不可知的，换言之，生成就是教师事前没设想的。那么预设和生成谁更重要呢？在课堂教学中，以预设为主还是以生成为主呢？笔者认为预设和生成本身就是一个方面。生成是在预设的基础上生成的，是对预设目标的升华或发展。没有预设目标的铺垫，生成也就成了无源之水，无本之木，所以生成一定程度上也是我们没想到的预设，当生成的问题出现时大可把它作为预设的东西进行处理。为了便于研究，我们仍然把预设和生成看作两个层面，课堂教学中两个层面谁为主呢？若以预设为主，对生成视而不见或做弱化处理，则教师对课堂发展早已成竹在胸，按照教学设计一步一步发展，显得流畅完整；如果及时处理生成的问题，必然会对预设的内容有所冲击，结果可能就是预设的内容进行不完，教学目标落实不全，整个教学显得不够完整，教师把握教学、调控课堂的能力不够强。笔者认为这两种认识都有其片面性，生成的东西是可遇而不可求的，它并不是我们在某个地方冥思苦想就能想到的，它是学生思维碰撞过程中灵光的闪现，如果不能适时抓住，加以明晰、解决，恐怕今生就会与之失之交臂。而预设的目标没有完成，大可不必惊慌，构建知识体系，进行能力、情感培养并不是一朝一夕的事情，只要知道哪些预设的目标未完成，来日方长嘛！因此，笔者认为活动开展过程中在主题不变的前提下顺应学生思路进行发展，这里面的内容可能是教师预设的，也可能是课堂生成的，当学生无所适从时，教师再把预设的目标提出来，供学生继续研究，所以二者应是水乳交融、互为补充的。例如在我们的小课题计划中，每栏都有预设和生成两个部分，它们在地位上是平等的，只是一个在明处，一个在暗处，一旦出现，都应当受到平等对待，得到及时处理。

他山之石，可以攻玉。通过参加这次会议，使我的认识得到了很大提高，在今后的教学过程中我将继续加强学习，扎扎实实把综合实践活动课程上实上好。

让世界成为儿童的读本

近几年来，我们以传统文化为基础，以学生兴趣为切入点，以综合实践活动课程为载体，紧密结合本地实际，扎实开展了综合实践活动课程，取得了显著成果。

一、精心开发课程资源，实现课程的常态化实施

面对综合实践活动课程无固定教材的局面，创生课程资源是实现课程常态有效实施的第一个问题。我们通过不断探索，总结出了一条"点、引、选、学"的新路子。

1. 点—— 一点因由，点石成金

开展综合实践活动，首先要有活动的主题，活动主题从何而来？这个点如何确定？显然，只有充分联系实际，考虑学生的年龄、兴趣特点、知识基础等情况，才能确定出富有生命力的活动主题。对于点的选择主要有两种途径。首先是基于学生兴趣，充分发挥他们的主观能动性，确定活动主题。例如，有的学生对九连环感兴趣，就可以围绕九连环确定一个主题；有的学生对魔方感兴趣，同样可以将魔方定为研究主题，再如吉他、二胡、快板、神奇的指纹、折纸等。其次是教师的引导和推荐。教师根据自己的研究特长、资源储备、学生成长特点等确定出一些活动主题，如太极拳、风味小吃、剪纸艺术、健康童谣、刻制印章、戏曲表演等。

我们通过对以前课题研究工作的总结，一是发现部分研究内容还不够深入，学生的探索活动未能在一定深度的层面上进行，学生真正直面课题自行探索的东西较少。尽管我们在小课题研究中注重了学生的情感体验，但没有对体验活动进行专题化、系统化展开，需要进一步将其引向深入。二是研究领域还

需要拓展，思想道德教育没有在综合实践活动小课题中得到更多的呈现，创造教育活动在小课题研究的开展中涉及较少，缺少现代科技的成分，创造发明活动相对薄弱，需要进一步拓展研究领域。对此，我们有的放矢地设计开展了部分小课题。例如设置了安全教育展室和感恩教育展室，安全教育引导学生增强防范意识和自救能力，关爱生命、关注安全；感恩教育则引导学生从感恩父母、感恩老师、感恩学校、感恩社会等方面进行体会反思。四年级开展了"身边的科学"小课题，研究小狗、小猫等是否存在左撇子现象，研究藕眼的个数、大蒜的瓣数等是否存在规律可循，学生还自主设计了研究器材，并不断改进；通过"纸艺创想"研究课题，教师们在白纸上做足了文章，如何将漫画变得古老陈旧，将自己画成外星人，制作立体效果波纹图，制作点对称图案，制作火剪影；等等。

此所谓"一点因由"，但这"一点因由"从来而来？也需要师生付出自己的努力，需要对生活的细致了解和敏锐观察，需要自己平时多积累、多学习。只要是学生感兴趣的，只要是学生喜欢研究的，都可以作为综合实践活动的研究内容来开展活动。

2. 引——顺水推舟，巧引妙导

确定了活动的主题，如何组织实施呢？在这里，能够点石成金的不仅仅是教师，还有学生。面对学生提出的形形色色的问题，如何开展活动呢？显然仅凭老师是不够的，因为老师们也没有能满足学生全部需求的知识和能力，全才不是对每一位综合实践活动教师的必须要求。我们所要做的，是教给学生捕鱼的方法，就像做不会游泳的教练一样，为学生提供一种方法，提供一种开展研究的流程，以及针对安全等方面做出一些必要的提醒。因为时下网络资源在学校以及学生家庭中已经相当普及，对于学生所提出的一些研究课题，网络上不仅有详细的文字介绍，而且有生动形象的视频讲解，完全没有必要只有老师掌握了之后才能教学生。老师可能不会刻印章、制作丝网花、制作纸浮雕……，但学生依靠网络、书籍等资料就可以进行自主学习，而且这种学习不受课堂的限制，只要他喜欢，课余时间都可以开展研究活动。例如，一些学生确定了"趣味折纸"的课题，他们在网络上下载整理了一些关于折纸方法、图样的材料，而指导教师只是根据学生的请求将这些材料打印出来，并提醒他们在使用剪刀等工具时注意安全就可以了。此外还有中国结的制作、神奇的手影等，都是学生根据个人兴趣自主开发实施的课题，并取得了显著的成果。

3.选——平开多选，各尽其才

我们在组织实施综合实践活动小课题研究时，采用同时开展多个课题的方法，学生可以参与一个研究课题，也可以同时参与多个研究课题，全由他们依据自身情况而定。于课题点的选择丰富多彩，同一个班级内就会出现多个研究课题，这些课题平行发展，学生在完成一个课题之后兴趣点随即可以进行转移，进入其他课题组进行研究。除此形式之外学生也可以同时参与多个小课题的研究。在我校3—6年级综合实践活动课程的实施中，几乎每个学生都同时参与着两项以上的研究，这样让每一个学生都能既吃得好又吃得饱。更为欣喜的是，在学生自主研究的过程中，低年级的学生也兴致盎然地参与进来，他们跟随四年级的大哥哥学习月季的嫁接，跟随三年级的小姐姐认识校园内的植物，三个一伙、五个一群，叽叽喳喳煞是热闹。对此我们采取顺其自然的策略，不对他们做过多要求，目的在于培养良好的习惯和兴趣，既充实了学生的课余生活，又培养了他们的科学素养和文化底蕴。

4.学——师生互学，教学相长

生成性、本土化是综合实践活动课程的显著特点，加之课题的产生多数与学生的个性、爱好息息相关，所以综合实践活动内容可以说是上天入地，无所不包。传统文化、社区特色、科技前沿等等，这些内容对于师生都提出了要抓紧学习的紧迫要求。由于师生都长期沉浸在某一个或几个学科的狭小范围内，所以这些研究内容对于开阔他们的视野、拓展他们的研究领域、丰富他们的思维方式有着较好的补充作用。因为并不是教师会什么教什么，而是学生学什么教师教什么，所以师生双方都必须要加强学习，学习相关专业知识、方式方法等，这样在活动中师生双方才能较好地进行互动交流和指导。同时，学生的一些奇思妙想也能有效地激发和调动教师的学习欲望，唤起他们对于童年的美好回忆。在我校开展的综合实践活动小课题研究中，像"我是快板王""奇妙的手影"等，指导教师和学生都在同一起点共同学习，老师的读图能力比学生强，而学生在动手制作方面的进展则比老师快很多，师生之间就这样互相交流、学习、进步，最终师生均学有所成，感受到学习的喜悦。

二、注重教师的专业成长，在培养教师的过程中壮大课程建设的力量

我们深知，在学校教育中，教育者是其中最关键、最灵动的因素之一。一个精心设计的课题，在学生的能力培养、情感熏陶等方面能不能取得预期的效果，教育者的素质显得尤为关键。因此，我们在课程开展的过程中，通过一系列制度的建设，突出了骨干教师的培养，力求通过活动的开展，成长一批教师，成就部分名师，建设一支强有力的教师队伍。

1. 指导教师任课优先选择制度

由于综合实践活动课程在教材、课程标准等方面的特殊性，我们在学期初安排课程时就充分考虑到这一点，在工作量、学校工作等方面予以充分照顾，确保指导教师有时间、有精力、有能力开展课题研究，保证研究效果。

2. 课题审定和校本教材编写制度

学校成立了以业务校长为组长，教导处、教研组长和部分骨干教师为成员的课题审定委员会。各年级综合实践活动教师所确定的研究内容，必须首先提交学校课题审定委员会，先由指导教师详细地阐述所确定课题的背景、研究意义、研究内容、研究计划等，再由审定委员会成员交流质询，并决定是否将其最终确定为研究课题。研究内容一旦确定为研究课题，指导教师在精心开展活动的同时，还需要在活动结束的时候，将所研究的课题编写成一本校本教材。这些编写好的较为成熟的校本教材，将面向全校所有综合实践活动教师，供他们在开展教学活动的时候自由选择。

3. 教师业务学习制度和工作日志制度

每一位综合实践活动教师都有两个记事本，一个是综合实践活动小课题研究业务学习笔记，记录平时自己的所学所思所想；一个是小课题研究工作日志，课题研究如何安排、如何开展，每天都进行哪些内容，这些都细致地记录在他们的工作日志上，确保了课题研究的有序开展。

4. 指导教师课题先行制度

所谓指导教师课题先行，即每一位参与小课题研究的指导教师都必须先完整地经历整个课题研究的过程，方能面向学生。制作类的小课题教师必须制作出一件精致的作品，体验类的课题教师要展示预期的整个流程，这样，每一位

指导教师在学生参与活动之前就知道了课题开展的难易，学生在哪些地方容易遇到困难，可能会遇到什么样的困难，面对这些困难如何解决和突破，等等，确保了小课题研究的顺利实施。

让学生自由地探究生活，也是综合实践活动课程的显著标志之一，学生通过这一个个的研究点，了解自己所生活的世界，并自觉地应用学科知识，在探究的快乐中亲近生活、亲近自然，犹如把天空还给了小鸟，在快乐中自由成长、自由翱翔！综合实践活动小课题研究也为广大指导教师提供了一个广阔的发展平台。在课题研究的过程中，他们和学生一起学习、共同进步，无论是知识能力，还是情感态度等方面均获得了很大发展。我们希望这样的研究能持续深入地开展下去，和广大师生一道去开拓更加广阔的空间。

升旗仪式中的德育元素

郑渊洁说，如果他是校长，一定要让全校每一个学生在上学期间至少升一次旗。读着这句话，我想到了很多，我更理解郑老师这句话背后的良苦用心。

升旗，除了几位旗手外，其余的学生静静地站在指定区域，等待国歌响起、等待行注目礼、等待聆听国旗下的讲话。在这一人数最多的群体中，有一部分学生他们在干什么呢？有的东张西望，有的彼此之间做着小动作，有的嘴里不断地说着话……因为很长时间以来，甚至自入学以来，他们一直是在充当这一活动的看客，每一次都在看同样的人做同样的事。

从升旗引申开来，让每一个学生每学期至少发一次言，至少轮换一次班干部……这个要求看上去并不高，但仔细想一下，我们是否全部做到了呢？是不是每个班里面都有几个被我们忽略的学生呢？在全班同学的面前发表自己的看法，这样的体验在学生的心中是无比重要的，尤其是对于那些生存在班级边缘的学生。在班级内发声，不仅能够给每一个学生以荣誉感，更重要的是强化了他们的自我认知，心中对自我的肯定，让他们能够清晰地感受到：他是存在的，他是这个班级中的一分子，他和所有的同学一样，都很重要！

这让我想起一个发生在我身上的小故事：在语文课堂上，我经常选择一些学生朗读自己的作文，在朗读中倾听他们对自己文章的理解。这一天我请小鑫同学朗读了他的作文，事情本来就这样过去了。但从第二天他上交的学习笔记中我却有了另一番感受，他写道："尊敬的老师，今天您让我读了自己的作文，我从内心里感谢您！我当时紧张极了，但我还是完整地读了下来，如果以后您还给我这样的机会，我一定会做得更好！老师，谢谢您！也请您相信我！"你看，一次偶然，竟然会给学生的成长带来如此巨大的影响。

"我们教儿童的是自由、灵敏、责任心和自动的人我合作，而较大的儿童却是如何死心塌地地承受传统与环境中的一切，长此以往，那些曾经何等的可爱，何等的聪明灵快，何等的活泼自由、无所畏惧的幼童到十二三岁以后又是何等的消极刻板，麻木守旧？"（韦尔斯《挫折的解剖》）我们要教给学生的、我们应该要提供给学生的是自由，而它的首要前提就是公平和民主。没有公平公正的氛围，就不会有真正的自由。另外还要求我们付出源自内心的真爱，只有让每一个学生感受到老师的爱，才会有真正的和谐，才会让每一个学生的心里充满灿烂的阳光，只有这样，他才能感受到自己是一个自由、幸福的学生。

无论是上学期间让每一个学生至少升一次旗，还是每学期至少给每个学生一次独立发言的机会……这些对于我们教育工作者来说并不困难。只要我们给予足够的重视，为每一个学生精心创设展示自己的空间，给他们更多的表现机会，对他们必定是一个积极而有效的引导。让每一个生命都能公平地享受到成长的快乐，都能给自己的心田洒满阳光！

让课堂上的"恶体验"离学生远些

前一段时间听了一节"品德与社会"课，课题为"关爱残疾人"。课堂上执教老师设计了这样一个情境：请几名学生模拟盲人绕过讲桌去取一个黑板擦。老师在"盲人"的必经之路上利用凳子横七竖八地设置了很多路障。困难显而易见，"盲人"在穿过路障时把凳子碰得东倒西歪，有几个热心的同学大声喊着"向左！""向右！""快点儿！""快把凳子碰倒了！哎！"整个教室内笑声此起彼伏，表演的"盲人"笑、老师笑，围观同学的笑声伴着怪叫，看着这哗众取宠的表演，听着大家开心的笑声，我陷入了沉思。

德育教育不是虚无缥缈的镜花水月，它是真实而具体的，同时，它又具有全息性的特点，真实地存在于学生生活中的方方面面，体现在他思想行为的点点滴滴之中。苏霍姆林斯基曾经说过，道德教育成功的秘诀在于，当一个人还在少年时代的时候，就应该在宏伟的社会生活背景上给他展示整个世界和个人生活的前景。在教学时，我们可以通过创设情境、通过学生的亲身体验来丰富学生的感知和认识，为学生展示现实生活之中的某一方面，勾勒出七彩人生的丰富图像，让他们在这一段的生命经历中获得体验、丰富认识，受到启迪。但这样的情境必须是真诚的，不能是虚伪的；必须是庄重的，不能是轻浮的；必须是深入的，不能是肤浅的。以本课中教师设计"盲人取物"为例，教师的出发点在于让学生通过取黑板擦这一件小事感受盲人生活的不容易，认识到盲人生存状态的困苦，进而拓展到所有残疾人，设身处地地理解他们生活的艰辛。这样的设计无可厚非，但是效果与初衷却大相径庭：当"盲人"以近乎滑稽的表演将自己的角色演绎成了一个小丑，并博得全体师生的满堂喝彩时，我们的德育教育在哪里？我们想要达成的目标在哪里？更为可怕的是，学生不仅没有获得健康的体验，反而在道德完善的路上越滑越远。在师生的笑声中，关爱他人的道德认识早已被摔得粉碎。为什么会出现这样的情况？原因就在于教师未能较好地做好引领，未能营造一种庄重真诚的氛围，在学生取乐盲人时也未能适时介入加以引导，最终导致了活动的失败。

老子曰："上善若水，居善地，心善渊。"其实高尚的爱是不需要挂在嘴边的，更不需要讲求技巧性的表演。同时，爱又是一种双向的互动。黎巴嫩著名学者纪伯伦曾经说过，"爱不仅使爱者尊严高贵，而且使被爱者尊严高贵"，它给施受双方的心灵以同样的滋养，或者说根本就没有单纯的"施"和"受"，两者互为依托，诚如"受者"同时也在为"施者"提供了爱别人的机会。在对学生的教育中，我们应该始终向学生强化这一点，使他们能够清晰地认同并感同身受。当我们在经历爱、感受爱、心中涌动爱时，我们的感觉是无比幸福的，我们的心因为爱别人、因为接受了别人的爱而变得广阔、温柔、充满激情，于是感激成了我们贯穿始终的情感主线，那样久而久之，我们的心灵必将得到净化，生活必将引向崇高。在"关爱残疾人"一课的教学中，在盲人的扮演者、老师、学生这些所有参与者的笑声中，我们未能激起学生充分的情感共鸣，所有的参与者内心没有激动，没有震撼。从中我们没有感受到爱的高贵，只有一种居高临下的轻薄，一种在此情境中身为健全人的心理优越感，一种隔岸观火式的无关痛痒的麻木。同样，对于被爱者——盲人，当我们在这样一种心态下，以一种高高在上的"施者"角色去帮助他时，大有一种"嗟！来食！"的意味，他们在行动上可能获得了一些帮助，但他们的心灵却没有得到温暖，明显处于下位的情形使受施者更没有任何尊严可言。

爱因斯坦在《论教育》中指出："用专业知识教育人是不够的，通过专业教育，他可以成为一种有用的机器，但是不能成为一个和谐发展的人，要使学生对价值有所理解，并且产生热烈的感情，那是最根本的，他必须获得对美和道德上的富有鲜明的辨别力，否则，他连同他的专业知识，就更像一只受到教育的狗，而不像一个和谐发展的人。"让"恶体验"离学生远些，再远些！通过我们的教学，让学生的心变得细腻、柔软，正如"天冷不是冷，心寒才是寒"，让每一个学生的心都暖暖的，彼此爱，彼此感谢，这是我们的教学目的之所在，更是我们人生的意义和价值所在！

在综合实践活动课程中实现学生的深度学习

深度学习需要学生全身心的投入、批判性思维、问题意识的激发和创新实践等，它是学生思维品质训练和实践能力提升的重要途径。综合实践活动课程作为一门具有明显综合性、实践性和生成性的课程，在学生的深度学习方面，有着更为广阔的实施路径和探究空间。在综合实践活动教学中实现学生的深度学习，笔者认为可从以下几个方面做起。

一、活动主题的确定源于学生的生活需要

《中小学综合实践活动课程指导纲要》明确指出：从学生的真实生活和发展需要出发，从生活情境中发现问题，转化为活动主题。围绕学生的生活需要，我们可以从学生的基本需求和价值意义两方面予以考虑。

学生的基本需求有衣食住行、学习交友、体育锻炼等。引导学生围绕自身的生活需要提出问题，如如何给新书包上书皮、如何叠被洗衣、如何炒菜做饭、如何做到安全出行等，从而确定如"自己的事情自己做"之类的活动主题，因为活动内容与学生的生活息息相关，活动效果也直接改变着他们的生活，所以，无论是在活动的内驱力，还是实践锻炼的场合、强度等方面都有着得天独厚的优势。例如"学炒菜"课程，源于我曾亲身经历的这样一件事情。那是一节三年级的语文课，有一个内容是为常见物品分类。其中近三分之一的学生将锅铲归入了家用电器这一类，对于这个结果我非常吃惊，于是对三年级全部十个班级进行了统计，发现认为锅铲属于家用电器的比例大体相同。接近十岁的孩子，说得更直白一些，已经吃了近十年的饭，竟然连锅铲都不认识，这的确是很不正常的。课堂无处不在，它不仅仅是在学生学习的教室里，只要是有学习发生的地方，都应该称之为课堂。显然，学生参与的家务劳动太

少了。于是我组织学生围绕这件事开展交流与反思活动：为什么会发生这种现象？要不要改变？如何改变？通过交流，学生认识到自己对于学习的认识产生了很大的偏差，对于家务劳动、炒菜做饭还有一些不正确的观点，认为那都是爸爸妈妈的事情，与自己无关，自己只要好好学习就行了。借助反思活动，学生认识到了"一屋不扫何以扫天下"这个故事的深刻内涵，也认识到了一个人首先要独善其身，才能兼济天下的道理，从而产生了强大的学习与研究的内驱力。在此基础上，我开展了"我的房间我整理""整理家务我能行""学做面食""学炒家常菜""我是交通宣传员"等系列主题研究活动。通过这些实践活动的开展，学生提升了认识，纠正了自己对于家务劳动的一些错误认识，认识到原来厨房竟然是如此具有创造力的地方，它不是只有油腻和狭小，而是充满了创造和美好！这些，都是学生开展深度学习取得的成果，因为来自生活的需要，所以他们开展实践活动的体验更迫切，确定的目标更高，这些都是深度学习的重要因素，也保证了学习效果。

引导学生做有必要的事情，对周围的群体有一定价值意义的事情。如果说自己的事情自己做侧重的是个体生活，那么这个途径侧重的则是社会生活，即对学习和生活产生真正的价值意义，能够改变周围人的生活，为他们带来便利或提供服务。例如课间时间巧安排，作为一名小学教师，很多教师都遇到过这样的情况：学生在课间十分钟尽情玩耍，等到上课铃响的时候才想起需要去卫生间，有些学生因为去卫生间不及时偶尔还会出现尿裤子的现象；课间十分钟有的学生玩的游戏动作危险，存在一定的安全隐患等。针对这一现象，我组织学生开展交流讨论：为什么会出现这些现象？学生发现是因为时间安排不合理，那么你会如何安排你的课间十分钟呢？因为问题必须要得到合理科学的解决，所以我组织学生开展了"课间时间巧安排"的策划与实践活动。学生从课间活动的必要、重要、次要等维度将相关内容进行排序，填写"课间活动安排表"，开展广泛的交流讨论，最终制定出"课间活动安排策划书"，对危险游戏和动作进行了规避，对活动内容的顺序进行了排序和优化：先准备好下一节课的学习用书，然后根据需要去卫生间，最后在活动区和同学开展一些健康安全的游戏活动。通过这样的深度学习，既让学生明白了科学规划课间时间的必要性和重要性，更清楚了如何去规划时间，使整个实践活动取得了良好的效果。

二、活动过程实现教与学的深度融合

1. 避免让学生成为学习过程中的看客

在我们的教学中，无论是秧田式排座还是小组合作，都很难避免一些学生会成为陪读、陪学、陪做的看客，为什么会出现这种情况呢？原因有很多，如教师因为多种原因不能及时兼顾、介入评价，导致这些学生躲进小楼成一统；也许是学生性格不够外向活泼，积极参与学习的欲望不强；还可能是本小组的同学性格强势，自己发言或参与实践的机会被挤占或剥夺……凡此种种。显然，当学生在学习过程中作壁上观，学习活动的效果也就可想而知了，实现深度学习则更成了镜花水月。因此，教师必须首先要建立科学完善的评价手段，学生主动也好，被动也罢，最终都能将所有学生卷入学习活动中来。要实现这一点，方法也有很多，可以引导小组建立自己的小组评价办法，将每位同学的参与程度、个人成果等都纳入对小组成员的评价中去；也可以开展专门的小组合作方法教学，让学生学会合作，小组长明确自己的职责以及开展小组合作学习的方法；对于学习行为不积极的学生，教师可以重点关注，通过提问、展示等活动，帮助他们战胜自己，勇敢地走到积极自主的学习路径上来。

2. 要重视学生批判性思维的培养

哈佛大学有这样一条名言：教育的真正目的就是让人不断地提出问题，思考问题。现代管理学之父德鲁克也指出："如果你不改变问问题的方式，你永远也不会成功。"这两句话都昭示了一个道理，那就是要改变我们的思维方式。尼尔·布朗和斯图尔特·基利在《学会提问》一书中告诉我们：一切要从激活学生的批判性思维开始。而批判性思维的起点在于有提高思维能力的强烈愿望。其中某些关键问题的提出，能帮助学生提升他们的书面表达能力和口头表达能力，培养学生通过假设、推理、替代……进一步审视数据、排查信息，进而得出科学的结论。

3. 组织学生进行深度体验

站在岸上学游泳是永远不会学会游泳的，只有走到水里，在实践中去练习、巩固，才有可能掌握技能。在综合实践活动课程实施中，存在着大量的室内表演、纸上实践、口头动手等假体验、浅体验。例如调查生活垃圾的分类与处理，教师如果只是引导学生谈一谈自己家中产生的生活垃圾，说一说自己对于垃圾分类的理解和建议，这样学生获得的发展是比较小的。为什么呢？因为教师只是组织学生对已有经验进行了简单的重复，几乎没有质疑、互动、争论，更没有实地考察、调查访问等活动，这样的学习活动无疑是浅层次的。要实现学生的深度体验，就需要让学生去生活中探究，让世界成为学生的读本，让他们围绕主题去自由地探究生活。解放他们的双手、大脑和双腿，去真刀真枪地做实验、搞调查，去实现"一英尺宽，一英里深"的考察探究。

三、让学生真实体验到问题解决所产生的价值和意义

教师借助问题的设计与解决、创造性思维的激发与培养，引导学生积极自主地实现高效的探究体验活动，在教学活动中，我们要让学生深切体会到活动本身所产生的巨大价值，包含社会价值和自我价值。社会价值是指问题的解决对他人产生的积极意义和影响。诚如玛格丽特女士所言：永远不要怀疑一小部分有责任心且有思想的人能够改变世界，事实上，世界都是由他们改变的。我想，我们需要做的就是在学生幼小的心灵中播撒下一颗颗勇于担当、乐于奉献的种子，让他们认识到服务他人是一件无比幸福的事情，从而体会到学习活动的乐趣，进而在不断地激励和强化下坚持不懈地走下去，体会到创造的快乐。自我价值则是体现在学生的个人生活和社会生活中，以及对社会所做出的积极的影响和贡献。两者相辅相成，互相促进，共同实现学生自我认知的发展。

总之，在综合实践活动课程中实现学生的深度学习，就是要避免让学生总是用简单的上网搜索、查阅资料来代替实验和探究，避免让学生总是用口头交流、班内讨论来代替户外实践。深度学习是一种思维层面的批判性学习，存在于亲身参与的问题解决过程中，并充分体现在从提出问题到问题解决的每一个细节中。它需要我们精心设计、大胆放手，在深度学习中实现更大的发展。

第二章 02

教学实践研究

德育案例

让传承的力量浸润孩子心灵

——"传统节日活动——中秋节"实践活动德育实施案例

"求木之长者，必固其根本；欲流之远者，必浚其泉源。"一个文明社会的核心价值体系，离不开优秀传统文化的历史效应，这是教育的责任。习近平总书记说过："中华文化源远流长，积淀着中华民族最深层的精神追求，代表着中华民族独特的精神标识，为中华民族生生不息、发展壮大提供了丰厚滋养。"充分挖掘传统节日的广博内涵，借助丰富多彩的校园文化载体，不仅能够让学生更加全面细致地了解我国的传统文化，而且是社会主义核心价值观和文化自信的生动展示。

"八月十五月儿圆，家家户户庆团圆。"在每一个中国人的精神家园里，都有这样的一轮圆月，它象征着丰收和团圆。"但愿人长久，千里共婵娟""海上生明月，天涯共此时"……灿若珠玉的文化宝库里，有着太多的诗词歌赋，千百年的文化传承，让它早已成为国人嵌入骨髓的文化符号和感情寄托，它就是我国的传统节日——中秋节。我们以"传统节日活动——中秋节"为主题，实施了一系列德育实践活动，也取得了较为丰硕的活动成果。

一、德育目标

通过"传统节日活动——中秋节"这一实践活动，激发学生的民族自豪感，培养学生浓郁的家国情怀；体验团圆时刻的浓浓亲情，感恩长辈、感恩父母；通过忙秋收、庆丰收，体验农事之辛劳。通过对这一节日的系列化研究，引导学生体验期盼家人团聚的心情，与家人共赏明月、积极交流，感受家人团聚的喜悦；积极参加农村秋收活动，体验劳动的艰辛和丰收的快乐；城市里的学生可以回到农村老家或者到郊区农家体验秋收劳动生活。在活动实施的过程中，注重资料的收集、成果展示与分享交流活动。

二、基于目标的评价设计

针对制定的德育目标，预设以下实践活动，并通过及时的评价，努力实现德育目标的全面达成。

（1）针对激发学生的民族自豪感，培养学生浓郁的家国情怀这一目标，结合学生的知识基础和认识水平，继续引导学生通过文字资料、影像资料、实地游学探访、采访询问专业人员或者社区群众等多种形式，从人物、事件、风俗等多方面了解中秋节的来历和发展，并从中深刻体会到"家是最小国，国是最大家"的深刻内涵，借以塑造学生的文化和身份认同，打造持久深刻的文化自信。

（2）针对体验团圆时刻浓浓亲情，感恩长辈、感恩父母这一目标，我们在引导学生畅谈体验的基础上，加以升华，总结出中秋节的节日内涵，并以此为起点，引导学生深入探讨在几千年的传承发展中，中秋节是如何成为象征思乡、丰收、团圆这一文化符号和情感寄托的。最后，通过学生的实践活动，如同家人的交流分享，感受亲情的宝贵和团聚的喜悦，通过参加秋收活动，除了感受丰收的喜悦，更感受稼穑之艰辛，从而更加深刻地认识到"每一食，当思稼穑之艰辛；每一衣，当思纺织之辛苦"的深刻含义。

三、活动流程设计

1. 畅谈体验，归纳主题

基于了解学生的知识基础和节日认知，我们先引导学生畅谈了解，由于学生已经有了一定的社会生活体验，并借助书籍、影像资料等对于中秋节有了一定的了解和认识，因此学生在交流中还是非常有话可说的，对于中秋节的时间、气候特点、饮食风俗等都能总结出来。"学然后知不足""知不足而能自反"，在此基础上，组织学生继续提出问题，进行下一步的深入探究：中秋节的历史传承脉络是怎样的？在发展过程中，中秋节的变化有哪些？中秋节是如何成为一个象征丰收、团圆的节日的？中秋节的饮食文化等风俗与生产生活的联系有哪些？这些问题对于厘清哪些是学生的已有经验，哪些是学生的未知问题，进而为进行下一步的探究奠定了坚实基础。

2. 自由分组，深入探究

学生结合自己感兴趣的问题，志趣相同的组合成一个研究小组，在教师的指导下开展探究活动。教师首先组织学生做好探究前的一些基础性工作，如确定好小组长、小组合理分工，制订好研究方案并进行班内交流和改进，然后组织学生开展具体的探究活动。探究中教师在材料准备等方面给予必要的协助，并随时关注和提醒学生注意安全。

3. 汇报交流，畅谈收获

按照制订的研究方案，学生在进行了充分的探究实践活动后，教师及时组织学生进行汇报交流活动，通过交流，实现信息的资源共享。在汇报交流前，教师帮助学生精心整理本小组的研究成果，并协助他们采用丰富多彩的展示形式予以展示，如图片、影像、图书、笔记、实物、汇报表演等，借用这些形式，让学生实现对研究收获的分门别类、颗粒归仓。汇报交流中，学生间的交流互动等"头脑风暴"活动也让分享发生了更加积极的化学变化，在学生之间的提问、质疑、解答的过程中，共享成长。

四、组织实施

1. 实施时间

2017年9月2日—10月16日。

2. 过程描述

第一阶段：小组交流已有体验，激发学生的问题意识（9月2日）

师：同学们，中秋佳节是我国的传统节日。关于中秋节，你有哪些了解呢？

学生结合自身情况畅谈认识。

师：同学们还有哪些想深入探究的问题呢？

学生提出自己感兴趣的问题。

第二阶段：自由分组，深入探究（9月2日—10月9日）

师：请同学们围绕自己感兴趣的问题，自由结合小组，并按照新组成的小组围坐在一起。

师：请各小组推荐选拔出本小组的组长和副组长。

（1）各小组推荐本小组的组长、副组长。

（2）教师组织学生围绕探究问题制订研究方案。

（3）交流研究方案，组织学生互动，借以弥补缺漏，让研究方案更趋完美。

（4）教师提醒学生注意安全，注意随时收集整理研究所得。

（5）开展探究活动。

第三阶段：汇报交流，畅谈收获（9月14日、9月28日、10月9日、10月16日）

在学生的研究过程中，教师共安排了两次交流活动，分别是在活动开始两周和四周后，目的是通过这样的交流活动，提醒学生随时整理研究的成果，用这种及时介入的方式不断校正研究方向，确保研究成果的质量。10月份的第一次交流汇报侧重于引导学生确定本小组最终成果展示的形式，最后一次交流则是一次成果分享的盛宴。

五、活动反思

1. 学生的参与兴趣

中秋节对于学生来讲并不陌生，他们对于中秋节的饮食文化、对于团圆的精神寄托等都有着丰富的体验。在此基础上，学生的参与兴趣非常高涨，因为熟悉，所以变得更加好奇，如想详细了解中秋节的发展脉络……在后续的研究中，学生对于农事更是表现出了浓厚的兴趣，认识秋天收获的各种庄稼、收割储藏的方式方法等，在切身体验稼穑之艰辛的同时，更感受到了收获的幸福。

2. 学生的行为表现

学生在整个研究过程中的行为表现都非常积极主动，无论是文本的整理研讨，还是实地的实践体验，都表现出了一种积极探索的精神状态。

3. 学生的交流体验和感悟

学生的交流体验和感悟主要表现在以下三个方面：一是对于节日历史发展的民俗研究，二是在参与农事收割实践活动之后对于劳动生活的认识，三是对于中秋节团圆、家国内涵的更加深刻地理解。

4. 活动目标的达成情况分析

通过一系列的实践活动，本次德育实践活动达到了预期目标，完成效果较好。

5. 活动设计、组织实施等过程中的反思

从本次德育实践活动在设计、介入、总结等方面取得的效果来看还是非常理想的。从中我们也深刻感受到对学生进行传统文化教育的重要性、传统节日对于青少年树立文化自信的重要性和对学生进行劳动实践教育的重要性，感受到诸如此类的德育实践活动在青少年的成长旅途中只能加强而不能削弱。

6. 今后的改进建议

今后再次开展本项活动，我们将会把研究时间预留得更加充分一些，让学生们不仅能够参与到节日的庆祝准备中，更能在参加秋收实践活动后将自己收获的粮食制作成丰富多样的食品，我想这对于收获、感恩的感受肯定会更加深刻和丰富。

借助传统节日提升学生文化自信

——"传统节日活动——端午节"实践活动德育实施案例

中华优秀传统文化博大精深，凝聚着中华民族自强不息的精神追求和历久弥新的精神财富。习近平总书记多次强调中华传统文化的历史影响和重要意义，赋予其新的时代内涵。而传统节日，是中华民族悠久历史文化的一个重要组成部分，是刻在中华民族骨子里的文化烙印。传统节日的形成过程，是一个民族或国家的历史文化长期积淀凝聚的过程。从这些流传至今的节日风俗里，还可以清晰地感受到先人们社会生活的精彩画面。但近年来，由于受外来文化的影响，洋节越来越多地走进了人们尤其是青少年的生活，而对端午节、中秋节、清明节、重阳节等中国传统节日的关注却相对较少。传统文化符号的流失、青少年对传统节日捉襟见肘的理解，不能不引起我们深深的隐忧。因此，我们选择开设了"传统节日活动——端午节"这一综合实践主题活动。通过本实践活动的开展，我们对于传统文化的认识、对于如何引导小学生以传统节日为载体开展德育实践活动，有了更加丰富的理解和认知。

一、德育目标

通过"传统节日活动——端午节"这一实践活动，培育学生的民族认同感、民族自豪感，形成浓郁的家国情怀。民族认同感、自豪感，还有家国情怀，这些满含温度的字眼，都不是枯燥的、单一的、神秘的，而是有着丰厚情感和历史积淀的，有无数的人、事、物能够激发我们的爱国之心、自豪之感、报国之志，能够诠释我们民族在波澜壮阔的历史长河中，那些灿若群星的卓越贡献。端午节，也只是我国众多传统节日中的一个，通过对这一节日的系列化研究，让学生了解与端午节有关的历史文化名人、重大历史事件；学会如何包粽子，并体验端午节习俗，有条件的可以参加或者观看赛龙舟活动；组织学生开展跨学科研究，如朗诵《离骚》，从史书中收集有关屈原的历史资料，用书法、绘画、话剧表演等展现屈原生平事迹的实践探究活动，从而在这些生动可感的具体活动中，使学生对端午节历史演变的认识得以深化，强烈的民族自豪感、自信心等情感得以激发，能用自己的语言诠释端午节及提升动手实践能力。

二、基于目标的评价设计

针对制定的德育目标，预设以下实践活动，并通过及时的评价，努力实现德育目标的全面达成。

（1）针对培养学生的民族认同感、自豪感，形成浓郁的家国情怀这一目标，在学生已有知识储备和情感体验的基础上，组织学生广泛收集有关端午节的历史资料，包括文字、图片、影像资料等，在此基础上，组织学生交流讨论，共享信息，思维碰撞，在一次次的交流研讨中，提升认识、触发情感，培养学生强烈的民族自豪感和立志报效祖国的家国情怀。

（2）针对体验端午节习俗这一目标，我们突出了小学生对于习俗的实践体验，让他们在亲身经历中，感受传统节日的博大精深，感受其中的无穷奥妙。端午节的习俗，凡有体现，必有历史出处和发展沿革，在学生收集的资料中，他们可以从多个方面总结并佐证这些文化符号是如何形成并世代传承；对于赛龙舟、包粽子等实践性活动，则尽可能让学生亲历其中，以赛龙舟为例，让学生亲自参加龙舟比赛的条件不具备，于是我们精选了不同层面的龙舟比赛视频提供给学生，如国家体育总局组织的中华龙舟大赛和多姿多彩的民间赛龙舟活动等，让学生通过观看壮观的比赛场景，在竞技、团队、激情等多方面感受龙舟比赛的强大魅力；对于包粽子，则通过学生的小组探究、教师指导，掌握包粽子、煮粽子的方法等；对于插艾叶等习俗，则让学生亲自做一做，并通过看一看、摸一摸、闻一闻、问一问等方法，了解艾叶的特点和插艾叶的益处。

（3）针对跨学科研究这一目标，我们通过拉长战线、整合学科的方式进行落实。在研究时间上，我们将活动时间设定为六周，留给学生充分的时间，去选择自己的汇报方式，去准备课件、排演话剧、情景剧等；在整合学科方面，我们通过与语文老师、音乐老师的密切联系在学科整合的过程中，解决了研究活动的窄化问题，实现了一科实践，多科参与，一科实践，多科受益。

三、活动流程设计

1. 联系生活，提出问题

基于学生对端午节的知识储备和情感认知，我们先组织学生畅谈对于端午节的了解和认识，学生的认识和了解呈现出来的是浅显的、不具体的。然后进行追问：过端午节，始于何时？与谁有关？为什么吃粽子？怎样包粽子、煮粽子？端午节所处时间节点呈现出怎样的气候节令特点？面对这些问题，学生大多不能详细解答。在此基础上，教师充分激发学生的问题意识，鼓励学生围绕端午节提出自己的问题，从而在问题驱动下，开展下一个步骤的探究活动。这样设计的出发点是充分基于学生的现有基础，为学生创造一个展示自我的平台，同时借助这个平台，意识到自己认识上的不足，为下一步的实践活动注入强劲动力。

2. 围绕问题，分组探究

教师将学生提出的问题及时板书在黑板上，并组织学生进行分类，如分为历史探源、节日习俗、屈原生平等几个大类，学生分小组选择活动主题进行探究。分组后，教师引导学生制订本小组的探究方案，从研究目标、活动准备、研究步骤、注意事项、成果呈现形式等多方面进行指导，并积极引导学生参与交流，让学生知道本小组研究什么，如何研究，研究成果如何呈现，从而做到纲举目张，在后续的实践活动中有的放矢，节约资源，提高效率。

3. 学科整合，教师指导

在分主题的探究中，有些主题的呈现形式为朗诵《离骚》，或表演话剧《屈原》的经典镜头等，这些都需要语文、音乐等多学科教师的参与介入，这时我们及时联系相关学科教师，调整教学内容，实现学科整合，从而解决师资的指导问题。在学生的分组探究中，教师及时跟进，为学生提供及时有效的帮助和指导，帮助他们捕捉研究中的生成性问题、记录实践中的生成性资源，指导学生学会记录、分析和总结，不断提升学生自身的研究能力。

4. 汇报交流，资源共享

在充分研究的基础上，教师根据学生研究进度，组织学生进行2~3次的交流展示活动，目的是通过展示促研究，通过展示促干劲儿，通过展示及时调整和总结。在每次展示的过程中，教师组织学生畅所欲言，在汇报小组的活动设计、实践研究的方式方法、相关资料信息等多方面进行头脑风暴，从而在争论、讨论、辩论中实现资源共享。

5. 精心准备，展示成果

通过研究过程中的几次交流，学生的研究内容、成果收集及其呈现形式已经变得比较明晰，在教师的指导下，学生采用丰富多彩的展示形式进行展示，呈现出一种相对较高水平的成果汇报，不论是粽子的制作工艺还是屈原的生平介绍都活泼而丰富。

四、组织实施

1. 实施时间

2017年5月15日—6月24日。

2. 过程描述

第一阶段：联系生活，提出问题

师：同学们，端午节是我国的传统节日。关于端午节，你有哪些了解呢？

生1：我知道端午节和爱国诗人屈原有关，是为了纪念他。

生2：我知道端午节人们都吃粽子。

生3：端午节这一天，人们都会在自家门上插上艾叶。

……

师：同学们了解的真不少。对于刚才交流的这些内容，大家有什么想继续了解的问题吗?

生4:老师,我想知道为什么说屈原是一位爱国诗人,他又是因为什么原因投江而死的。

生5:老师,我想了解端午节这个节日有多少年的历史,人们从什么时候开始过端午节的。

生6:我想知道人们为什么在端午节吃粽子,粽子是怎么样做成的,如何煮粽子。

……

第二阶段:围绕问题,分组探究

师:通过刚才的讨论,同学们又提出了自己关心的问题。我们一起来梳理一下。

师:大家看一下,这些问题我们可以分为几大类?

(学生小组讨论,教师组织汇报交流)

生:可以分为三大类:端午节的历史发展、端午节的节日习俗、屈原的生平事迹等。

(教师板书:历史探源、节日习俗、屈原生平)

师:概括大家提出的问题,可以分为这三个方面。下面请同学们自由选择自己最感兴趣的问题组成研究小组。

(教师划分出三个区域,学生根据个人兴趣选择不同的研究问题。教师根据学生分组的情况,组织学生选出本小组的小组长)

师:确定了研究问题,分好了研究小组,选好了小组长,接下来我们应该做什么了呢?

生:制订研究方案。

师:制订研究方案需要考虑哪些问题呢?

生:研究目标、活动准备、研究步骤、注意事项,还有最后的成果呈现形式……

师:(及时进行归纳和板书)下面请各小组设计本组的研究方案。

(学生分小组设计研究方案,教师巡视指导)

教师组织学生开展交流,在交流的过程中让方案变得更加条分缕析,指导性强、实用性强。

第三阶段：学科整合，教师指导

师："屈原生平"研究小组确定的成果呈现形式之一是朗诵《离骚》。这个方式很好，大家需要哪些帮助？

生7：希望老师能够指导我们的朗读。

师：好的，我们可以请求语文老师的帮助。

生8：我们还想用表演的方式展示屈原投江或其他一段历史。

师：这个我们可以请音乐老师来帮助我们。

生9：我们小组的研究主题是如何包粽子，我们想去食品公司学习面点师傅是如何包粽子、煮粽子的。

师：好的，老师陪你们一起去食品公司参观学习。在去之前，大家想一下我们应该先做好什么工作？

生10：先和食品公司联系好，征得同意后我们再行动。

生11：还要注意安全。

……

师：好的，做好了这些准备，我们就可以按照制定好的方案开展研究了。请同学们在研究的过程中注意随时记录、及时反思，更要注意安全。

学生开始分小组的探究活动。

第四阶段：汇报交流，资源共享

（1）活动进行一周后，教师组织学生进行第一次交流活动。

学生分小组进行交流。

（交流中，教师及时介入，组织学生进行质疑、补充、讨论和分析，从而实现借交流促成长的目的）

（2）活动进行两周后，教师组织学生进行第二次交流。

（3）活动进行四周后，教师组织学生进行第三次交流。

每一次的交流均以学生的汇报和互动为主要形式，教师在关键节点进行点拨和强调，达到让学生及时调整自己的研究方向、研究方法、研究进度的目的。

第五阶段：精心准备，展示成果

最终的结题展示是师生在多次的调整和精心准备后的展示活动，所以，整个展示呈现出一种相对较高的水准。学生的研究汇报均采用PPT课件辅助展示，粽子制作小组的学生则现场展示了粽子的加工过程，在等待粽子煮熟的过程中，师生共同欣赏了"屈原生平"小组带来的情景剧表演《雷电颂》。

这一过程中，所有参与其中的学科教师均参加汇报交流活动，一起见证学生的研究成果，为学生的精彩表现鼓掌喝彩。

五、活动反思

1. 学生的参与兴趣

端午节是学生十分熟悉的节日，而过节本身就对小学生有着天生的吸引力，所以学生的兴趣十分高涨。尤其是在"问题意识"环节，学生提出的问题广泛而数量众多，能深深感受到学生的浓厚兴趣。随后的研究中，无论是哪个小组，都有生动具体的研究载体，因此，也促使学生在整个研究过程中都保持着浓厚的研究兴趣。

2. 学生的行为表现

五年级的学生已经具有了一定的研究能力和动手实践能力，因此，不管是在研究方案的制订中还是实践操作中，学生都表现得非常优秀，如外出参观食品公司的规范有序、小组讨论中的团结友爱……不仅保证了活动成果的丰富多彩，更让我们为学生优秀的道德表现而欣喜不已。

3. 学生的交流体验和感悟

有序有礼的争论质疑、娴熟的粽子制作、声情并茂的舞台表演，给参与研究的每一位师生都留下了深刻的印象。下面摘录两位学生的心得体会：

摘录一：

通过参加"传统节日活动——端午节"这一项实践活动，我更加深刻细致地了解了这一节日，知道了它是我国的非物质文化遗产，是闻名世界的中华文明瑰宝。作为一名中国人，我感到无比骄傲和自豪，我一定好好学习，为国争光，让我们的祖国变得更加美丽富强。（刘星阳）

摘录二：

参加了"传统节日活动——端午节"这一项实践活动，我和我的队友们一起学习包粽子、煮粽子，十分开心。我们一起去食品公司现场学习，回到家和妈妈一起研究，和同学一次次的尝试，当我们最后熟练地包出漂亮美观的粽子时，我们的喜悦之情真的是难以用语言来表达的。我为祖先创造的悠久的历史

文化自豪，更为自己是一名龙的传人而骄傲！（董方旭）

4. 活动目标的达成情况分析

通过一系列的实践活动，我们认为较好地完成了德育目标，并让学生在丰富多彩的实践活动和多次交流中充分通过语言展示自己的内心世界，自始至终都能感受到一种昂扬向上的力量。

5. 活动设计、组织实施等过程中的反思

通过这一实践活动的开展，我们进行了认真的活动总结，有得意之作，也有遗憾之处。活动中较为成功的经验有：学生问题意识的激发、各学科之间的有效整合、层次清晰的几次交流，这些都为实践活动的成功奠定了坚实基础。但也有遗憾之处，如未能做到充分激发学习小组内每一个学生的潜力，由于学习小组内成员的研究能力、实践能力不尽相同，所以在研究过程中，总是由能力较强的学生主导着本小组的研究，部分学生则成了简单的跟随者，未能全身心卷入研究活动中，这也直接导致了在最后的汇报交流环节几名学生表现的洞若观火；还有生成性资源的拓展研究未能做到有头有尾，如有名学生提出了周边国家也有端午节这样的节日，对于这一资源，教师也及时进行了肯定并鼓励他们进行深入研究，但是在后续的汇报中没有体现和涉及这一内容。

6. 今后的改进建议

通过本次活动的开展，在今后再开展这一活动或者传统节日类活动时，我们将会进行一些改进。一是在研究小组的划分上再细致一些，划分的小组主题再多一些，如"世界上还有哪些国家也过端午节，习俗一样吗？"等，这样可以扩大实践活动的研究效益，让学生更多受益。二是家长资源的利用不到位。事后我们得知，很多学生的家长都会包粽子，并乐于参与到实践活动中来为学生提供帮助，显然，我们忽视了这部分资源的开发。

用相机发现和记录平凡生活中的美

—— "小小摄影师"实践活动德育实施案例

摄影现在已经越来越多地走进每一个人的生活。无论是数码相机、单反相机还是更加普及的智能手机，用相机记录生活、留住美好瞬间已经成为人们再普通不过的生活方式。对于小学生而言，多数学生都有着丰富的拍照体验，但摄影显然不同于简单的拍照活动，摄影是一门科学，也是一门艺术，它有着丰富的拍摄技巧，同时，摄影也以它直观、感性的特点在传递情感、传播正能量方面有着得天独厚的优势。因此，我们选择开设了"小小摄影师"这一综合实践主题活动。通过完整地开展这一活动，我们对于摄影、对于如何与小学生一起开展德育实践活动，有了更加深刻具体的认识。

一、德育目标

通过实践活动，让学生建立生活中的主体意识，在观察生活、记录生活的过程中，形成积极的生活态度；在体验劳动创造美的重要性的同时，提升自身的创新意识和审美情感；在不断总结提升摄影技巧的过程中，感受技术创新带来的便利，从而激发对于技术的热爱之情；在交流分享的过程中，通过师生展示的一些有结构的经典图片，培养学生的家国情怀，热爱祖国，衷心拥护中国共产党的领导，深切感受到生活在社会主义国家的自豪感、幸福感，并把爱国之情、报国之心、兴国之志转化为自身具体的爱国行动。

二、基于目标的评价设计

针对制定的德育目标，我预设了以下实践活动，并通过及时的评价，以期实现德育目标的全面达成。

（1）针对增强学生的主体意识和丰富生活体验这一目标，我在紧密结合学生实际情况的基础上，让学生用相机、智能手机去记录生活中那些美的瞬间。在这一过程中，记录的对象、时间、环境……都是学生自己决定的，在这一过程中，学生的主体意识得到了充分的彰显，他们对自己的摄影作品负全责，而开放性的拍摄主题涵盖了学生生活的方方面面，周围的人、事、物、风景都成为学生取景构图的对象。在随后的互动交流中，这些素材得到了更多的分享，进一步丰富了学生的生活体验，增强了社会认知。

（2）针对创新意识和审美情感，在学生的多次拍摄活动中，体现了一个逐步提升的渐进式过程。学生在摄影方面的技术掌握的越来越多，摄影作品质量一次比一次有提升。其中，在作品的评价和讨论过程中，学生的创新意识在互动中得以激发，审美情感自然得到了熏染和提升。

（3）针对对于技术的热爱这一目标，同样是本次实践活动的一个十分重要的价值所在。科技改变生活、技术改变未来，唯有认识到科学技术带来的巨大改变和价值，方能不断激发对于技术的热爱之情，树立起坚定的爱科学、学科学、做科学的信念，不断提升自身的科学素养，激发对于科学探究的浓厚兴趣。

（4）针对家国情怀、爱党爱国这一目标，师生通过交流评价自主拍摄的照片或一些名家名作得以落实。例如我国在科技、国防、民生建设、爱岗敬业、守望相助等方面的典型瞬间，通过评价这些照片，让学生的民族自豪感和荣誉感得以充分激发。而《饥饿的苏丹》等诸多反映饥饿、战乱、贫穷的作品，则通过最生动感性的画面，让学生深刻感受到：生活在社会主义国家是多么幸运，在中国共产党的领导下，我们的生活是多么幸福！从而在这种强烈的视觉冲击下，在教师的引领提升下，将爱国之心、报国之志进一步转化为具体的实际行动，实现德育教育的落地生根。

三、活动流程设计

1. 自主拍摄，尝试应用

基于学生的摄影基础，安排学生进行自主拍摄活动，并将拍摄的作品发送到公共邮箱，供大家交流分享。这一环节在整个实践活动中十分重要且有必要，因为通过拍摄，学生进一步感受到了摄影的价值和魅力，同时加深了自身的生活体验，更为重要的是，在拍摄的过程中，暴露出了在取景对焦等方面的一些技术问题，而发现并改进这些问题，恰恰是我们开展本次实践活动的目的所在。

2. 精选载体，课上交流

教师从学生的作品中，选择《母爱》《师爱》《灿烂的笑》三幅作品，在学生互动交流的同时，使学生进一步认识到摄影的魅力及其在发现、记录和传递真善美方面的重大意义，并在教师的引导总结下，初步感知诸如主题、主体等摄影的一些基本概念和方法。

3. 对比作品，总结技巧

在学生拍摄的作品中，有一些拍摄的比较好的，有一些是存在明显技术问题的，教师通过对所有作品的分析，从中各选择四张具有代表性的作品供学生分析讨论，进而总结出诸如画面留空要合理、可以用九宫格构图、相机要保持稳定等摄影的一些基本技巧。

4. 反复实践，活学活用

应用是对技术最好的巩固。在学生初步掌握一些较为基本的摄影技巧后，教师安排了从小范围（小组内、教室内）到大范围（校园内、社区内）等多次实践拍摄活动，每次活动均有主题、有展示、有评价，真正让学生认识到：摄影是一个技术性很强的艺术活动。

5. 观摩作品，德育渗透

这些作品里面既有我国的"长征五号"成功飞天，也有消防队员的一往无前，还有无数普通人的敬业奉献、团结互助。此外，还展示了几张诸如《饥饿的苏丹》等反映战争、饥饿、贫穷、疾病的典型作品，进一步增强学生的价值体认，增强对国家、对中国共产党的热爱之情。

四、组织实施

第一阶段：教师组织学生交流课前拍摄的照片，激发情感，初步感知摄影的意义

（课前教师安排学生拍摄一些生活中的照片，并选择自己比较满意的照片发到公共邮箱）

师：昨天请大家拍摄了一些照片，老师看着大家发来的照片，仿佛融入了你们的学习生活中，彼此之间成了老朋友。我从中挑选了几张，这几张照片都是谁的呢？大家一起来看一下。

（教师选择展示的照片依次为：妈妈在家做家务的场景、老师辅导学生的场景和同学的笑脸）

师：这是谁拍的？给大家说说你拍照时的想法。

生1：我拍摄的是妈妈做饭的情景。妈妈每天都非常辛苦，为了我早起晚睡，我很感谢我的妈妈。

师：你能给这张照片起个名字吗？

生1：我起个名字叫《妈妈》。

师：从这一张照片中，我们深深感受到了母亲的辛劳和母爱的伟大！

（出示第二张照片）

生2：我拍摄的是老师，我这幅照片的名字是《我的老师》。她是我们的班主任梁老师，她教我们三年了。老师工作非常辛苦，平常对我们特别好，我们都很喜欢她。

师：你真是一个懂得感恩的孩子。他日良才承大厦，赖今朝血汗番番滴，每一位老师心中最大的梦想，就是看到学生都能健康快乐地成长！

（出示第三张照片）

生3：我拍摄的是同学的笑脸，我们这幅照片的名字是《笑》。我和同学们朝夕相处，亲如兄弟，他们给我带来了无数的快乐。

师：的确，笑是人世间最美的符号，是全世界的共同语言。从大家这些满含温情的话语中，我们深切地感受到：原来摄影是如此有意义，它可以帮助我们记录生活中的真善美，让刹那变成永恒。像刚才大家说的这些拍照时的想法，我们称为照片的主题。（板书：主题）

辛劳的老师和妈妈、纯真的笑脸，这些照片所记录的主要对象，称为照片的主体。摄影时要注意主体要突出，（板书：主体要突出）才能让别人一看就了解我们的拍摄意图。

第二阶段：教师引导学生开展探究活动，总结摄影在取景构图以及对焦上的基本技巧

师：确定了拍摄主题，我们就可以取景拍摄了。要想拍出漂亮的照片，就需要掌握取景的一些技巧。结合大家的摄影经验，小组内讨论这两组照片，看哪一张拍摄的更好一些？（第一组照片：画面太满和画面匀称；第二组照片：

拍摄主体居中和位于画面偏右侧）

师：哪个小组来说一下？

生：第一组照片中，第一张照片的人脸太大了。

师：拍摄人物照或风景照时，画面要留有空间，不要太满。（板书：留空要合理）

生：第二组照片中，人物居中的不如在一侧的好看。

师：大家来看这几张摄影师拍摄的优秀作品，观察照片中主体的位置，你又有什么发现？

（四张照片，用网格线进行了分割）

生：主体都在四条线的交叉点上。

师：这几张照片中，网格将画面分成了9部分，因此，也叫九宫格。取景时，把拍摄的主体放在这样的四个点或线上，尽量不要放在正中间。因为科学研究发现，人们的关注点总是习惯性地落在画面的三分之一处。这种取景构图的方法，称为九宫格构图法。

师：多数数码相机都有网格显示功能。请大家找到相机中的菜单设置，在所有模式下打开网格线，相机显示器就会显示网格线。下面请各小组调出相机的九宫格。

（学生实践操作，小组合作找到九宫格）

师：（出示一张学生拍摄的不清晰的照片）这张照片拍摄的为什么模糊呢？大家猜想一下原因。

生：手抖动了。没有对好焦。

师：摄影时，为了保持相机的稳定，我们也可以把相机装在三脚架上。

（板书：保持相机稳定）

师：数码相机一般都是自动对焦的。你知道什么时候表示对焦完成吗？

生：当听到滴滴声的时候。

（教师轻按快门，相机发出"滴滴"的声音）

师：你听到了什么声音？

生：滴滴声。

师：听到滴滴声的同时有没有看到这样的一个提示框？（PPT出示一张取景框中提示对焦完成的图片）

生：看到了。

师：这时你的快门全部按下去了吗？

生：没有。

师：一点也没有按下去吗？

生：按下去了一半。

师：先半按快门，当听到对焦完成的提示音时，迅速把快门按下去完成拍照。（板书：先半按快门）

师：下面请大家运用这些小技巧，以我作为拍摄对象拍摄一张照片。（教师摆出一个动作：站在黑板一侧，讲解板书内容）先请大家小组内讨论拍摄这张照片需要注意哪些方面。

学生讨论。

师：哪位同学来说一下你们小组的想法。

生4：按照九宫格构图法构图，不要把老师放在画面的中央，要偏右一点，老师的眼睛最好处于九宫格右上方的交叉点上。

生5：还要注意老师的头顶以上要留有一定的空间，不要紧挨着照片的上沿。

生6：我们组还有补充，不要把老师拍得太大或太小。

师：好。老师留给大家二十秒的拍摄时间，接下来请大家做好准备。开始！

学生拍摄。

师：请大家把内存卡插入读卡器，交给老师。

教师展示两个小组拍摄的照片，围绕总结的拍摄技巧，组织讲评。

第三阶段：大显身手秀技艺，在取景构图中实践应用所学技巧

师：生活中的每一天，都是一个无比难忘的日子，如我们所共同度过的这难忘的一节课，让我们用手中的相机，一起把这快乐的时刻记录下来，大家觉得好不好？

生：好。

师：我们以"留住今天的美好时光"为主题，小组内讨论一下，你们想拍摄什么内容。

生7：拍摄同学们听课的专注。

生8：拍摄师生的微笑。

生9：我们想拍摄和老师的合影。

……

师：在开启我们的摄影体验模式前，老师还有几点温馨提示（出示课件）：

各小组拍摄时紧紧围绕主题，注意运用取景构图的相关技巧；音乐结束，将内存卡插入读卡器交给老师，我们看哪一个小组拍摄的作品最漂亮。

（学生开始活动，教师用相机拍摄学生活动的场景）

音乐结束，学生回到自己的小组，取出内存卡插入读卡器交给老师。

教师通过大屏幕组织展示，并选择其中的三张组织学生讲评。讲评时引导学生围绕主题鲜明、主体突出、画面简洁、合理构图进行评价。

教师用PPT现场将师生拍摄的照片制作成音乐相册。

第四阶段：拓展延伸，激发学生继续探究学习的兴趣

师：老师还带来了几张照片，我们一起来欣赏。

（教师出示照片，依次为：长征五号成功飞天、消防队员、帮助残疾人乘车、老师拄双拐坚持上课）

师：长征五号腾空而起，飞向太空，进一步开启了中国的太空时代，也必将成就中华民族更多更美好的梦想！

师：进与退一闪念，生与死一瞬间。你步伐坚定，一往无前，身上布满了水与火的烙印，烈焰雄心，你让青春画出最美的轨迹！

师：在我们的身边，有着无数这样的普通人，他们关爱他人、无私奉献，每个人都可以成为满怀爱心的天使，让我们相互关爱，快乐飞翔！

师：这张照片的主体是一位老师，是我的老同行、老前辈，看着这张照片，我想对他说：前辈，感谢您给予我的精神力量，我早已接下您手中爱与责任的接力棒。请相信！在我们人民教师的队伍里，个个都是敬业奉献的榜样！

师：大家再来看这张照片。（教师展示摄影作品《饥饿的苏丹》）

师：在南非摄影师凯文卡特的镜头里，这个瘦弱的小女孩仿佛是茫茫草原上某一只野兔的尸体，在她身后不远处就是一只凶猛的秃鹰，在等待着下一秒就能品尝的猎物。这个残酷的画面正是整个非洲的绝望写照，生动展现了战争、饥饿、贫穷带给非洲人民的灾难。看着这张照片，我们也更加深刻地感受到了生活在社会主义中国，我们是多么幸运，在伟大的中国共产党的领导下，我们的生活是多么幸福！

师：大家看，欣赏了这几张照片，仿佛我们的全身都充满了无穷的力量，这就是摄影的魅力，也希望同学们继续研究，不断提高摄影水平，用我们手中的相机发现生活中的美，去记录那些感动你我的瞬间，一起去传播生活中的正能量！

五、活动反思

1. 学生的参与兴趣

由于学生已经有了一定的摄影基础和个人体验，加之摄影实践活动本身的趣味性，所以学生在整个实践活动中都表现出了浓厚的参与兴趣。

2. 学生的行为表现

摄影本身就是一个发现美、记录美的活动，因此，它对参与者的精神引领是相伴始终的。让学生在发现美、记录美、感受美、畅谈美的过程中，一次次提升自身对于美的理解，指导自身的思想行为。在这一实践活动中，学生表现积极，充分展现出了"小小摄影师"这一实践活动在提升学生道德认知、形成道德认同等方面的重要作用。

3. 学生的交流体验和感悟

在交流中，学生的感悟都是十分充分且积极的，对真善美的追求和歌颂、对摄影技术的向往和渴望、对自身摄影技术提升后的自豪和欣喜，无不清晰地展现在学生的心头眼底。下面摘录两位学生的心得体会：

摘录一：

通过参加"小小摄影师"这一项实践活动，我掌握了很多关于取景和对焦的摄影技巧，这些都是我原来不知道的，原来摄影不像我平时拍照那么简单，摄影也是一门博大精深的科学，我一定继续努力，争取自己也能拍摄出更加优秀的作品。（郭承旭）

摘录二：

参加了"小小摄影师"这一项实践活动，给我印象最深刻的是原来生活中有那么多的美，很多我都没有注意到，更不要说用相机把它们记录下来了，我深深地感受到了生活的美好和丰富多彩，看到了人与人之间那些朴素而又善良的情感。我会继续用手中的相机，去发现和记录这些美的瞬间，去传播生活中的正能量。（杜琪玥）

4. 活动目标的达成情况分析

通过扎实丰富的实践活动，我们认为较好地落实了制定的德育目标，让学生在亲身参与实践中获得了积极体验和丰富的经验，由内化于心到外化于行，实现了从道德认知到道德行为的转化。

5. 活动设计、组织实施等过程中的反思

通过这一实践活动的开展，我们对于如何开展实践活动、如何制订和落实德育目标，有了更加深刻的认识和反思。首先，围绕目标落实所设计的实践活动必须紧紧围绕学生的实际生活，尽量面向所有学生的整个生活世界，如学生的每一次拍摄活动，都尽量给他们充足的时间、空间；其次，要给予学生充分的表达评价的机会，只有将自己内心的想法说出来，才真正实现了思想的梳理和表达，让学生充分地说、充分地想、充分地讨论互动，进而实现思想的自由绽放。

6. 今后的改进建议

围绕本次实践活动的开展，我们进行了认真总结，今后我们将会在以下几个方面进行改进。首先是师资的准备上。本次活动全部由教师组织、指导和开展教学，由于术业有专攻，有些时候，教师在解释、解决摄影技术问题时显得力不从心，影响了实践活动开展的流畅性和实践深度，因此，今后我们会聘请一些资深摄影师，以义教的形式参与到学校实践活动中来，弥补教师在技术指导方面的短板。其次是家长的参与度不高。多数是学生自己在开展研究，家庭成员很少参与到这一实践活动中来，这样不仅影响了活动的效果，也让活动本身的德育目标没有实现最大化的效益。今后我们准备采用小手拉大手的策略，让一个学生带动一个家庭，让更多的家庭参与到这一实践活动中来，进而更大程度地提高活动效益。

百岁老人，百年故事

——"走近百岁老人"实践活动德育实施案例

课程资源是课程实施的背景及条件，对综合实践活动课程而言更是如此。围绕"践君行，做桃都君子"这一学校文化核心理念，我们开发了"走近家乡人"系列课程资源，如走近百岁老人、走近家乡民间艺人、天南地北家乡人、家乡历史名人……实施对象为四至六年级小学生。下面以"走近百岁老人"为例，谈一谈我们的实施策略。

一、"走近百岁老人"课程资源生成背景

阅历即魅力。在我们的身边，生活着这样一个群体，他们已近耄耋之年，岁月让他们收获的不仅仅是年龄，更有着丰富的人生阅历。在近百年的人生历程中，他们的经历像一幅美丽的画、一首隽永的诗、一支婉转的歌……每一位老人都是一段影像、一个传奇，他们生活在孩子们的周围，或许还是他们家庭中的一员，但是在小学生的生活中，他们多没有认识到"家有一老，如有一宝"的丰富含义，他们身边那个被岁月带走光华的老人甚至会成为他们漠视的对象。由此可见，开展"走近百岁老人"的实践活动，有着极为丰厚的实践意义。通过走近百岁老人，了解老人的饮食起居，听老人讲述自己丰富的人生经历，从中感悟时代和文化的变迁，不仅可以锻炼学生的语言表达、与人合作、倾听、采访、调查、撰写访谈总结等多项能力，更能在与老人的交流过程中收获知识、丰富体验，重新认识老人那饱经风霜的脸庞，重新定义那一头白发，重拾那段岁月，进而鉴往知来。

二、"走近百岁老人"课程实践过程

下面让我们走进五年级四班陈德骏同学的"走近百岁老人"之旅，共同分

105

享他的收获和喜悦。

"走近百岁老人"活动方案

肥城市白云山学校　陈德骏

一、活动目标

以小组合作形式开展"走近百岁老人"的调查活动，培养合作意识；调查了解周围的百岁老人，培养调查能力；通过对百岁老人的访问和交流，感悟时代的发展、社会的变迁，丰富自己的经验；在采访、交流的过程中，培养设计采访提纲、与人互动交流、速记、反思等多项能力。

二、准备工作

1. 知识准备

查阅相关资料，了解调查采访方面的相关知识，了解与老人沟通的方式方法等。

2. 工具准备

调查表、笔、照相机、录音笔、录像机等。

三、访谈对象

新城办事处陈留村陈奶奶（95岁）。

四、访谈提纲（问题设计）

类别	上学情况	饮食起居	环境变迁	家畜饲养	节日习俗	作物种植	家具变迁	童年游戏
问题设计	（略）	（略）	（略）	（略）	（略）	（略）	（略）	（略）

五、开展访谈活动的方式、方法

采访活动在家长的陪同监护下进行，事先预约，依照访谈提纲开展采访活动。

六、成果呈现形式

照片、录音、录像、采访记录（笔记）、手抄报等，最后结合采访活动完成一份访谈总结。

"访百岁老人"访谈实录

被采访者：陈奶奶

采访者：陈德骏、张永航、穆熙状、王淑媛、赵义芊

地点：陈刘村陈奶奶家

陈德骏：老奶奶，今天我们想听您讲讲以前的故事。您以前吃什么、穿什么呀？

陈奶奶：我们那时候没多少吃的，没粮食吃就去挖野菜、刨树根，能吃个窝窝头就不错了。小时候家里穷，兄弟姐妹又多，一天两顿饭都吃不上……

王淑媛：陈奶奶，那时候您穿什么衣服啊？

陈奶奶：我们那时穿的衣服都是自己纺线织成布，自己浆了找人裁剪了，一针一线缝起来的。小男孩天热了就开始光着屁股，冷了才穿件单裤子，一件衣服老大穿小了给老二穿，老二穿小了给老三穿……

张永航：老奶奶，您那时有什么交通工具吗？

陈奶奶：没啥交通工具，光走路，你要是出个远门得走上很长时间。那时候别说汽车，整个村里连个自行车都见不着。那时候都整天忙着干活，谁出去玩啊，大的到地里干活去，小的在家里看孩子……

王淑媛：陈奶奶，那时女人都裹小脚，您裹脚了吗？

陈奶奶：裹，当然裹。五六岁的时候就得裹小脚，都把脚趾头折断了，疼得你睡不着觉，疼得都不敢着地，那也没法……（脱下鞋，让我们看）

赵义芊：陈奶奶，和我们这么大时，你们都玩些什么游戏啊？

（略）

夕阳薰细草，往事映眼帘

——"走近百岁老人"活动体会

肥城市白云山学校　陈德骏

今天是个让人高兴的日子，为什么呢？因为我和同学要去陈留村采访百岁老人陈奶奶，她今年已95岁高龄了。来到村里，我们见到了陈奶奶，虽然她头发已经花白了，但浑身上下都透着一股精神劲儿，口齿依然十分清晰，从老奶奶口中我们得知，以前的生活异常艰苦，是我们所不能想象的。我们现在穿的

衣服各式各样，吃的食物也多种多样，可老奶奶她说原来做衣服全是自己纺线织布，吃不饱、穿不暖。老奶奶口中还一直说着现在的条件好，社会好……

临走时陈奶奶一再挽留我们，依依不舍。这次采访使我受益匪浅，老人就像一本厚厚的书，虽然岁月让他们的容颜不再英俊俏丽、身板也不再笔直挺拔……却拥有着无数美妙的故事和我们听都没有听说过的传说……在老人的故事里，我们明白了昨日的苦，更明白了今日的甜，我们要好好学习，珍惜现在的幸福时光。

三、"走近百岁老人"课程实施意义

倾听百年历程，感悟幸福人生。近一年半的时间，我们组织开展了多次以"走近百岁老人"为主题的综合实践小课题研究活动，每一次活动都给师生以新的收获，每一次采访都给我们心灵的触动，感觉自己的心灵又得到了一次浸润，感受到了自己生命新的成长。通过目睹岁月和苦难给老人留下的印记，学生深刻感受到新生活的来之不易，同时培养了他们的资源意识：周围的每一个人都是一笔宝贵的资源和财富，只要善于学习和研究，就会发现无穷无尽的乐趣。

将"快乐游学"进行到底

——"快乐游学"实践活动德育实施案例

如何让综合实践活动课程与学校文化紧密融合，使这一课程焕发更加动人的光彩，发挥更大的效益，是一个值得深入探究的课题。肥城自古以来被称为"君子之邑"，自建校伊始，我们就确定了"养正气、尚雅趣"的君子文化理念，立志培养"桃都君子"。我们积极探寻综合实践活动课程实施与学校文化之间的契合点，并在师生之间开展了课程资源征集活动，进而进行归纳和提升，"快乐游学"即是其中之一。

一、"快乐游学"课程资源生成背景

一个人增长见识、拓宽视野的方式有很多，"读万卷书，行万里路"是千百年来人们常用的一种求知模式，也是提高自我修养的一种重要途径。正所谓"闻之不如见之"，遍游各地，亲见亲历，这也是一种重要的学习方式，是为游学。但是，多数时候孩子们在外出旅游时，由于没有事先对目的地进行一定的了解和研究，对旅游活动没有制订详细的方案，导致旅游仅仅起到了"捋油"的效果。除了疲于奔命的浏览景点外，在知识视野上收获较少，旅游的实效性较差。为此，我们总结生成了"快乐游学"这一活动主题。旅游作为课程资源，并不是某一次旅游活动的单打独斗，而是变成了一项项主题策划活动、学习探究活动，故而称之为"游学策划"。

二、"快乐游学"课程实践过程

在外出旅游前，首先引导学生针对旅游活动进行科学的游学策划。对各种可能的旅游路线、乘车方式和旅游目的地的相关景点、历史、文化典故、安全饮食等注意事项开展研究，完成《游学策划书》的第一部分"游学前的策划"。下面是陈丽燕同学的游学策划书。

游学策划书

班级：六（5）班

策划人：陈丽燕

一、游学前的策划

1. 游学目的地：趵突泉公园、大明湖公园。

2. 游学时间：2013年7月27日—2013年8月1日。

3. 游学目的地所在地区（可以写出简单的出游路线）：从肥城汽车站经长清区到达山东省省会济南。

4. 游学过程中的人员分工：

爸爸当导游，负责摄影、摄像；妈妈、姐姐和我负责安排住宿、饮食、购买门票，其中姐姐负责财务、妈妈负责饮食、我负责买门票。

5. 目的地历史概况：略。

6. 目的地的风景文物、山水名胜、古迹遗址、地质奇观等：略。

7. 地方特产：糖酥煎饼、盘丝饼、大明湖蒲菜、糖醋黄河鲤鱼等。

8. 奇闻轶事："蛇不见蛙不鸣"是大明湖特有的现象。

9. 饭店宾馆：网上预订宾馆，我们预订了济南缤纷五洲大酒店。

10. 出发前的物品准备：

（1）药品：晕车药、创可贴、消炎药、防中暑药、止泻药等。

（2）日用品：毛巾、牙刷、湿巾、水杯、洗发液、香皂、梳子、牙膏、墨镜、防晒霜。

（3）其他必需品：身份证、信用卡、照相机、书籍、少量现金、手机、充电器。

11. 外出旅行注意事项：

（1）要适当携带一些医药用品。

（2）衣着鞋帽要宽松、合体。

（3）饮食要讲卫生。

（4）出发前要检查通信工具，存好话费。

完成《游学策划书》的第二部分"游学归来"，及时记录下自己的所思所想，得意之举、遗憾之处……科学分析自己本次游学策划活动的得与失，进而修改自己的策划书，为下一次的策划活动积累经验。继续以陈丽燕同学的《游学策划书》为例，看一看她游学归来后的收获。

二、游学归来

此次游学，先让我们来进行以下盘点：

（1）乘车、转车及票价情况：从肥城汽车站乘车到济南每人需要25元钱，市内出租车大约20元左右。

（2）游学起止时间：从2013年7月27日开始，8月1日结束。

（3）游学地点：大明湖、千佛山、趵突泉、泉城广场、济南植物园、黑虎泉、灵岩寺。

（4）游学中的开心事：帮盲人老爷爷过马路，为丢失的手机找到失主，帮小女孩在公园里找到了自己的家人。

（5）游学过程中，有没有发生不如意的事情呢？写下来，分析一下原因，也作为成长中的纪念：在游玩的第二天，我们去大明湖游玩，突然天阴沉沉、黑压压的，下起了蒙蒙细雨，可是我们没有带伞，于是返回了宾馆。

（6）感觉自己游学前做的相关准备工作充足吗？一起来记录一下吧！

书籍、药品、衣服带得比较充足；济南地图、雨伞雨具没有准备。

（7）在这次游学过程中，你又产生了哪些自己感兴趣的问题呢？想一想，写在下面吧！

荷花音乐喷泉变幻出各种造型，它是如何变幻的呢？

三、"快乐游学"课程实施意义

由于学生在出发前尽量多地储备了相关知识，对活动中可能遇到的问题进行了充分预设，并做好了相应的预案，从而能够在实际旅游活动有所触动、有所印证、有所发现……让旅游真正变成一种难得的游学。在这一思想的指引下，学生首先确定自己的游学目的地，然后在老师和家长的帮助下，详细填写好自己的《游学策划书》。同时，教师鼓励学生自主设计出独具个性的策划书。打开一本本设计精美、填写认真的策划书，我们仿佛打开了孩子们那一颗颗细腻热忱的心。从时间、地点、路线、天气到日用品、药品等后勤保障；从目的地的特产、名胜到奇闻逸事等历史文化，事无巨细，无一不进行了细致的安排和调查整理，不仅培养了学生谋定而后动的行为习惯，而且锻炼了他们安排某一项活动的策划能力。

附：

游学策划书

写在前面的话：

小学阶段正是孩子们认识世界、开阔眼界、增长见识的黄金时期，经常出去走一走、看一看，有着十分重要的意义和作用。

一个人增长见识、拓宽视野有很多的方式，"读万卷书，行万里路"是千百年来人们常用的一种求知模式，也是提高自我修养的一种重要途径。读书，在学习、研究、评说他人的过程中，有心得、有见解，自成一家之言。但是只读书也是远远不够的，正所谓"闻之不如见之"，遍游各地，亲见亲历，这也是一种重要的学习方式，是为游学。孔子、孟子闭门读书多年之后周游列国，终成"孔孟之学"。这样的例子不胜枚举。游学不仅可以亲见亲历，增长见识，还可以通过游历印证从书上得来的知识，考察事物的变化及其原因，同时在游历中将自己的知识和见解贯穿于行动中。

很多时候我们在外出旅游时，由于没有事先对目的地进行一定的了解和研究，导致旅游仅仅起到了"捎油"的效果。除了疲于奔命的浏览景点外，在知识视野上收获较少，导致旅游的实效性较差。为此，我们在旅游前，首先进行科学的游学策划，根据旅游目的地，对各种可能的旅游路线、乘车方式和旅游目的地的相关景点、历史、文化典故、安全饮食等注意事项开展研究，在出发前尽量多地储备相关知识，从而能够在实际旅游活动有所触动、有所印证、有所发现……让旅游真正变成一种难得的游学。

祝你游学快乐！收获多多！

游学前的策划

1. 游学目的地：_____。

2. 游学时间：2013年____月____日—2013年____月____日

3. 游学目的地所在地区（所在省市区及其具体位置，可以画出简单的出游路线图）：_____。

4. 游学过程中的分工（将与自己一同出游的家庭成员等进行合理的分工）：

摄影、摄像等：_____。

后勤保障（安排住宿、饮食、购买门票等）：_____。

其他分工：_____。

5. 目的地历史概况（以时间发展为线索，调查游学目的地的历史发展情况）：_____。

6. 目的地的风景文物、山水名胜、古迹遗址、地质奇观等（分类别进行整理，并详细描述每一种景物的特点）：_____。

7. 地方特产（地方特产的名字、特点、外界评价等）：

_____。

8. 奇闻轶事（关于游学目的地的历史故事、奇闻逸事等）：

_____。

9. 饭店宾馆（游学途中的住宿方式）：

_____。

10. 出发前的物品准备

（1）药品（防中暑、跌伤擦伤等常用药品）：＿＿＿＿＿＿＿＿＿＿＿。

（2）日用品（湿巾、牙刷等）：＿＿＿＿＿＿＿＿＿＿＿＿＿。

（3）其他必需品（证件、信用卡、相机、书籍等）：＿＿＿＿＿＿＿。

11. 外出旅行注意事项：（从衣食住行的安全、便捷等几个方面思考一下需要注意的事项，填写在下面）

＿＿＿＿＿＿＿＿＿＿＿＿＿＿＿＿＿＿＿＿＿＿＿＿＿＿＿＿＿。

亲爱的同学，游学计划中那个美丽的地方，目未曾见，事即先领；足未出户，心已神往，只待假期来临，你和你的家人亲自去赏游了。祝你游学快乐，收获多多！祝你和你的家人假期愉快，一路顺风！

以下内容请在游学归来后完成（可以在游学同伴的协助下完成）。

游学后的总结

游学归来，让我们一起来总结一下自己的收获，评价一下自己的表现吧！

此次游学，先让我们来进行以下盘点：

1. 乘车、转车及其票价情况：＿＿＿＿＿＿＿＿＿＿＿＿＿＿＿＿＿。

2. 游学起止时间：＿＿＿＿＿＿＿＿＿＿＿＿＿＿＿＿＿＿＿＿＿＿。

3. 游学地点（自己经过或参观的所有地点）：＿＿＿＿＿＿＿＿＿＿。

4. 游学中的开心事（如：帮助了别人、有了新发现等）：＿＿＿＿＿。

5. 游学过程中，有没有发生不如意的事情呢？写下来，分析一下原因，也作为成长中的纪念吧！

＿＿＿＿＿＿＿＿＿＿＿＿＿＿＿＿＿＿＿＿＿＿＿＿＿＿＿＿＿。

6. 通过对游学地点相关信息的对照和印证，感觉自己游学前做的相关准备工作充足吗？哪些方面做得比较好，哪些方面准备不充分，一起来记录一下吧！

（1）知识储备情况

准备较充足的方面有：＿＿＿＿＿＿＿＿＿＿＿＿＿＿＿＿＿＿＿。

准备不够充足的方面有：＿＿＿＿＿＿＿＿＿＿＿＿＿＿＿＿＿＿。

（2）物品准备情况

准备较充足的方面有：＿＿＿＿＿＿＿＿＿＿＿＿＿＿＿＿＿＿＿。

准备不够充足的方面有：＿＿＿＿＿＿＿＿＿＿＿＿＿＿＿＿＿＿。

7. 在这次游学过程中，你又产生了哪些自己感兴趣的问题呢？想一想，写在下面吧！（可从以下几个方面提问题：围绕自己的感受、围绕景点、围绕某些现象、围绕某件事……）

_____

_____。

8. 最后，用自己喜欢的文字将这次难忘的游学活动完整地描述一下吧，一定注意书写要规范呀！（请从自己确定游学目的地后的相关准备写起，如目的地是如何确定的，通过哪些途径了解目的地的文化、名胜、交通、天气等等，然后完整地写一写自己前往目的地游学的过程，从离开家门前的物质准备、心情等写起，乘车、沿途风景以及到达目的地的整个游学过程；最后写一写自己的心情，对照前期的准备，反思自己策划本次游学活动的收获和遗憾之处，积累了哪些经验……还可以把自己游学中的靓照贴在下面。）

教学评价

综合实践活动课程、校本课程整合实施及其评价办法

一、整合思路

将学校开发实施的校本课程与综合实践活动资源包紧密结合，因地制宜、因人而异，结合本校资源实际，精心选择适合本校的课程资源开展组织实施。

整合办法：紧密结合本校课程体系和实施思路，从三至六年级综合实践活动资源包中，采用整合、变通等方式选择部分主题确定为校本课程资源，与本校确定的校本课程资源一起，组成校本课程和综合实践活动课程整合后的资源库。

二、课程设置

1. 课程设置为选修和必修两种类型

课程设置为选修和必修两种类型，其中必修课程包括由各年级综合实践活动资源包中衍生出的活动主题。

2. 课程设置实行学分制

学校根据各主题难度系数、时间周期、对照教师的开发纲要，确定学分，学生自由选择，在完成某一项活动后由辅导教师进行评价并给予相应的学分。

3. 课程设置时间

每周的周三下午第二节课及课外活动、周五下午第二节课及课外活动。课时来源于每周的校本课程课时和综合实践活动课时。

三、课程评价

对教师的评价。各校本课程辅导教师分周期为学生建立点名册，学期末学校组织评价小组进行评价。评价办法为从点名册中抽测学生和查看资料相结合。资料包括课程开发纲要、课程实施计划或方案、学生日记、小制作、小论文、照片或者录像资料等活动成果。

对学生的评价。采用学分制和学年评价相结合的方法。

（1）学分制评价。如某一项活动学分为5分，辅导教师可以根据学生的表现、成果的水平给予不同的学分，如优秀计5分，良好计4分，及格计3分等。各活动主题的具体评分标准由辅导教师确定。

（2）学年评价。每学年学生至少完成15个学分以上，3～4个活动主题左右，年终根据完成情况和学分多少计入综合实践活动操行评价。

附：

《综合实践活动课程学生评价手册》使用办法

综合实践活动课程是新课程改革的亮点课程，它对全方位培养、提高学生的综合素质起着至关重要的作用。它具有综合性、实践性、开放性、生成性、自主性的特点，因而它的评价工作较其他学科而言要复杂而且难操作。

本着协商共建、易于操作、突出教育功能等原则，我们精心设计了这本小册子，用于记录学生从三年级到六年级的综合实践活动课程学习的点点滴滴。具体使用方法如下。

1. 学生基本情况

根据表格设计如实填写姓名、性别、出生年月、所在班级、班主任等信息。

2. 选课情况

分年级如实填写自己的选课情况。

3. 自选课程菜单

自选课程菜单为学校设置的综合实践活动课程目录，学生根据个人兴趣等实际情况进行选择。课程菜单的设置会根据学生的需要、学校实际等因素有所增删，学校会及时将自选课程的增删情况通知给学生。

4. 综合实践活动课程评价记录

分学期分活动主题进行评价。学生根据选择的主题活动逐项填写：所选课程、学分、任课教师、完成情况、学分评价、教师签字、学习体会等几个方面。

5. 学分要求

每学年完成15学分以上（3~4个综合实践活动主题），三至六年级累计四年完成60学分以上。学生可以根据自身学习情况自由选择主题，经所选主题辅导教师同意后及时告知班主任即可。各门课程全程开放，随到随学。感觉自己已经较好地完成某课程的学习任务后，可以随时申请学业鉴定，由相应辅导教师组织评价，通过鉴定者由辅导教师在本手册记录相应的评价等级和学分。

学生基本情况

姓名		性别		照片
出生年月		民族		
学籍号				
家庭住址				
所在班级	20　级　班	班主任		
爱好及特长				
曾获荣誉				
自评综述				

选课情况

选课 ＼ 年级		三年级	四年级	五年级	六年级
1	课程名称				
	科任教师				
...					

学生自选课程菜单

序号	课程名称	学分	执教教师	适用年级	班级人数	授课地点
1	面食文化	4	罗新华　尚淑玲	四、五	17	面食工作室
2	活动巧策划	4	尚海涛	三、四、五	20	综合实践活动室（2）
3	……					

学生自选课程记录表

年级：____　年度：____　第 __ 学期

课程名称		任课教师		课程学分	
				完成学分	
节次	自评	组评	家长评价	教师评价	
1					
2					
3					
…					
20					
汇总					
收获与反思					
家长的话				年　月　日	
教师寄语				年　月　日	

综合实践活动教师技能大赛组织办法

适用学期：上学期

一、比赛内容

教师技能比赛的内容分为两部分，一部分为自选项目，由教师根据自身综合实践活动小课题研究实施中所应用的技能自行确定；一部分来自综合实践活动资源包。

二、组织形式

（1）参赛人员为学校全体综合实践活动任课教师。

（2）比赛分两轮进行（即每位选手参加两个项目的比赛）：第一轮为自选项目展示，由选手自选拿手的操作项目展示；第二轮比赛题目从资源包拟定的题库中产生，由选手自主推荐代表从题库中抽签确定（即第二轮比赛中各选手参赛题目相同）。两轮比赛的比赛时间均为15分钟。赋分均采用5分制，依据选手最终的平均成绩计算单位成绩。活动同时会向成绩优异的选手颁发证书。

三、材料准备

学校统一为参赛选手提供技能比赛所需的部分原材料，其中所需要的相关工具由参赛选手个人准备（注：题库各考题中学校所准备的材料单会提前告知参赛选手，请对照材料单准备好自己认为还需要的其他材料及其工具）。

四、各年级试题题库（举例）

三年级（上学期）：

（1）充分结合所提供的树叶叶片，精心构思，在规定的时间内设计制作一幅叶贴画。要求：充分结合树叶特点，构思新颖，制作细腻。

（2）趣味折纸。请根据所提供的材料，在规定时间内制作一只纸天鹅。要求：纸天鹅的颈部和头部现场制作，其余部分可以提前叠好小三角形，现场插制成型就可以。

（3）结合所提供的材料，请运用"多彩泥艺"主题中的技巧制作一只漂亮的公鸡。要求：比例均匀，制作细腻。

四年级：

（1）请根据提供的食材，现场做一道家常菜。做菜的程序、动作的熟练程度、菜品的色香味等，均作为评分的依据。

（2）请结合所提供的材料，以"爸爸或妈妈的生日"为主题，在规定的时间内创作一件生日插花作品。

（3）请结合所提供的材料，在规定的时间内展示自己的面食工艺——包水饺。包水饺的程序、动作的熟练程度、水饺的样子、味道等，均作为评分的依据。

五年级：

（1）请根据所提供的材料，在规定的时间内，设计制作一件果蔬雕刻作品。制作的程序、动作的熟练程度、成品的美观度等，均作为评分的依据。

（2）请根据所提供的材料，在规定的时间内，用码针法制作完成这件贴布绣作品。刺绣的程序、动作的熟练程度、成品的美观度等，均作为评分的依据。

（3）请根据提供的材料，在规定时间内，按照月饼制作的方法和流程，制作月饼。制作的程序、动作的熟练程度、成品月饼的美观度和味道等，均作为评分的依据。

六年级：

（1）请根据所提供的材料，结合自己对于动画艺术的理解，用摆拍法设计制作某一主题的动画素材库，其中所需演员由参赛教师自己选择和准备。

（2）请根据所提供的材料，在规定的时间内编制一个"蜻蜓结"。制作的程序、动作的熟练程度、成品的美观度等，均作为评分的依据。

（3）请结合所提供的材料，制作一个沙包。制作的程序、动作的熟练程度、成品的质量等，均作为评分的依据。

适用学期：下学期

三年级：

（1）请根据所提供的材料，精心构思，在规定的时间内设计制作一个木陀螺。使用木工工具的熟练和规范程度、作品的美观度和旋转效果，均作为评价依据。

（2）创意剪纸。请根据所提供的材料，在规定时间内完成一件创意剪纸作品。使用剪刀等工具的熟练及规范程度、作品的美观度及其创意解释等，均作为评价依据。

（3）结合所提供的材料，请运用剪窗花中的相关技巧完成一件窗花作品。使用剪刀等工具的熟练及规范程度、作品的美观度等，均作为评价依据。

四年级：

（1）请根据提供的材料，在规定的时间内制作丝网花作品。制作的程序、动作的熟练程度、成品的美观结实度、完成作品的数量等，均作为评分的依据。

（2）请结合所提供的材料，在规定的时间内制作一只风筝。制作的程序、动作的熟练程度、成品的美观结实度等，均作为评分的依据。

（3）请结合所提供的材料，在规定的时间内将所提供的两截桃树枝嫁接在一起，并种植在花盆内。嫁接的程序、动作的熟练程度、成品的质量等，均作为评分的依据。

五年级：

（1）请根据所提供的材料，在规定的时间内，设计制作一个小板凳。制作的程序、动作的熟练程度、成品的美观结实度等，均作为评分的依据。

（2）请根据所提供的材料，在规定的时间内，完成一件纸编小篮子作品。制作的步骤、动作的熟练程度、成品的美观结实度等，均作为评分的依据。

（3）请根据提供的材料，在规定时间内，完成一件毛线编织作品。制作的步骤、动作的熟练程度、成品的美观度和质量等，均作为评分的依据。

六年级：

（1）请根据所提供的材料（茶叶种类为铁观音），结合自己对于茶道的理解，展示一个完整的茶艺表演的过程。其中要求边展示边讲解，语言的准备、动作的熟练美观度等均作为评分依据。

（2）请根据所提供的材料，在规定的时间内制作一个"水火箭"。制作的程序、动作的熟练程度、成品的美观度以及发射效果等，均作为评分的依据。

（3）请结合所提供的材料，制作一份微波鸡翅。制作的步骤、动作的熟练程度、成品的色香味等，均作为评分的依据。

综合实践活动学生技能大赛组织办法

适用学期：上学期

一、比赛内容

学生技能比赛的内容分为两部分，一部分为自选项目，由学生根据自身综合实践活动小课题研究中所应用的技能自行确定；一部分来自综合实践活动资源包。

二、组织形式

（1）每位综合实践活动任课教师从所任教班级推荐4名学生参加技能大赛，所推荐学生需经班级技能比赛产生。

（2）比赛采用抽签的形式进行。比赛分两轮进行（即每位选手参加两个项目的比赛）：第一轮为自选项目展示，由选手自选拿手的操作项目展示；第二轮的比赛题目从资源包拟定的题库中产生，由选手自主推荐代表从题库中抽签确定（即第二轮比赛中各选手参赛题目相同）。赋分采用5分制，依据各选手最终的平均成绩计算任课教师成绩。本活动同时向成绩优异的选手及其指导教师颁发证书。

三、材料准备

组织方统一为参赛选手提供技能比赛所需的部分原材料，其中所需要的相关工具由参赛选手个人准备。（注：题库各考题中组织方所准备的材料单会提前告知综合实践活动教师，请对照材料单准备好自己认为还需要的其他材料及其工具。）

四、各年级学生技能大赛试题题库

（参照综合实践活动教师技能大赛题库）

定性评价当慎用

这样的情景我们似曾相识：当学生在开展制作活动、实验活动或其他创作活动时，教师巡视其间，时而拍着某个学生的肩膀对他说："你做得真棒！"当全体学生活动结束时，教师总是不忘补上一句"老师刚才看了看大家的作品，发现每一个同学做得都非常好！"这样的教学方法以鼓励赏识为主，本无可厚非，但如果与接下来的教学活动相联系的话，就有待商榷了。

昨天笔者听了一节以制作为主要内容的优质课，执教教师在做了如上的定性评价后，又请学生将自己的作品粘贴在展板上，之后让学生们评价这些作品，没想到学生们一时间竟茫然四顾，不知说些什么好。

为什么会出现这样的情况呢？我想和先前教师做出的定性评价有很大关系。老师一句"每一个同学做得都非常好！"固然是让每一个学生都信心满满，但也给后来的学生互评设置了障碍：怎么说呢？既然是评价，难免会有赞赏也有建议，更何况"一人难称百人心"，也正是因为欣赏习惯、个性能力的不同，才有了互评的前提。互评不是互相夸奖，更不是"你好我好咱都好"，互评是一种交流和碰撞，是一种求同存异，它不仅让学生获得知识上的长进，更在"如何面对他人的建议"等个人修养方面获得发展。

每个学生都有自己的审美观点，他们应该也肯定有很多的话要说，可是建议如何提出呢？老师刚才已经对这些作品做了定性的评价，说这些作品都很好，自己再贸然提出一些不同意见，会不会显得不合时宜，甚至会被同学们贻笑大方呀？于是，他们一个个三缄其口，用沉默表达着自己复杂的心情。

还是回到我听的这节制作课上，当执教教师发现有些冷场后，又进行了积极的引导："大家勇敢地说一说，你认为这些作品哪些地方做得比较好，哪些地方还需要改进，老师看哪一位同学最勇敢！"又过了一段时间，课堂上才零星地举起了几只小手。

笔者认为，教师在课堂上要谨慎地运用定性评价，更要注意进行定性评价的时机，不要让我们的一句话禁锢学生自由的思想。因为"向师性"等原因，教师的语言往往会被学生放大，进一步影响到他们的思考。另外，教师在进行定性评价时，一定要做好调查研究工作，要在深入掌握事实的基础上，做出中肯的评价，而不能仅仅把"大家做得都很好""同学们都很出色"作为放之四海而皆准的组织教学语言，那样，很可能会让学生的认识和思考处于一种不明晰的混沌状态，不利于他们的成长。

让我们的语言柔软一些，再柔软一些！

情景：在一节劳动与技术课上，一位学生向老师求教一个问题，结果老师马上近乎火冒三丈地对他说："这个问题我不是已经讲过了吗？你根本就没有用心听我讲课！"

这样的情景我们都似曾相识：某个问题已经讲解过了，甚至已经讲了很多次了，可是依然有学生满脸疑惑地求教。面对这种情景，我们的心情可能就会变得急躁起来：明明是很简单的内容，自己也翻来覆去地早已讲得舌敝唇焦，你为什么还是不懂？这时我们的潜台词是："你根本就没有好好听讲！"我理解老师当时的心情，但是这样我们就有理由对学生发火吗？而且是那样的理直气壮？每个学生的基础不同，不同学生对于教师讲授方法的接受能力也不尽相同，所以存在学生听不明白的情况很正常，有什么要生气上火的呢？

诚然，看到学生没有听懂自己的讲解，我们可能感到很沮丧，心理上有一种挫败感，这些都很正常，这也是每个人共性的心理特点。但这是否就应该由学生来承担自己的这种不良情绪呢？显然不是。面对没有听懂的学生，我们应该反求诸己，从教学方法等方面反思自己的教学：是不是自己没有做到因材施教？在难点突破上是否做到了面向全体学生？我们应该用一种积极的心态去面对一脸迷惑的学生，而不是带给他们恐惧和不安。学生不懂就问，这是何等珍贵的一笔资源！如果这时对学生一阵疾风暴雨式的埋怨和挖苦，那么学生损失的何止是增加了一道不懂的题目，更有可能会对他的一生造成不良影响：如果给他带来的只有恐惧和伤害，以后他们还会不懂就问吗？当周围的学生看到这个情景，他们还会迎风而上吗？显然，他们也会接受其中的教训，果真如此，那样受损害的就不是某一个学生了！

其实当我们这样回应学生的时候，他们可能想这样回答我们："尊敬的老师，我一直听得很认真呀，我只是没有听懂而已！所以我才问您呀！"作为一名教师，即便是学生向我们请教刚刚讲过的问题，我们也要以无比的耐心和爱心给他讲解，直至他明白为止。

此类的话语还有"动动大脑啊！再用心看看！"等，当学生们出现错误、有问题向老师请教或者思维卡壳的时候，我们有时会这样启发学生，督促他们再多动动脑筋。其实这是教师明显失去耐性的一种表现。试想一下，我们在思考问题时，哪一件事不是经过大脑呢？用心看看，难道心脏也是进行思维活动的器官吗？学生在百思不得其解的情况下，鼓足勇气向教师请教，目的是希望教师能够帮助他解决这个问题。当我们这样回应学生的时候，他们可能想对我们说："我已经反反复复看了几十遍了，就是没有看懂才来问您呀！我需要您的帮助，而不是呵斥！"

语言是思想的物质外壳，它承载着我们的教育梦想，语言也是我们与学生交流的重要媒介，他们需要从中理解知识，更需要从中感受到关怀、宽容和爱，而不是恐惧和伤害。诚如泰戈尔所言："不是槌的击打，乃是水的载歌载舞，使鹅卵石臻于完美！"请让我们的语言柔软一些，再柔软一些！让每一个学生都变成爱学习的天使！

"任由学生失败"是一种教育艺术

在《第56号教室的奇迹》一书中，雷夫老师提到了这样一个故事：

那个星期我们班刚好在做火箭。学生四人一组，利用分发的火箭操作指南以及材料进行组装。各组必须精确测量、规划、组装作业成品，才算完成任务。其中一组虽然做得很认真，却弄错了飞弹部分的配置。来访问的老师当中有几个人频频朝那一组走去，为孩子们示范正确的组装方法。有好几次我都必须以有礼但坚定的口吻要求访客让孩子们自己摸索。

访客（很小声地说）：雷夫，你都不知道啊，他们做错了！

雷夫：我知道啊！

访客：机翼都歪了！

雷夫：是啊，是歪了。

访客：发射架粘得太靠近火箭头了！

雷夫：确实如此。

访客：可是你就眼睁睁地坐在这里？

雷夫：是啊！

访客：他们的火箭会飞不起来呀!

雷夫：他们接下来就得找出火箭飞不起来的原因，他们得回到教室自己好好想想。

读着这个故事，不禁被雷夫老师的教育智慧所深深折服。是呀，成长的道路上，失败又有何妨？经历挫折又有什么可怕的呢？而作为一名教育者，如何在教育教学中正确地引导学生认识和面对失败，并将其转化为教育契机，则显得尤为重要。

一、帮助学生认识到"失败是通向成功之路的一种常态，是前进的阶梯"

失败和挫折都是一笔厚重的财富，对于学生来讲，也是一种收获、一种发展，丰富了其见识和经验。爱迪生花了20年的时间，做了5000多次实验，终于发明了简用电芯。于是，有人问他："你怎么知道最后的成果一定会成功呢？"爱迪生告诉他："成功并不是我唯一的成果，我有5000多个成果，因为我汲取了5000多次的经验！"学生在实验的过程中失败了或者走了弯路，他们就多知道了一条错的路是怎么走的，他们人生的见识以及种种的经验就更丰富了。

其实科学家们每天在做的事情，不正如爱迪生一样，一次次在失败中寻找原因、总结经验吗？我们提倡让学生们"真刀真枪"地开展科学探究活动，就不能怕学生失败，而是要任由他们失败，让他们学会正确面对失败。理解失败也是探索过程中的一种常态，学会用审美的态度去审视错误和失败，从而获得一种审美的愉悦感。如此，学生的探究过程必将是快乐的，学生的成长必将是快乐的！

二、正确认识并善待学生的失败是教学的必须，也是一种教育艺术

反观我们的教学，值得反思的地方有很多。当我们看到学生不会做实验、不会试商、回答问题因紧张一时语塞时，我们有没有留给他们充分思考的时间呢？有没有静静地等待呢？我们大多会迫不及待地引导学生，提示他们答案，告诉他们方法，我们不忍心让学生承受失败的打击，也生怕纵是那一秒钟的等待也会给学生造成伤害。更有甚者，教师为了使教学呈现出一种顺利的状态，想方设法地让学生远离失败，生生剥夺了学生品味失败的机会和权利。例如一位教师在做弹性实验前这样提示学生：大家玩弹簧时，稍微拉一下就可以了，太用力弹簧就弹不回去了！原来，老师是担心学生在实验时会把弹簧拉直，那样不仅得不出需要的数据和结论，而且还要给学生解释，干扰教学。如此一来，课堂是显得平顺了一些，但对于学生的发展呢？学生把弹簧拉直，不正好借此解释了弹性限度吗？

当失败发生的时候，无论是我们能预设的，还是动态生成的，我们都要静观其变、适时介入。首先要予以尊重，在确保安全的前提下，用一种欣赏的心情，静静地等待甚至企盼他们失败，静静地欣赏他们疑惑的眼神甚至有些焦虑的表情，不打扰，不介入。其次要适时引领，当学生无视失败、逃避失败或寻求帮助时我们要及时介入，予以启发、引导，给他们充足的时间用于反思、总结。同样是在"弹性"的教学中，如果我们事先不做任何的限制和暗示，任由学生实践体验。当某实验小组的弹簧因被拉直而不能恢复原状时，教师不置可否。等到交流时，这个小组汇报"因弹簧被拉直而导致实验失败"，教师则以此为载体，组织全体学生分析这一现象，"弹性限度"的概念应运而生，得出"如果形变过大，超过一定限度，物体的形状将不能完全恢复"的共识水到渠成。赞可夫说："教会学生思考，对于学生来说是一生中最有价值的本钱！"让学生通过细致地分析，找到"失败"的原因，这种源自自身的直接体验，无疑是最为深刻和宝贵的，他们从中获得的方法体验，必将成为他们一生的财富！

切记，失败是由身为教师的我们自行认定的。一次独立的活动没有失败，只有当学生停止解决问题的尝试时才算失败，学生停止了持续的思考才是真正的失败！尊重学生失败的权利，任由他们失败，用一种欣赏和期待的眼光去看待学生的失败，多给学生留一些知识的缺口，留一些探索的空间，留一份真实的体验，这不仅是一种能力，更是一种教育艺术，是教师的一种教育智慧！

幽默，应合时而用

赞可夫说过，好的课堂教学，要有幽默，要有笑声。诚然，调查显示，学生们最喜欢的也是富有幽默感的教师。教学过程中的幽默是一种艺术，一种境界，它需要较高的技巧加以驾驭，否则可能适得其反，教师在教学过程中频频出现的一些冷幽默、黑色幽默引发了笔者深深的思考。

情景一：

一位教师在执教综合实践活动课"广告与生活"时，请学生们说出自己印象深刻的广告。一位学生说，他对一个电动车品牌的广告印象深刻：一个电动车上载着六个成人，而印象中电动车一般都是承载两个成人的。这时教师说道："是呀，电动车载六个大人，就像耍猴的一样！"

情景二：

一个学生在板书"斧头"时写成了"爷头"。教师在讲评时说："看来，他爷爷的头真够硬的，竟然能够当斧头用！"写错字的学生满脸通红，全班学生哄堂大笑。

在这两个情景中，教师的幽默合适吗？我认为无论是时机还是内容都是很不妥当的。老舍先生说过："幽默者的心是火热的！"幽默，给人的是一种力量、一种温暖、一种帮助，但唯独不能给人伤害！尤其是教师的语言，对于学生具有更大的引导作用。"像耍猴的一样"，把人比喻为猴子，显然这是对人的不尊重，很不文明；而说学生的爷爷的头硬的像斧头，则更不礼貌了。作为教师，在课堂上竟然如此不尊重他人！我们能随意地取笑别人吗？尊重他人是最基本的道德要求之一。如此，它的负面教育效果显而易见！

当学生把"斧头"写成"爷头"，我们从文字的构成角度来给学生讲解岂不更好？"斧"是由上下两部分构成的，它是一个形声字，上半部分是一个"父"字，代表这个汉字的读音，而下半部的"斤"字，在古代汉语中就表示"砍伐树木的工具"，举例有运斤成风、斧斤等，这样开展教学，不仅让学生从多方面理解了文字，更从文字演变的历史中感受到了语言文字的内涵之美，岂不更能加深学生印象，增强教学效果？

幽默是一种艺术，是结合实情实景应运而生的，不能照猫画虎，更不能东施效颦，幽默具有很强的个性特征，它的作用犹如灌溉农田，给学生带去的是轻松的心情和心灵的温暖；而冷幽默、灰色幽默、黑色幽默则犹如放火烧山，常常会失去控制，伤害到学生而不自知，更有可能"我们乐得前仰后合，学生哭得死去活来"。

由此可见，课堂教学中的幽默不是率性而为，不是讽刺挖苦，不是哗众取宠，它是一种高超的教学艺术，它是教师整体素质的集中体现。要让自己成为一名富有幽默感的教师，需要我们多读书、多学习、多反思，正所谓"水之积也不厚，则其负大舟也无力"，唯有胸藏万汇，方能让您的课堂左右逢源、妙趣横生！

教师表情的育人价值

前几天听了一节综合实践活动课，课堂上执教教师的一个表情给我留下了深刻的印象：在体验练习阶段，教师设计了一些闯关题目，如果学生的回答正确，课件在展示正确答案的同时还伴有鼓掌的背景音乐。也许是执教教师在上课时感觉这五秒钟的背景掌声有些长了，也许是感觉课件上设计掌声有些多此一举，只见在每次展示答案的时候，老师都紧握着鼠标，扭着头，皱着眉，以一种近乎苦笑的表情等待背景音乐的结束。

在这里笔者不想探究课件上的掌声设计有无必要，先谈一谈教师课堂上的表情。课堂上教师的苦笑表示什么？是教师自己身体不舒服还是对于课件设计存在问题的一种自我解嘲？总之，教师展示的不是一种阳光健康的情绪。在学生的眼里，它传递的可能是痛苦，可能是不自信，可能是一则谜语，让学生摸不着头脑。

都说眼睛是心灵的窗口，其实不仅仅是眼睛，我们面部每个小动作都能反映出内心的活动。在课堂上，教师的内心变化，所思所想，都会通过面部的表情变化展示出来。如果我们在学生面前不能控制好自己的表情，高兴时喜笑颜开，生气时暴跳如雷，那样将会对学生的心理造成诸多不良的影响。对于教师来讲，重要的是要把握好自己的表情，因为学生需要从我们的表情中来感受尊重、感受温暖、感受安全……因为情绪是会传染的，正像一个人打哈欠，周围的人也会感觉自己有了困意，也会跟着打哈欠。著名教育学家马卡连柯曾经说过：做教师的决不能没有表情，不善于把握表情的人不能做教师。我们要注意自己的表情，尤其是负面表情，因为负面情绪尤其具有传染性。心理学研究表明，当一个人面对负面情绪时，他的反应速度要比正面情绪快很多。一旦遇到让自己感受不好的情绪，会本能地产生一种防卫心理。试想，如果我们给予学生过多的负面情绪，他还能在一种安静的心境下学习吗？他还有心理的安全和自由吗？而心理的安全和自由是一切创新的前提和基点。这种状态下的教学效果我们可想而知：这样的课堂对师生来讲都是一种痛苦的煎熬，而不是幸福的享受。

笔者认为，教师要调控好自己在课堂上的表情，因为我们的一举一动都在对学生进行着潜移默化的影响，它是师生之间进行沟通的另一种语言。罗曼·罗兰说："面部表情是多少世纪培养成功的语言，是比嘴里讲的复杂千百倍的语言。"当学生有优异的表现时，我们微笑着给予肯定和赞许；当学生出现错误时，我们微笑着给予宽容和期待。微笑——人生最美的符号，让它成为我们的招牌动作，使之在我们的教学活动中最大限度地发挥作用。在课堂上，在学校内，在与学生接触的任何一种场合，我们都应该调整好自己的情绪，运用好自己的表情，因为那样不仅能够有效地调节课堂气氛，提高教学效果，而且能够给自己和学生带来千金难买的好心情。

老师，请注意您的表情！让您的表情会说话，用您的微笑去温暖学生的心灵！

综合实践活动成果展示评价策略刍议

综合实践活动课程是新一轮课程改革的亮点，作为一种崭新的课程形态，越来越引起人们的关注。它是一种与各学科课程有着本质区别的课程，被称为我国基础教育课程改革的结构性突破。它灵活多样的研究方式、兼容并蓄的课程内容、上天入地的研究空间，为学生综合素养的提升提供了一种强有力的支撑，培养学生的创新精神、实践能力、创造能力，引导学生在体验和探究中实现成长，在与人合作中融入社会，在认识自然、认识社会、认识自我中发展成长。

一、课堂展示的必要性

随着课程研究的不断深入，一些课程实施方法、课程实施模式也不断被提炼和总结出来。结合课程特点，学生需要开展形式多样的资料收集、现场调查、实践探究和成果汇报，于是，学生的课堂展示也变成了课程实施中的一个重要方面。根据教学的需要，我认为展示是十分重要且必要的，它是信息汇总、互动提升、成果催化的一个重要环节和窗口。通过展示对学生能力的培养和提升也是显而易见的。

二、课堂展示的内涵价值

课堂展示有利于培养学生信息整理、策划活动以及沟通交流的能力。由于展示内容的多样性，也就决定了学生在前期准备时需要进行不同的准备工作，如对收集到的信息进行整理、对采访内容进行汇总和概括、对探究活动中的活动现象进行归纳，对制作成果和创意设计进行展示和阐发等。由此可见，课堂展示并不是一次机械的汇报活动，而是充满了创造性和艺术性，学生需要根据展示内容的不同，确定展示方法、程序和相关内容，并选择最优化的方式广而告之，让更多的人了解自己的意图和相关成果。因此在教学中，我们会看到形式多样的展示，如图片展示、实物展示、制作或研究步骤展示、艺术说唱展示、电脑课件展示、图表展示等。

三、警惕综合实践活动课程实施中的伪展示

1. 生搬硬套，削足适履

一堂综合实践活动课正在进行，活动主题为"走近孔子"。课堂展示环节开始了，这群三年级的小学生分小组依次进行了汇报展示。其中有三组学生分别穿着春秋时期的服装，手持竹简，或唱，或诵，或跳，载歌载舞，十分热闹。但是如果你问学生，他们口中说的话是什么意思，为什么穿着这样的服装，他们就哑口无言了。说着自己都听不懂的话、汇报着自己也不明白的内容，这样的汇报别人会听得懂、看得明吗？只能是一阵热闹而已。

2. 急于求成，急功近利

著名的"钱学森之问"，引起了人们的广泛思考。我想，希望所有从事研究工作的人都能静心研究、心无旁骛也是钱老想表达的殷切期望之一。坐不下、等不及不仅对科研工作者是致命的，对于我们的教育工作同样也是影响巨大的。人们常说："教儿婴孩""三岁看大，七岁看老"，无不强调儿童时期教育的重要性，而小学阶段，恰恰是学生世界观、人生观、价值观形成的关键期，所以，我们的小学教育十分重要，对小学生的影响也是十分深远的。但是课堂上屡屡出现的一些造假现象也不能不引起我们的隐忧。

一堂综合实践活动课正在进行课堂展示，活动主题是"栽种西红柿"。学生分小组从栽种、间苗、施肥、搭架、授粉、收获、品尝等不同方面进行了汇报展示，有图片、有视频、有日记、有感悟，还有家长的相关评价。乍一看，成果满满当当，学生完全掌握了西红柿的种植方法。但是，如果详细了解，就会发现问题：周一安排的实践内容，开始准备种植西红柿，到了周四就要开展汇报交流工作。几天时间能完成吗？恐怕有的学生连种子、花盆都没有准备好。但是周四需要小组汇报怎么办？"兵来将挡，水来土掩"，于是一场彻底的造假活动开始了，家长、朋友齐上阵，找图片的找图片、录视频的录视频、扮演评价人员的进行评价……两三天时间，一次完整的西红柿种植过程就展现在了大家的眼前。课堂上热热闹闹的汇报之后呢？刀枪入库，马放南山，谁还记得回家再种植西红柿的事儿。就这样，一次轰轰烈烈的实践体验活动结束

了。这样的汇报展示对学生的负面影响远远大于正面影响！不端正的研究与学习态度、弄虚作假的研究过程、父母家人在整个造假过程中的参与，还有学生在汇报时镇定自若的演出，无不是对科学精神、科学态度的巨大伤害。或许，就在这次汇报展示中，就为学生今后的学习研究埋下了弄虚作假的隐患。

四、展示前"疯"，展示后"空"

一堂综合实践活动正在进行课堂展示，这节课的活动主题是"明天有水喝吗"。学生汇报内容旁征博引，展示形式丰富多彩，展示效果也十分理想，从不同角度展示了水资源的匮乏、节约用水的重要意义以及相关策略。汇报结束后呢，所有的一切"外甥打灯笼——照舅（旧）"，白天教室的灯依旧开着，卫生间的水龙头依旧哗哗地淌着，甚至刚才汇报展示时精心制作的手抄报和提示牌也被扔到了垃圾箱里。这样的汇报展示，更像是演了一场戏，下课了，戏也结束了，一切又恢复了原来的样子。这种虚假的、典型的课堂与生活"两张皮"的现象只能是在学生道德养成、人生成长中起到反作用。

成果展示是综合实践活动实施中的一个重要环节，因其处在成果展示的环节，所以兼具评价的功能，需要教师的精心引导和适时介入，同时避免一切形式的"伪展示"，让学生在综合实践活动课程的广阔天地自由成长。

教师的随堂评价与课程德育渗透

教育的目的是什么？我想是为了让人更好地生活，因为我们的教育本身就是为了人的教育，是关注人的教育。教师是一个播火者，而教师的评价犹如按动火石的机关，教师根据教学实践预设和生成的具体内容，予以及时评价，或确认，或质疑，或否定，只有这样才能让课堂生成的火花成为教育的契机。换句话说，如果教师不能及时捕捉这些需要跟进评价的火花，不仅失去了极为宝贵的教育资源，更有可能对学生的成长造成负强化。

情景一：

一节公开课马上就要开始了，就在这时，一位男同学举手示意："老师，我要上厕所。"只见授课教师马上说："好的，去吧！还有需要上厕所的同学吗？"或许是小孩子的天性使然，有十几个孩子纷纷表示要上厕所。教师依旧心平气和地说："去吧！但是请注意保持安静，没必要把动静搞得这么大。"大约三分钟后，学生们全部都回来了，课堂展示继续进行。

评析：如何面对这个学生的需求，教师有多种处理方案，可以答应他的要求，同意他去厕所；可以置之不理，因为马上就要上课了，教室里很多教师等着听课呢；甚至可以批评学生为什么下了课不先去上厕所？……但这位教师选择的处理方式无疑是最恰当的。学生年龄小，有需要上厕所的想法能提出来这本身就需要保护，不然他们默不作声是可能尿裤子的，更何况憋尿对小学生的身体健康也是不利的。由一个孩子的需求，想到是不是还有其他孩子因为性格原因，也想去上厕所但是没有胆量提出来呢？这是极有可能的，于是老师问了一句"还有需要去上厕所的吗，一起去吧！"；另外，教师也对学生们去上厕所的喧闹委婉地提出了批评，引导学生注意保持安静。感情细腻，思维周密。

情景二：

一节综合实践活动课正在进行，主题是"制作不倒翁"。教师询问学生："你们想一想，我们能用空鸡蛋壳做些什么呢？"一个学生大声说道："用它砸人！"学生哄堂大笑，教师未置可否，继续进行自己的教学。

评析：显然，学生说用空蛋壳砸人并不一定会付诸实施，很大程度上是一种哗众取宠。讲课教师未予置评，或许也是善意地理解了学生的这句话。对这些想法笔者是理解的。但是当在课堂上出现这样的情况时，教师的处理就有些不恰当了。首先，课堂是一个公共场所，听到这句话的学生肯定不在少数，学生的哄堂大笑之后，是不是需要教师予以定性的评价呢？其次，教师的态度具有很强的指向性，在"向师性"的心理影响下，教师的评价将会深深影响学生的价值认知。而教师的不置可否，则不利于学生生成明晰的价值判断。所以，教师在听到这句话后，应该予以及时地回应："用空蛋壳砸人合适吗？"一句话，就达到了价值引领的目的。

情景三：

一位教师在开展小组评价时采用了"晋升格子"的形式，即表现优秀的小组会从第一格晋升到第二格，以此类推。但在小组代表移动代表自己小组的标志牌时，将本来晋升一格的标志牌晋升了两格。好在授课教师明察秋毫："同学们，一定要诚实，诚实是非常宝贵的美德！"

评析：诚实是一种美德，"诚信是为人之本""信用重于黄金"这些谚语也向我们娓娓讲述着诚信的重要性。诚信也是社会主义核心价值观的重要内容。它的价值远胜于知识、能力，是一种无比宝贵的道德品质。想让学生养成诚实守信的好习惯，就应该将它渗透到学生学习生活的点点滴滴中。在这节课上，教师及时发现了学生的小伎俩，并予以公开处理，既及时地纠正了学生的错误，也充分利用了这一资源，对全体学生进行了一次有关诚信的教育。

情景四：

一位综合实践活动教师在执教"水火箭"时，在听完学生回答后继续开展教学。这时，只见刚才发言的学生依旧站着说："老师，我讲的是……"显然，教师并没有注意到这一点，继续讲自己的内容，这名学生也继续重复着自己的内容："老师，我刚才讲的是……"这时，教师注意到了这名学生，并停下来，静静地听他讲完。

评析：对教师课堂教学的要求是关注每一个学生，但在实际教学中，因为种种原因，我们也许不能完全做到这一点，但是当我们发现了我们的疏忽之后，及时予以处理和评价，就十分必要了。在这节课上，我们不禁要为这名坚持发表自己意见的学生点赞，也从另一个侧面反映了教师课堂氛围的和谐与民主，正是以上因素的合力，才生成了这样一个动人的场景。

情景五：

教师使用小组评价组织教学，其中第五小组因为各种原因一直没能得到五角星的奖励，临近下课时，这个小组终于得到了一颗五角星。这时，教师对全班学生说："第五小组终于从原地迈出了第一步，我们用热烈的掌声祝贺他们！"全班响起热烈的掌声，开心的微笑也荡漾在第五小组孩子们的小脸上。

评析：只要方向是对的，再小的进步都值得欢呼。在本节课中，面对一直后进的学习小组，我们能从中感受到教师的殷切期待和默默关注，这个小组的学生必定也十分期待，自己的努力能够获得老师和同学们的肯定。哪怕是一节课的时间只得到了一次奖励，但对于这些学生而言，这或许已经付出了他们最大的努力，必然要得到关注和肯定。我们除了为老师满含真情的评价语言点赞，更要为老师细腻的情感和细心的关注点赞。

德育渗透不是镜花水月，也不是依靠某一个专题活动训练出来的。它隐藏在每一个教育活动的全过程中，而教师的及时捕捉、挖掘和评价，就会让课堂生成的一个个的火花成为学生德育成长的助推器，搭建起完善自我道德认知的快车道。

教学设计

综合实践活动课堂教学设计例谈

综合实践活动并不是带着孩子们出去活动活动。和其他课程一样，综合实践活动大量的教学工作是在课堂内完成的。要使这门课程常态实施，纳入学校周课时计划，使学生的实践有价值，就不能忽略课堂上的指导。那么，综合实践活动的课堂教学有哪些基本的组织形式？在综合实践活动课堂教学中教师的引导、指导主要体现在哪些方面？如何体现综合实践活动课程的实践性？……围绕这些问题，我们一起做一些交流。

一、综合实践活动的课程类型及其指导规范

郭元祥教授指出，综合实践活动如果只讲开放，没有规范；只讲体验，没有建构；只讲学生自主实践，没有教师有效指导；只讲经历过程，没有目标达成，可能都是不利于课程实施的有效性的。他提出，当前综合实践活动常态化建设中有一个迫切任务，就是建立综合实践活动的基本课型及其规范。

其实早在七年前，我们就在市教研室领导的带领下，确立了综合实践活动的基本课型，即综合实践活动四课型：课题开题课、行动研究课、汇报交流课、体会反思课。可以说，在课型的确立上我们走在了全国同行的前列。

课型的设立其实是根据教学的需要进行设计的，一个完整的课题研究流程大体就是这样的，从开题开始，到反思总结结束。课程的形式以服务课程的开展为最终目的。所以，我们需要灵活地结合小课题研究活动的开展情况确定课型。汇报课也可以不止一次，可以分期设置多次汇报课，如到了活动的中期，可以开展中期汇报课、中期反思课等。课型还可以延伸出课题生成课、方案制

订课、开题报告课、中期汇报课、方法指导课、问题探讨课、活动开展课、结题成果展示课、活动评价课等多种。

学生活动中教师的指导。在课堂上，主要以小组交流、组间互动、教师与小组之间的交流为主，体现合作学习的特征，这与学科教学的课堂是有差异的。更重要的是，综合实践活动课堂教学没有完全预设好的问题，教师的引导必须根据学生的交流情况进行，在认真倾听学生发言的基础上，找到引导学生交流的突破口，这种课堂完全是师生互动、动态生成的课堂。因为综合实践更注重能力的培养、情感的交流、价值观的取向、过程的体验。

课型不同，课堂教学的准备就不一样。例如，主题确定课的准备就包括引导学生通过多种途径发现问题，用自己喜欢的方式记录发现的问题等方面；而活动策划课即开题课的准备则包括活动计划的基本格式辅导。

综合实践活动课程是一门全新的、比较特殊的课程，因为它的开展分为课内和课外两部分，缺一不可。而学生课外活动的成功开展离不开课内教师的有效指导，如在中期反馈课上指导策略的应用，我们会看到一个指导学生由浅入深的汇报过程。先是引导学生汇报前段活动的过程及所取得的成果；第二个层面就是引导学生汇报活动过程中的情感体验；最后是引导学生汇报再高一个层面的思考与困惑。这样的汇报形式更有利于推动学生更和谐、更积极、更有效地进行下一步的活动探究。

我们所理解的成果汇报课往往是在活动的最后一个阶段，真的只限于成果展示一个层面？其实成果的展示有一个动态的过程。中期反馈的第一个环节就是学生已取得的阶段性成果的展示，在展示成果的基础上畅谈活动体验，提出活动中的困惑。

如何在课堂教学中进行方法指导？在三至六年级，每个学期都可以安排一些方法指导课，一般结合本学期要开展的主题活动即具体的案例对学生进行方法指导教学。方法指导一定要避免单纯知识传授的方式，要与具体的主题结合，与学生研究的过程结合。例如，有位老师在主题确定阶段，布置学生收集资料，反映自己发现的问题。在交流资料的时候，发现学生收集资料的能力很差，于是，教师就进行了如何收集资料的方法指导。让学生通过实践发现问题之后再给予指导，第一是指导有针对性，第二学生容易听得进去，指导的效果好。教学中经常要有这样的反复。方法指导主要是基于主题需要、学生探究需要而展开的，它具有一定的生成性和动态性，这是学校不能统一步调，统一实施的。当然，从学校管理的角度来说，可以为教师提供一些关于方法指导的纲要，形成一个方法指导的规范，包括内容的规范、模式的规范、指导的规范等，教师进行哪种方法指导时，就可以结合年级的目标要求，来进行有重点地指导。

综合实践活动课中的指导，如在交流学生制作的方案时，我们经常会遇到这样的情景。孩子们的小手像雨后春笋一样竖立起来，有的说："这个活动步骤里面，每一步都没有写清楚什么时间去做。"有的说："没确定到哪里去上网，也没有说是到哪个图书馆。"还有的说："采访时去采访谁呢？到哪去采访啊？"很多的疑问纷纷提出。于是，笔者一边询问学生如何完善每个步骤，一边在策划表上进行修改。修改后，第一步从原来的"上网查资料。"变成了"3月7日星期六各自上网查资料。收集的资料打印一份，在星期一上学时交给整理员。"第二步从"去图书馆查资料。带笔和笔记本。"改成"3月8日星期天下午2：30在学校前门口集合，去图书馆查资料。带笔和笔记本做笔记。"第三步从"去采访。带上笔和笔记本、照相机。"改成"星期六上午9：00去医院采访医生。带上笔和笔记本。摄影员带照相机。"

例如调查问卷的设计、小组分工与合作、劳动工具的使用等，这些都需要教师的精心指导，而不能让学生自始至终的大讨论。

二、综合实践活动课上的教师角色

1. 教师资源的展示

（1）展示自己的绝活——至少相对于学生来说。例如"魔卡"的制作、快板演奏、吉他弹唱、色彩、绘画……"魔卡"是笔者在2003年去福建讲课时设计制作的，当时用了6块板，引起了学生极大的兴趣。不仅是学生感兴趣，福建教育学院的邹开煌教授还专门咨询了制作"魔卡"的问题。今年笔者在班内也开展了一项以"魔卡"为内容的制作类小课题。笔者以表演魔术的气氛先向学生进行了表演，吊足了学生的胃口。先让他们猜有几块，有的猜100多块，有的猜34块，让他们反复看反复猜，结果只有6块。效果出来之后，学生们的学习劲头高涨，一节课就把我两天学会的东西弄得一清二楚。

（2）展示自己宽广的知识，提升学生的认识。例如"4R"运动。在2005年笔者去武汉讲课的时候，执教的课题是"生活垃圾的调查和处理"。

在生活垃圾的处理方面，国际上有这样一个方法，简称"4R"。肯尼亚环境副大臣提出了这项"4R"运动。"4R"运动就是减少浪费的运动。"4R"即Refuse，拒绝，拒绝多余的商品包装；Reduce，减少，尽量减少垃圾；Reuse，再利用，提倡反复地再利用物品；Recycle，资源的再利用，提倡资源的有效利用。我展示了这四个英文单词，并让学生试着解释它们的意义，学生运用举例子的方式，将拒绝、减少、再利用、资源的再利用等解释得具体而生动。

（3）拓宽学生视野，向学生补充具有全球视野的典型材料。例如，面向世界：日本的"水俣病事件"。听了关于废旧电池的调查，教师想到一个故事，这是一个真实的故事：1953年在日本的水俣村，一个婴儿降生了，这对于结婚8年仍然没有孩子的板井夫妇来说是多么的惊喜呀！然而好景不长，孩子在两岁零11个月的时候得了一种怪病：眼睛什么也看不见了，吃不下东西，不会走路，夫妇俩抱着孩子四处求医，却看不到丝毫的希望。更为可怕的是，1956年出生的二女儿也得了这种怪病。1958年，两个孩子在病痛的折磨下相继痛苦地死去，夫妇俩痛不欲生。究竟是谁夺去了两个年幼孩子的生命？杀人凶手竟然是人们丢弃的垃圾。原来一些废旧电池等垃圾中含有大量的汞等有毒物质，未经处理便排放到了河水中，人们又大量食用河中的水产品，久而久之便得了这种怪病。这就是震惊世界的水俣病。据人民网统计，当时已造成1400余人死亡，13 000余人正在治疗之中。许多学生听了之后都难过地流下了眼泪。你看，这种典型的材料补充对于学生的影响是很大的。

面向未来：比如探知甲型H1N1的症状、病理与预防等，既服务社区、社会，又肩负人类未来的责任感和使命感。

（4）展示教师的活力和张力。综合实践活动课程作为朝阳课程，它的实践性、本土性、生成性等特征都对教师提出了较高要求。教师要通过自己的素质吸引住学生，至少能够让学生学得轻松愉快。学生喜欢什么样的老师呢？幽默是所有答案中呼声最高的。老舍先生说："幽默者的心都是火热的。"当然尽量地少一些冷幽默或者灰色幽默，因为学生有可能理解不了，而会给学生造成不必要的伤害，重要的是可能造成伤害后我们还浑然不知。

2. 教师课堂中的演示

笔者认为，应尽可能地让课堂物化一些，显性一些。任何一个年龄段的学生都喜欢看实践操作，而不喜欢滔滔不绝地坐而论道。演示什么？这需要教师动脑创生，尽量多地设计一些能够实践的活动。例如"有趣的指纹"，这个课题如何研究呢？比较显性的是指纹的分类。除此之外，我们还可以设计出很多的活动，如"指纹画""如何取指纹"等。这些教师可以通过诸如魔术、才艺秀等方式展示给学生，对于激发学生的积极性和求知欲有很好的效果。

3. 课堂中设计一些有趣的活动

这里面的设计者还是教师，或者说主导者还是教师。教师也可以引导学生进行设计：你们想一想用我们这些材料或技巧能够设计一些什么活动？学生多数时候都比我们更会玩儿，所以他们也会设计出很精彩的游戏或活动。

千万不要低估了学生。前一段时间，笔者组织学生进行一次班内小课题研究的展评。由于采用的是"平开多选"的方式，所以笔者将他们分成了六个组。要求每个组选出组长，分好工，设计好解说词，并协调好解说、引导、展示、制作。笔者给了他们20分钟的时间，结果大出所料。学生不仅解说词设计得有模有样，而且进行了很好地拓展。他们知道采用问答、表演、角色转换等多种方式来进行解说，与外界互动。而其他同学也是各司其职、紧密配合。我就想，如果我早让他们这样做，那又会有多少惊喜在等待我呢！

设计活动要充分地利用现有资源。只要能利用的人、财、物都可以充分利用。例如，在2003年"送课下乡"活动中，笔者执教的是"神奇的指纹"，当时笔者策划了这样一个环节：在学生学会了取纸上的指纹之后，笔者在现场听课的教师中选择一位教师，请他在白纸上留下一个指纹。然后告诉学生，这枚指纹是这十位老师中的一位老师的指纹，让他们想办法找出这枚指纹的主人。这里面包含的活动有很多：首先要动脑，怎么找呢？要先看清白纸上的指纹，然后想办法取得这十位老师的指纹，这里面就涉及小组分工的问题和与老师礼貌交流的问题。如果一位老师不同意按下自己的指纹，活动就进行不下去，所以，小活动往往承载着较为丰富的内涵。只要我们肯在这方面多费一些脑筋，课堂一定会更加丰富多彩。

三、突出课程的实践性，将没有实践的东西尽可能地变为有实践的活动

我们根据学生的年龄特点为学生开设专门的方法指导课，这就需要我们因法设课，看什么内容适合培养学生的这些能力，便于学生实践应用这些方法，

感知方法的重要性。例如培养学生的小组合作能力，就可以设计一些像数汽车、数名次、数豆子、数人数等活动，让学生感知到这些确实不是一个人能够做得到的，理解"一个人的力量是有限的""手再大也捂不过天"的道理，理解与人合作是一项十分重要的能力和技能。小组合作就必须有组长，有一个管理协调的职能，所以这里要让学生理解"有时候服从也很重要""一定程度的专制是为了更好地保障民主"，要学会理解、服从、迁就，学会理智地反映问题，表达意见，学会沟通。

"明天有水喝吗"教学设计

【活动背景】

水是生命的源泉，生命最早出现在水中。水是文明的摇篮，著名的河流和湖泊往往孕育着人类辉煌的文明。人类的生活和生产离不开水，水是自然赋予人类最宝贵的财富之一。当我们正在为这一生命之源无比自豪时，学生们上网了解到我们国家的水资源正处于危机状态。那为什么还有那么多人浪费水，污染水？他们的感受颇深，我们随即有了对这个课题进行深入调查的想法。

希望通过本次调查研究活动，使学生们懂得防止水资源浪费和破坏是我们每一个人、每个家庭、每个学校、每个单位的责任，并激发他们对节约水资源、保护水资源不受污染的责任感。

【教学目标】

（1）了解水在动植物生长过程中和人类生产生活中的重大作用。

（2）认识水资源的现状。

（3）认识了解自己在生活中的用水情况，感受缺水带来的危机感，培养学生节约用水的意识。

（4）创新方法，唤起人们节约用水的意识。

【教学重难点】

（1）教学重点：认识缺水现状，培养节水意识。

（2）教学难点：创新方法，唤起人类的节水意识。

【教学准备】

大小烧杯若干，矿泉水瓶一个，课件。

【教学过程】

（播放一段来自大自然的音乐录音）

师：同学们，课前老师播放了一段音乐，谁来说说你听到了什么？

生：我听到了流水的声音。

生：我听到了鸟儿鸣叫的声音。

师：你想到了什么？

生：我想到了清新美丽的大自然。

生：我想到了大自然里的花草树木、虫鱼鸟兽在自由地玩耍。

师：水除了给我们带来了轻松愉悦的心情，它还有什么作用？

生：人类每天都要喝水，日常清洁也离不开水。

生：花草树木需要及时浇水。

生：工厂、医院也需要水。

师：水的用途广泛，离开了水，人们会怎样呢？

生：离开了水人类将因为缺水而灭亡。

师：水是生命之源。今天我们就来探讨这样一个话题：今天我们可以尽情喝水，明天我们有水喝吗？（板书）

师：我们明天有水喝吗？请大家发表一下自己的看法。

生：明天我们有水喝！地球又称水球，地球上有取之不尽、用之不竭的水，水在大自然里又是循环的。

生：可能会没水喝！因为如果无限制地使用，我们就没有水可以用了，降落的雨雪只是我们使用的淡水的一部分。

……

143

师：同学们各抒己见、各执一词。我们先来思考：我们喝的水是什么水？

生：自来水。

师：大家看，这是自来水的加工流程，来自水源地的水经过一道道工序加工而来。自来水属于淡水，我们喝的水也必须是淡水。（板书：淡水）淡水资源有哪些呢？

生：江河湖泊的水、高山冰雪融化的水、雨水……

师：还有同学们不知道的冰川冰山，（大屏幕展示淡水资源分布状况）这幅图中详细说明了各部分所占的比例。

师：（用烧杯进行演示）假如杯子中的水就代表全世界的淡水资源，其中冰川占了77%，但是现在的科学技术还无法对冰川进行有效利用，所以我们把不可利用的77%倒出。刚才满满一杯水现在还剩这么多，剩下的这些淡水是什么水？

生：江河湖泊的水和地下水。

师：剩下的这些水我们就可以尽情利用了吗？比如江河湖泊的水，这些水又是一种什么情况呢？

生：江河湖泊的水有很大一部分受到了污染，我们就无法全部利用了。

师：你是怎么知道的？

生：我是从电视和报纸上了解到的。

师：老师也看到过许多相关的信息。（播放有关江河受到污染的图片）

师：除了污染，江河湖泊的水还面临着一个很严峻的问题。我们一起来走近我国第一大淡水湖——鄱阳湖。（播放视频：鄱阳湖的变迁）

师：以前的鄱阳湖波光粼粼，鱼虾成群，是我国的第一大淡水湖。但是现在的样子呢？（播放干涸的鄱阳湖的视频资料）

师：谁来说说你看到了什么。

生：江河湖泊的水很多都因为干旱等原因枯竭了，没有水了。

生：鄱阳湖的湖底已经变成草原了，曾经是鱼儿的天堂，现在是鱼儿的坟墓了。

……

师：人们无节制的开发，致使江河湖泊的水有一部分遭到了污染，严重的干旱使河水不能及时得到补充，诸如长江、黄河都有断流，许多地区靠着江边却没有水喝，（倒出一部分水）这3%的淡水资源，其中三分之二已经被挥霍一空。

师：对了，还有地下水。那么剩下的地下水我们都可以使用吗？

生：我猜测应该不会吧，地下水也有一部分被污染了。

生：我认为可以吧。

（播放打井的视频，水井越来越深，水量越来越少）

师：看了这段视频你想说什么吗？

生：我们用的地下水也是很有限的。

生：地下水超过500米就不能为我们所用了。

师：开采地下水，是我们获得淡水的主要途径之一，但是，我们的水井深度从几十米到100米，从100米到200米、400米，有的地区甚至已经到了500米。水井变得越来越深，水量却变得越来越少。除去已经开采的和不能为我们所用的地下水，地球上所有的淡水资源中，我们所能使用的，只有这有限的地下水和不足1%的来自江河湖泊的水。

这就是地球淡水资源的现状，你能用哪个词来概括一下？（匮乏）

（展示本地的淡水资源情况）

师：我们所剩为数不多的淡水都做到合理利用了吗？

生：没有，有很多浪费水的现象……

师：生活中还有那些浪费水的现象？

（播放视频）

师：你从视频中听到了什么？一个洗车店每天洗车浪费6吨，1000个店面浪费了6000吨水，数字之大令人震惊。

师：老师手中有一个塑料瓶，它可以装1升水。课前同学们都做了调查，谁来说说你们一家昨天的用水量大约有多少瓶？最少的呢？

师：假如明天只供给你的家庭这样的3瓶水，你做何感想？

生：不可思议！没办法生活！

师：是呀！我们需要洗脸刷牙、洗衣洗菜、洗刷碗筷、做饭……这种每天只有3升淡水可以使用的日子简直是不可思议！但是，它却实实在在地发生在我们周围。全国660个城市，三分之二处于缺水状态，400个城市严重缺水，我国云南、贵州、四川、内蒙古，甚至水资源丰富的广州等地，水资源已经到了面

临枯竭的地步。（播放视频）

师：老师发现有些同学的眼眶已经湿润了。（沉默几秒钟）谁来说说你此时的感受？（生：……）

七天，只喝一瓶半矿泉水！我们为孩子们的孝心感动着，这群孩子和他们的家人饮水如此困难更让我们揪心！

师：同学们，反思我们昨天一天的用水量，你想说些什么？

生：我用的水太多了！其实可以节约一些水！

师：对！如果我们不注意节约用水，他们的今天可能就是我们的明天！你认为可以在哪些地方做到节约用水？家庭生活中我们还有哪些节约用水的小窍门？先在小组内讨论讨论。

学生汇报交流。

师：我们试着在网上搜索"节水小窍门"，同学们请看，搜集到的相关内容有1 850 000条，打开任何一个，都有很多的节水方法。

这些节水的好方法，谁做到了天天坚持用？同学们在坚持使用吗？我们周围的人做到了吗？

我们来思考这样一个问题：节约用水大家都知道，节水方法大家也懂得，但是为什么很少有人在用呢？

生：没有引起重视。

生：节约不节约没关系，反正水费又不贵。

（补充水费2元1立方米，也就是说2元可以买这样的1000瓶自来水。浪费成本很低。）

生：嫌麻烦。

师：由此我们可以认识到：唤醒节水意识，比教给大家节水的方法更加重要！同学们，在唤醒大家的节水意识方面，你能想到哪些好办法呢？请大家小组内讨论一下。

（小组讨论）

生：作为小学生的我们要时刻去提醒他们，用自己的实际行动去唤醒人们的节水意识。

师：对！先从自我做起，用自己的行为去影响他人。

生：限量供水，强制提醒人们去节水。

师：据老师了解，我们宁阳已经实行阶梯水价。

生：为了提醒自己时时刻刻去节水，可以做个提示语贴在家里，并制作每月节水统计表，用于比较每月的用水情况，起到一定的警示作用。

师：同学们提的建议都很有创意，也很实用，现在我们再来看看这个话题，现在，你想对大家说点什么？

生：如果我们注意节约用水，那么我们的明天就会有水喝；如果我们随意浪费水资源，那么我们的明天可能就真的没有水喝了！

……

结语：对！明天有没有水喝，取决于我们对待水的态度。让我们每一个人都行动起来，加入节约用水的队伍中来！

课后实践：节水接力棒。

用我们的实际行动去节约每一滴如血液般珍贵的水，不要让地球上的最后一滴水变成我们的眼泪。

教学反思：

让行动在研究中改变

陶行知先生说过："行是知之始，知是行之成。"研究性学习作为综合实践活动课程领域中的一种学习方法，其实质是基于课题的一种探究性、实践性的学习活动。爱因斯坦说过："兴趣是最好的老师。"一切研究皆基于学生感性的基础上，自主、民主地确定研究课题，根据兴趣确定研究小组，组内讨论完成分工。研究性学习作为综合实践活动课程领域中的一种学习方法，其实质是基于课题的一种探究性、实践性的学习活动。如何指导学生进行研究性学习，提高综合实践活动课程的教学效果，结合"明天有水喝吗"的教学，谈谈自己的体会。

一、密切联系生活，课题从生活中产生

研究性学习的内容源于学生的生活领域，是学生主动从生活中发现，自愿并乐于研究的，并且是值得学生进行探究的内容，所研究的对象和范围可以是学生生活的各个方面，让学生在开放的情境中多渠道主动汲取知识。从学生的已有知识和生活经验出发，加深他们对于水的直观体验，同时借助询问他人、查阅资料、实地调查等途径，引发更多的认知感受，为课题的进一步研究奠定坚实的基础。

二、灵活多变的研究方法，教师及时介入指导

研究性学习的研究方法多种多样，观察法、实验法、问卷调查法、实地考察法、采访法等，只要是利于信息的收集、分析、整理的方法，都是综合实践研究性学习乐于接受并积极采用的。本课起初便用了争论性的话题，引领学生进行探究性学习，然后运用研究法、调查法引领学生深入研究淡水的来源；用问卷调查法、实地考察法了解当地水资源的状况；用实验法、谈话法亲身感受淡水缺乏的艰难，用小组合作的方法研究节水的好创意。学生们在课堂上的交流热烈、积极，课堂呈现丰富多彩。

三、注重实践，综合素质在活动中得以锻炼

学生在活动过程中提升了分析能力、合作能力、交际能力，各方面都得到了锻炼。交际能力、信息收集能力、语言表达能力在课后都得到了较强的体现。

"我们的会场能容纳多少人"教学设计

【教学目标】

（1）在问题解决的过程中，学会并熟练应用步测、目测、跳眼法测量、用车轮的周长测量等多种测量方法。

（2）围绕问题解决，培养完善信息元素、独立思考解决问题的能力。

（3）通过思考多种解决问题的途径，提高思维能力，培养创新精神。

（4）通过应用测量工具，培养熟练操作多种测量工具的技巧和能力，培养爱护测量工具的意识。

（5）在问题解决的过程中，培养沟通和小组协作能力。

（6）围绕测量方法的发展和应用，培养通过网络、书籍等多种途径收集处理信息的能力。

【教学重难点】

（1）教学重点：指导学生掌握多种测量方法。

（2）教学难点：在实践操作中熟练运用测量方法、使用测量工具。

【教学准备】

（1）学生准备：通过网络等多种途径收集有关测量的相关信息，纸、笔。

（2）教师准备：多媒体课件、直尺、卷尺、测绳、自行车等。

【教学时间】

1课时。

【教学过程】

1. 创设情境，激趣导入

师：同学们，再过一段时间六一儿童节就要到了，老师想知道，你们以往的儿童节是怎样度过的呢？（学生交流）

师：今年的六一儿童节老师想邀请部分家长到学校和大家一起欢度节日，估计观众总人数在500人左右，假如地点安排在我们今天上课的这个会场，能容纳得下吗？

2. 抽丝剥茧，指导方法

师：要解决这个问题，你还需要确认哪些信息？（学生交流。例如，是否安排座位，是否安排桌子，单个座位有多大……）

师：条件我们都清楚了，这500人能否容得下呢？你想到了哪些解决问题的办法？

（摆凳子的方法、计算会场长和宽的方法，如何知道会场的长和宽？……）

学生交流想到的方法，并围绕方法进行解释说明。

教师在学生交流时，针对米尺测、步测、目测、用自行车轮的周长测量、用数地面砖的方法测量、臂展测量、鞋长测量等多种方法予以及时的指导，在分析、纠错等多种形式的互动交流中使学生掌握正确的测量方法，同时向学生补充"跳眼法"这一生活中较为实用的测量方法。

3. 实践操作，熟练运用

各小组自选一种方法实际测量。测量前首先进行小组讨论，教师提醒各小组进行合理分工，准备工作完成后各小组实际测量。学生测量时，教师深入各小组之中，关注测量进展，了解学生的实际操作水平，对有请求的小组或学生提供适当的帮助。

4. 汇报交流，解决问题

各小组汇报交流自己的测量结果，教师记录。对于得出的关于长和宽的数据，教师组织学生研究分析：运用哪种方法得出的数据最准确？进而联系生活，总结提升。围绕想到的各种方法，引导学生对照生活，寻找在生活中具体运用的事例。在学生充分交流的基础上，教师展示课件，对各种方法及其在生活中的运用举例展示，总结提升。

在学生考虑到会场过道面积和观众坐在椅子上的占地面积等因素之后，引导学生计算出会场所能容纳的观众人数，并对照预计邀请的人数，判断在该会场举办六一联欢会是否合适（如容纳不下，进而思考解决问题的办法：少邀请部分家长参加或换一处更大一些的会场……）。

5. 信息共享，拓展延伸

组织学生交流课前收集的关于测量的信息，教师也展示自己收集的相关信息，实现信息共享，拓展延伸。

6. 提出问题，课外延伸

在本节课的基础上，引导学生提出针对测量这一主题生成的新问题，并在课下继续研究，预祝他们取得更大的收获。

"贴春联"教学设计

【教学背景】

在一次和学生的自由交谈中，一名学生问我："老师，您上午拿着一张红纸去做什么呀？您写的是春联吗？"其实上午的时候我拿的是宣传标语，并不是春联，没有想到学生们这么感兴趣。"不是，现在还没到春节呢，我拿的是几条宣传标语。既然大家对春联都很感兴趣，我们就一起聊一聊春联吧！你们说一说自己对春联都了解些什么。"学生们开始的时候讨论十分热烈，但转瞬便陷入了安静。张恒说："老师，我家最近这几年都没有贴过春联。我爸爸说贴上春联我们家的新大门就弄不干净了！"孔丽君说："我们家的春联是用红油漆刷上去的，不掉色，根本不用年年贴！"多数学生的感受是：年集的时候家长买回家里需要的春联，然后再用糨糊贴在门上，至于春联的内容根本就不去关注。学生的漠然让我大吃一惊。春联，当代艺术大师周汝昌将之称为"举世最罕见、最瑰奇的文艺活动"，这一项可以称之为国粹的艺术竟然变得离学生们那么遥远！于是，我决定以"春联"为主题展开一项课题研究活动，内容包括：春联的起源、发展，春联的故事，春联的创作，等等。通过活动的开展让学生了解春联，走进民族的传统艺术，使他们不仅能够受到传统文化的熏染，同时培养他们收集处理信息、有组织地开展研究的能力。

【教学目标】

（1）借助网络收集一些常用春联及春联的知识，了解春联的基本内容，能够正确识别上下联。

（2）能够掌握贴春联的方法及其技巧。

（3）通过本课的学习活动，培养小组合作、独立表达、组织协调、互动交流等多方面的能力。

【教学内容】

组织学生交流收集到的春联，在集体研讨的基础上尝试着贴春联，在彼此的相互学习和指导中实现共同成长。

【教学过程】

师：同学们，这一节课我们继续来研究春联。课前大家为本节课做了大量的准备工作。下面我们针对这些内容展开交流。首先请大家说一下各小组都收集了哪些春联。

一组：我们小组收集的是歌颂春天、春色的春联，总共收集了52副。有的是从书上找到的，有的是从网上查找的，有的是从周围住户的大门上抄下来的。我们从中精心选择了5副和大家共同分享。

（①爆竹两三声人间是岁；梅花四五点天下皆春。横批：福满人间。②一年四季春常在；万紫千红花永开。横批：喜迎新春。③黄莺鸣翠柳；紫燕剪春风。横批：莺歌燕舞。④五湖四海皆春色；万水千山尽得辉。横批：万象更新。⑤春雨丝丝润万物；红梅点点绣千山。横批：春意盎然。）

另外我们小组还学习了怎样写春联。我们精心制作了一段视频，请同学们欣赏。画面上正在写春联的是张爷爷，他写的上联是"春雨丝丝润万物"，下联是"红梅点点绣千山"，横批是"春意盎然"。大家看，张爷爷写的字多好呀！

二组：我们小组收集的是店铺、商店招财进宝的春联。除了从周围店铺直接抄写了一部分之外，其余的都是从网上查找的。在这里我们也向大家展示其中的四组，我们写在红纸上，请大家欣赏。

（四个学生分别拿着对联站在讲台前展示：①百货俱全商品好；万方云集店风佳。横批：恭喜发财。②三尺柜台传美意；一张笑脸带春风。横批：生意兴隆。③名牌誉满三江水；好货能招四海宾。横批：财源广进。④满面春风迎顾客；一番盛意送来宾。横批：喜气盈门。）

师：请三组的同学继续交流。

三组：我们组主要收集了自己和邻居家中张贴的春联，总共收集了72副。除了抄写在笔记本上之外，我们还使用了数码相机等工具，制作了春联的电子相册，下面我们向大家展示其中的几幅作品。

（①欢天喜地喜庆吉祥年；大吉大利富贵如意春。横批：新春大吉。②家顺千秋福；人和万事兴。横批：和谐家园。③好年好景好运气；多财多福多吉利。横批：招财进宝。④八方进宝宝满堂；四路来财财兴旺。横批：吉祥如意。）

师：谢谢第三小组的同学。他们不仅收集了很多的春联，而且使用了数码相机来记录资料。很了不起！你们的这种学习态度值得我们所有人学习！下面请四组的同学交流！

四组：我们主要收集了一些歌颂老师的春联，或者说是适合老师家张贴的春联。同学们请看。（①滴滴汗水诚滋桃李芳天下；点点心血勤育英才泽神州。横批：海人不倦。②兢兢业业育桃李；勤勤恳恳做园丁。横批：两袖清风。③赞园丁辛勤化桃李；扬老师功德永无量。横批：祖国万岁。）

师：四个小组已经交流完毕。下面请同学们对刚才各小组的表现进行一些简短的评价，说一说自己的感受。

生：我认为一组做得非常好。他们不仅收集了很多的资料，而且制作了视频，使我们能够看到张爷爷写春联的情景。在这里我要向他们表示感谢！

生：我认为三组做得很好，他们制作的春联电子相册很美观，很好！

生：二组的同学展示了自己的书法作品，看得出他们写的字很好，有一定的功底。以后我也要勤奋练字！

……

师：交流了那么多春联，现在大家最想做什么？

生：贴春联！

师：不要着急！老师这里有一副春联，想请几位同学贴在黑板上。（教师在黑板上贴一张白纸，代表门）谁想来试一试？

教师请三名学生张贴春联并朗读。

师：你们是如何确定的上下联呢？

生：上联的最后一个字一般都是三声或四声，而下联的最后一个字多为一声或者二声。我们首先把横批贴好，然后再根据横批去确定上下联。

师：说得很好！在张贴春联时，正确地张贴上下联很重要！同学们看一看，在贴春联时我们还应该注意些什么呢？

生：要贴平整，要注意上下联，要贴齐，要先张贴横批……

师：好，下面请大家把你们的春联贴在指定位置，我们看哪个小组做得最好。

学生开始贴春联。

张贴完毕后，教师组织学生互相参观。

师：同学们，我们一起来看一看！请各小组简短地介绍一下自己的作品，并组织好针对本小组的交流活动。我们先从一组开始。

（各小组结合自己张贴的春联，首先进行了朗诵，然后独立组织班内其他同学针对本小组作品开展交流。大家从格式、上下联的位置、字体的书写、张贴是否对称等方面展开了交流，有表扬也有批评，有肯定也有建议。内容十分丰富，活动进行得很充实。从中可以看出学生的组织能力和表达能力都很强，每个小组都把活动组织得有条不紊。）

师：同学们，针对刚才我们集体交流的情况，各小组要认真地做好总结，然后在今后的学习生活中有则改之，无则加勉，不断地增进自己对春联的了解。

师：同学们，到这里我们本节课的活动内容就结束了，但我们对于春联这个课题的研究却远远没有结束。课下大家可以针对春联的起源、发展、创作等问题继续开展研究，让我们一起来走进并了解这一优秀的传统艺术活动，并通过我们的努力，让春联得以发扬光大！

"缝沙包"教学设计

【教学目标】

1. 知识与能力

通过本课活动，了解设计、裁剪、缝制沙包的方法及其注意事项，掌握平针、扦针等简单针法，学会自己缝制沙包，提高动手能力。

2. 过程与方法

在小组分工合作、动手动脑的实践中体验社会分工的意义。

3. 情感、态度与价值观

初步培养学生热爱劳动的观念和良好的劳动习惯，在活动中体验制作沙包、玩沙包的乐趣；通过沙包加工厂这一呈现形式，增强学生对现代企业运作方式的了解，形成初步的职业意识。

【教学方法】

谈话、讨论、同伴互助、角色体验、动手实践、小组合作探究等方法。

【教学重难点】

学会用扦针法缝制沙包，并在制作的过程中体会填充物多少与填充物的关系、不同填充物与针脚疏密的关系；在流水线制作沙包的过程中体验分工合作的意义。

【教学准备】

1. 教学用具

装学具的盒子。（分三个盒子装不同的材料。其中，设计裁剪部：碎布头、模版、剪刀、书夹、彩笔、绘画纸；缝制部：半成品沙包、各种填充物、针、线；游戏开发部：成品沙包、绘画纸。）

2. 教学教具

课件、各样沙包若干个、半成品沙包一个（用以演示封口的针法及注意事项）、两块演示不同针法的布、穿好线的针、医药箱（内装创可贴、碘酒、棉签）。

【教学过程】

（一）谈话引入课题

师：（出示一个沙包）认识吗？玩过吗？还想玩吗？可是今天老师没有准备那么多沙包，怎么办？

生：自己做！

教师统计制作过沙包的学生人数。

（二）充分利用学生资源，探究沙包的制作方法

教师请制作过沙包的学生介绍沙包的制作方法。

教师为每个小组提供三个不同形式和风格的沙包，请学生采用摸一摸、拉一拉、拆一拆等方法，通过小组合作的方式开展自主探究活动，探寻制作沙包所用到的材料及其制作方法。

（三）组织交流沙包的制作方法，结合学生的汇报对于制作过程等进行重点指导

交流制作方法，学生总结出制作一个沙包需要经过设计、裁剪、缝合、翻面、加入填充物、封口等基本步骤。

（四）渗透角色体验，组建沙包加工厂

1. 整体考虑，交流分工

根据沙包的制作流程，如果成立一个沙包加工厂，需要设置哪些部门？引导学生说出：设计部、裁剪部、缝制部、运输部、后勤部、人事部、宣传部等部门。

教师总结：许多现代化企业都是采用这种模式运作的，在生产产品的过程中也多是采用流水线的生产方式进行生产的。今天我们根据需要先成立三个主要部门：设计裁剪部、缝制部、游戏开发部。

2. 合理分工，角色体验

先选一位组织能力强的学生做"经理"，教师授予"经理"胸牌。"经理"宣读自己的职责，并说一说自己的想法。继续选聘设计裁剪部、缝制部、游戏开发部的人员。（教师课件展示三个部门人员的招聘条件）请学生们根据自己的特长选择相应的部门坐好，并选择一名学生做该部门的"部长"。

3. "部长"汇报，相机指导

请各部门的部长汇报交流自己的优势。在设计裁剪部汇报时相机进行剪刀的使用方法的指导。在缝制部汇报交流时，请该部"部长"展示自己掌握的针法，教师相机进行穿针引线、单线、双线、平针、扦针、线尾打结、封口打结等技术环节的指导，并运用课件加以展示和总结提升：在制作一个沙包的过程中需要注意些什么？各种针法适合在哪些环节中使用？在游戏开发部汇报交流时，进行游戏开发的重要意义的指导。

4. 分发制作材料，开展实践活动

各部门"部长"按照本部门的流程分工领回由教师准备的相关材料。其中，为设计裁剪部准备了部分模版，为缝制部提供了部分半成品沙包（有的未封口，有的未装填充物，有的未翻面……），为游戏开发部提供了部分成品沙包。提醒学生在工作时注意安全、节约等。

教师巡视指导，"经理"协调各部门的工作。生产过程中，教师引导"经理"及时根据生产情况与"部长"联系调配"工人"，协调各部门的供需关系，保证供求平衡，各部门协调高效运转。

5. 汇报交流

师：下面请各位"部长"汇报本部门的工作。

设计裁剪部：展示设计的图纸以及裁剪的沙包布片。

缝制部：展示缝制的沙包。其间，教师加以引导，组织学生对于封口的方法、针法以及填充物的选择与针脚的联系等问题进行重点交流。

游戏开发部：展示设计的游戏，让大家感受玩沙包的快乐。

6. 评价及拓展

"经理"评价各部门的工作，并谈谈自己对于流水线生产模式的感受以及体验"经理"这一角色的收获。

教师对于全体学生的表现予以集中评价。

拓展：学会缝沙包这项技能之后如何服务于生活？

学生：想给妈妈做个靠背，给奶奶做个抱枕，给爸爸做个坐垫……

师：请同学们课下在制作沙包的同时积极面向全校推广我们制作的沙包，开发出更好的系列产品。同时每人制作一个沙包送给低年级的小朋友，让他们一起来体会玩沙包的乐趣，快乐健康成长！下课。

教学反思：

于细节处见真功

一节课的提升，最后往往会落脚到教学细节的雕琢上。

细，细致、细心、细小。指导细，教师从点点滴滴中寻找学生成长中需要指导的点，有的放矢地予以指导，学生不会的不拔高、学生已会的不枉费时间，从变化的信息中准确及时地予以指导。如翻面之前如何做、如何打结、如

何窝边、如何封口等。在需要指导的地方及时指导、细致指导。

节，结实、扎实。每一个阶段、每一个环节和步骤，教师都力求做到扎扎实实，效果显著。指导是学生准确操作的保证，而扎实的活动效果则是教师精确指导的印证。教师在对学生进行指导时，将演示、操作、学生实践等多种形式紧密结合，较好地保证了活动效果。

此外，将研究性学习和劳动技术学习有机地融合在一起，既注重了学生的探究和思考，又将劳动技术教育、学生技术获得的过程做得扎扎实实，学生在完成本节课后，对于针法的掌握、沙包的设计和制作，等等，有了较为清晰的认识。

"蒜苗在哪种颜色的薄膜下长得快"教学设计

【教学目标】

（1）通过研究活动的开展，培养问题意识和自主探究能力。

（2）通过实验方法、装置的设计和改进，提高创新意识和动手实践能力。

（3）通过这一探究活动，认识到不同颜色的薄膜对于蒜苗的成长有着不同的影响，进而产生更强烈的探究欲望。

【教学重难点】

观察箱的设计和数据分析是本项活动的重点。

【教学过程】

1. 质疑导入，确定主题

师：有位同学栽种了3头蒜苗，为了让蒜苗长得快些，她给蒜苗罩上了不同颜色的塑料袋，结果一段时间后发现——原本高度相近的3头蒜苗变得很悬殊。（播放视频）看到这段视频你能提出什么问题？

设计意图：创设情境，围绕问题的解决激发学生的问题意识和探究意识。

2. 出示课题，师生研讨、设计研究方法

师：今天我们就一起来研究蒜苗在哪种颜色的薄膜下长得快。首先我们来确定研究的思路，也就是简要说一下研究的过程设计。（板书：设计）

师：要想研究蒜苗在哪种颜色的薄膜下长得快，我们对蒜苗有什么要求吗？（板书：薄膜）

生：蒜苗的大小要相同，种类、质量也要相同。

师：蒜苗生长还需要水或者土壤，对水和土壤有要求吗？

生：每天的浇水量或土质、土量要相同。

师：接受的光照时间呢？

师：我们怎样来判断哪种颜色的薄膜下的蒜苗长得快呢？具体看什么？

生：看谁长得高。

师：放入该薄膜下看谁增长得高，也就是我们在研究中确定的观察点，用眼睛看吗？

生：用尺子量。

师：对，需要借助测量工具，读数时，视线要与刻度相平。仅用一株蒜苗的数据就可以下结论吗？

生：不能，需要测量多株蒜苗，计算平均值。

师：为了便于研究，我们还要制作一个观察装置。你想设计一个什么样的观察装置呢？

师：器材的准备非常重要，尤其是在对比实验中。老师带来了西校区六年级一班的研究小组设计制作的观察箱，请同学们分析研究一下，看看你有什么发现？

生1：制作比较精致。

生2：薄膜面积大，接受的光照时间长。

生3：读数据比较简便，易操作。

生4：采用输液器滴灌浇水，方便，水量一致。

生5：留出了透气孔，设计巧妙、科学。

师：你们还能给他们提点建议吗？

师：观察工具也是研究活动中非常重要的一项内容，它的精确度直接关系着研究的成功或失败，我们在研究活动中要不断地改进和创造工具，从而使我们的研究结论更科学。

设计意图：在实验尤其是在对比实验中，实验装置的设计尤为重要。它的设计是否严密和科学，决定了实验的成败，所以，在设计活动中，对学生突出强调了实验装置的重要性。

3. 实际测量，学习记录、统计、分析数据

师：为了便于观察和测量，老师从每一个研究小组的观察箱内各取了5株蒜苗作为抽样标本，大家可以测量一下，组员负责测量并计算蒜苗的增长数据，小组长计算平均数，然后填在大屏幕的表格里。测量完毕后请同学们将蒜苗放回原处，蒜苗也是有生命的，我们要爱惜它，也让它和我们一起畅享研究和成长的快乐。现在请小组长领取材料，开展活动。

小组活动，完善表格。

师：从表格中你发现了什么？

师：为了更直观地进行比较，我们还可以把它做成柱状图。（演示）

师：这是一组同学通过连续20多天的观察，记录的统计数据，我们把它做成折线图，从中你发现了什么？

设计意图：让学生从一次次的实践中体会测量、计算以及分析数据的方法。

4. 应用实践，拓展引领

师：通过研究我们发现，在红、橙、蓝、绿四种颜色的薄膜下，蒜苗在蓝色薄膜下长得更快，大家想一想，这对我们的农业生产有什么启示呢？

师：投其所好，增产增收。农业科学家做过这样的研究。（展示知识链接）

学生观看大屏幕。

师：通过这节课的研究，你又产生了哪些新问题？

师：不断地提出问题和开展研究是一种非常重要的学习方法，老师也在这一研究过程中产生了新的问题。（展示问题）

设计意图：联系生活，体现研究与生活的密切关系；不断生成新的问题，体现研究的层次和发展，充分激发学生的思维。

师：同学们，很高兴能和大家一起度过这快乐的35分钟！下课铃声响了，但我们对于不同颜色的薄膜和植物生长关系的研究才刚刚开始。在这里，老师也预祝大家获得更大的发现！谢谢大家！

"志愿活动巧设计"教学设计

【教学目标】

（1）通过志愿者服务活动，培养服务意识和社会责任感。

（2）在志愿活动的设计、修改、完善中，提高活动设计与规划能力。

【教学重难点】

（1）教学重点：制订志愿活动小队方案。

（2）教学难点：怎样使方案变得切实可行、可操作性强。

【教学准备】

（1）学生准备：参与志愿服务活动，体验志愿者是怎样开展活动的。

（2）教师准备：白云山志愿者的活动图片、方案等。

【教学过程】

1. 任务驱动，提取经验

（教师课前和学校学工处、四年级级部相关领导进行联系，由班级向学校提出成立"校园安全志愿小队"的申请，学校接受了班级的申请，并要求该班上交一份完善的"志愿小队活动方案"。）

教师开门见山，组织学生围绕活动方案展开讨论，随机板书学生关于活动开展的一些想法或做法。

2. 剖析样本，寻找共性

教师出示"白云山志愿服务小队"的工作场景图片，从小志愿者们细腻完美的服务引出活动方案的意义。

引导学生学习、分析样本，得出方案需要安排好做什么、怎么做、谁来做、什么时间做等问题。简言之,需要解决好人、事、物的问题。

3. 制订方案,展示交流

教师组织学生根据小组特长,自愿选择,围绕校园安全志愿活动的某一个方面制订方案。

教师参与各小组的讨论,适时提出自己的意见和建议,力求方案制订得合理可行。

教师请小组代表和全班同学一起交流方案内容,质疑答辩,使方案变得更加完善。同时,将应急预案等内容作为生成性目标予以体现和落实。

4. 修改完善,总结拓展

各小组及时对方案进行修改完善,鼓励学生在设计方案时一并制订出相应的应急预案。

教师小结。

教学反思:

"志愿活动巧设计"是鲁科版《综合实践活动》四年级下册主题活动"我做小小志愿者"中的第三个活动,是对前两个活动"志愿小调查""志愿角色小体验"的自然发展和延伸。

执教本课过程中,我力求体现以下理念。

一、教学要建立在学生实际情况的基础上

学生的设计能力、策划水平、活动体验及其经验直接影响着教学活动的设计水平及教学效果。从本课的教学来看,虽然学生的年龄比较小,但他们已经有了初步的规划设计意识和能力,能够理解活动意图并积极地开展活动,活动效果较好。

二、教学需要紧密联系学生的生活经验

现在回味陶行知先生的"生活教育"思想,越来越体味到其思想的科学及其独到之处。我们教育的目的都应该始终指向一个方向,那就是为了学生们将来更加美好的生活。诚如此,我们的教育才是受学生们欢迎的教育,我们的教学才是生机无限的教学,我们的教师才是深受学生们喜爱的教师。教学中结合学校活动、学生实际生活区,在充分激发学生情感的基础上,因地制宜地围绕自身生活区设计志愿服务活动,和学生的生活紧密相关,因此,能够迅速地实现学以致用、做而能用,服务对象实际、服务活动真实、活动意义重大,课堂表现即是学生所表现出的高涨的设计激情和丰富的设计内容。

三、教学，应该是落实到学生真实的发展

每一节课，都要在课后反思这节课的得失和意义：这节课让学生发展了多少？只要是有，哪怕是少一点，也是有可取之处的。怕的就是一点也没有。接受错了的教育还不如不教育。教学，给学生真实的情感，给学生具体的活动，给学生的活动以鲜活的意义。反思这节综合实践活动课，始终围绕一个真实、具体而有意义的活动展开。由任务驱动，在围绕问题的解决过程中，一步步抽丝剥茧，紧紧联系学生的生活实际、生活经验，水到渠成，瓜熟蒂落。在这样的一个流程下，课后学生需要做的，即按照方案有条不紊地开展志愿服务活动。课堂不是也不能是一种表演，不是一个单一的、独立的、与学生的生活无关的内容，这40分钟，是属于学生的40分钟，是紧紧围绕学生的发展而进行的40分钟。

课堂教学是一种遗憾的艺术，但是有学生的自主积极投入的课堂有着一种神奇的魔力，它在学生生命的空间里无限放大、渲染，晕染成一个个积极健康的正能量，激励着我们向着更加高效的课堂、向着更加朴实的教育夙愿，前进！

"考察生活垃圾"教学设计

【教学目标】

（1）通过对生活垃圾的考察，初步了解生活垃圾的处理方法，加深对生活垃圾的了解和认识。

（2）通过对生活垃圾的调查活动，培养服务意识和社会责任感。

（3）培养创新意识，提升小组合作的能力。

【教学重难点】

（1）教学重点：实地考察方法的指导。

（2）教学难点：指导学生整理考察记录。

【教学准备】

（1）学生准备：称量自己家中一天产生的垃圾。

（2）教师准备：课件，利用垃圾制作的工艺品等。

【教学过程】

师：同学们，谈到垃圾我们都非常熟悉，从产生垃圾到处理垃圾，每天我们都和它打着交道。老师请大家收集昨天一天家中产生的垃圾，哪位同学想把你收集的情况说一说？

生：这是我们家昨天一天产生的垃圾，主要有废纸片、废煤球和一些水果皮。

师：我们一起称一称这些垃圾有多少千克。

生：0.8千克。（板书：0.8千克）

师：请问你们家有几口人？

生：三口人。家庭成员有我、爸爸、妈妈。

师：把垃圾放在这个箱子里后，请回去。哪位同学还想说一说？

生：这是我们家昨天产生的垃圾，这些垃圾中有菜叶、废纸、易拉罐、塑料袋等。

师：我们再来称一称这些垃圾有多重。

生：0.6千克。

师：请问你们家有几口人？

生：四口人。奶奶、爸爸、妈妈和我。

师：同学们，我们算一算这两位同学家中昨天一天共产生了多少垃圾？平均每家产生多少垃圾呢？

生：0.8千克加0.6千克等于1.4千克。1.4千克除以2等于0.7千克。

师：如果按照每家三口人计算，我国大约有4亿家庭，一天又会产生多少垃圾呢？

生：0.7千克乘以4亿等于2.8亿千克。

师：2.8亿千克！而这仅仅是家中一天产生的垃圾啊！一年呢？又会产生多少垃圾啊！真是不算不知道，一算吓一跳！这一个个触目惊心的数字再一次说明：垃圾问题已经成为摆在我们面前亟待解决的重要问题。在开题课上，同学们针对周围的垃圾提出了一些感兴趣的问题，并制订了研究方案，你们都开展研究了吗？

生：开展了！

师：各小组整理好调查报告了吗？

生：整理好了。

师：现在我们一起来分享大家的研究成果。请第一小组的同学说一说你们的研究情况。

第一小组：我们组的研究课题是：周围环境中的垃圾污染情况调查。我们采用的方法有上网调查、实际调查、访问、查阅资料等。研究过程汇报如下：首先我们在家长的帮助下录制了一段视频，同学们请看。（将光盘交给老师，由老师播放）

另外，同学们请看：这个玻璃瓶里的东西就是存在于我们周围的垃圾。这里面有烟头、玻璃、易拉罐、塑料袋、旧报纸、硬纸板、橘子皮等。这些垃圾如果得不到科学的处理，任其在自然条件下分解的话，需要很长的时间，如，烟头需要1～5年，橘子皮需要2年，尼龙织物需要30～40年，皮革需要50年，易拉罐需要80～100年，塑料需要100～200年，而玻璃需要1000多年才能自然分解。

通过研究，我们对周围的环境很不满意，同时我们也想发出一个呼吁：请人们少产生垃圾，不要随便丢垃圾。我们小组汇报完毕，谢谢大家。

师：同学们，听了第一小组的汇报，你有什么想法？大家可以针对第一小组研究的内容提出自己的意见或建议。现在请大家静静地思考一会儿！

（生思考）

生1：听了第一组的调查报告，我也有同样的感受，在我居住的小区周围，垃圾比画面上要多很多。

生2：我想请问第一组同学一个问题，你们在调查过程中感觉顺利吗？

第一小组：我们大多采用了实地调查的方法，进行得很顺利，但在采访时却遇到了困难。

生3：你们遇到困难后怎么做的？放弃了吗？

第一小组：我们并未放弃，克服困难完成了对这一问题的调查。通过调查我们还感觉到：有些人的素质很差，而有些人则体现出了较高的素质。

生3：我很佩服你们小组这种知难而进、不达目的不罢休的精神，我想如果我们小组遇到这样的情况，也会向你们学习的。谢谢你们！

师：这些垃圾是怎样产生的呢？你们小组调查了吗？

第一小组同学：我们调查了。街道上、小区内的这些垃圾有一部分是居民丢弃的，他们并不是把垃圾丢到垃圾箱旁，而是一看四周无人就随手倒掉了，更气人的是一些人竟敢在众目睽睽之下倒垃圾，还有一部分是小摊小贩们丢弃的。再就是过路的行人随手丢的，主要是一些废纸、烟头等。

师：谢谢你们！关于第一小组的调查大家还有问题吗？（生：没有了）下面请第二小组的同学说一说你们的研究情况。

第二小组：我们小组对周围的医疗垃圾进行了调查，我们主要采用了采访、调查、上网查资料等方法进行研究。我们对学校西侧的小诊所进行了调查，通过采访诊所周围的居民得知这个诊所内产生的一次性针头、针管等医疗垃圾很多，而且这些垃圾每隔一段时间就会有人来收，这些垃圾多被一个个体户买走。他买走干什么？全部用来做成了塑料制品，可能还会有食品包装袋呢！我们共对30户居民进行了调查，其中有9户居民是去诊所就医，家中不存在医疗垃圾。有21户居民家中偶尔有一些医疗垃圾，但并不很多，他们都是把医疗垃圾和其他生活垃圾装在一起丢在垃圾箱内，这种做法是不对的。我们通过查阅资料得知：医疗垃圾是坚决不能回收的，必须由专门的部门单独进行处理。我们小组发言完毕，谢谢大家。

师：请大家静静地思考一会儿。关于这个小组的汇报，大家有什么意见或建议吗？

生4：请问你家产生的医疗垃圾是怎样处理的？

第二小组：我们家产生的医疗垃圾很少，我们家处理的方式也很不合适，我们将这些医疗垃圾和其他垃圾放在一起扔到垃圾箱里了。今后我们不会这样做了。

生5：今后你们打算怎样做？

第二小组：今后我们将把产生的医疗垃圾单独存放，然后送到专门的部门进行处理。

生6：你们小组调查的情况我也见过，我们小区附近的垃圾箱就经常有人来捡垃圾，一些医疗垃圾都被他们捡去卖钱了。

生7：请问医疗垃圾有什么危害？

第二小组：医疗垃圾危害很大，所含病毒是普通垃圾的几百倍甚至上千倍。

生8：关于医疗垃圾的危害我也有一些了解。我从网上看到这样一则消息：有人对医疗垃圾进行非法回收，将输液瓶做成了香油瓶，将一次性针头、针管等做成了塑料食品包装袋，大家说这多不卫生啊！医疗垃圾如果得不到正规的管理，危害实在太大了！

师：请第三小组的同学说一说你们的研究情况。

第三小组：我们对一些塑料垃圾所造成的白色污染情况进行了研究。我们小组在学校随机挑选50人参加问卷调查，只有7人将塑料袋随地乱扔，但这并不表示大部分塑料袋进入垃圾箱中，因为据我们小组成员观察发现，很多人虽然知道应当把塑料袋扔入垃圾箱内，却总是扔到垃圾箱旁，风一吹，塑料袋就满校园乱飞了。以我班为例，我们班一天所产生的垃圾约重2千克左右，其中塑料包装袋有近40个，塑料瓶5个，发泡饭盒7个。

师：听了第三小组的调查报告，请大家静静地思考一会儿，看一看你能提出哪些问题？

生9：请问你们小组经常使用塑料袋吗？

第三小组：我们经常使用塑料袋，如在买东西时用塑料袋确实很方便。你从不使用塑料袋吗？

生9：当然，我也经常使用。谢谢你们。

生10：既然塑料袋需要200多年才能分解，那么是不是可以给当地部门提这样一条建议：禁止使用塑料袋呢？

第三小组：我们认为可以，因为不使用塑料袋我们可以使用一些布兜、纸盒等来装东西，这样就会大量减少白色垃圾。

师：这个问题提得非常好，现在我们在班内展开讨论，大家可以畅所欲言，发表你自己的看法。

生11：我不同意第三小组的观点。因为塑料袋给我们的生活带来了很大的方便，这是我们享受生活的标志，它反映社会的进步和发展。

生12：当满世界都被塑料袋等白色污染物所覆盖，难道这标志着社会的进步吗？难道垃圾越多，社会就越进步吗？是不是人类被垃圾淹没了，才说明社会文明高度发展了呢？

生11：我们也不全是这个意思。

生12：你们是什么意思？

（学生一时回答不出来）

师：你们的意思是说你们也认为塑料袋会造成污染，又不同意完全不用塑料袋，是吗？

生11：是的！

师：其实我们可以使用一些制作水平较高的、可降解的塑料袋，而对于一些有异味的、低档次的塑料袋要尽量少用甚至不用，因为它们不仅会污染环境，而且有些还有严重的卫生问题。

师：请第四小组的同学说一说你们的研究成果。

第四小组：我们小组对周围的废旧电池这一生活垃圾进行了研究。我们主要采用采访、实际调查、查阅资料等方法进行研究。首先我们录制了一段采访调查的视频。（播放视频：第四小组的同学采访群众的情景）我们共对60户家庭进行了调查，其中4户家庭将废旧电池丢进了废旧电池回收箱，有42户家庭将废旧电池和生活垃圾一起丢入垃圾箱中，有14户家庭属于随意乱丢型，有的丢入花池中，有的丢在水塘内等。通过查阅资料得知，废旧电池的危害是十分巨大的：目前，全国的电池消费量在90亿节左右，一粒小小的纽扣电池可污染60万升水，相当于一个人一生的用水量；一节一号电池烂在地里，能使一平方米的土地失去利用价值。电池里包含了汞、铅等多种有毒物质，汞具有强烈的毒性，对人体中枢神经的破坏力很大，能造成神经紊乱，还可能使人体瘫痪。

师：听了这个小组的汇报，大家产生了哪些想法？

生13：没想到废旧电池的危害这么大！我对第四组调查的结果感到震惊，同时我也受到了很大的教育。

生14：我认为废旧电池乱丢弃主要是因为它不是很大，却很重，所以人们一般随手就丢弃了。

生15：我家的废旧电池也多是和其他生活垃圾一起丢在了垃圾箱。有时也想把废旧电池单独放入废旧电池回收箱中，可是我们周围只有一个大的垃圾箱，根本没有专门回收废旧电池的箱子。

生16：我们家附近也没有，但是我想可以自己制作一个垃圾箱，写上"废旧电池回收箱"字样，放在大垃圾箱旁，用来回收废旧电池。

师：我们一起来想一想这个问题：可以怎样来制作废旧电池回收箱呢？

生16：可以用一个大纸箱来制作。在上面中间开一个小孔，供人们丢弃废旧电池。

生17：纸箱不行，一旦刮风下雨就会受到破坏，我想可以用木板来做，这样也坚固耐用一些。

生18：这个办法是不错，可如果丢了怎么办？一个小木箱是很容易丢失的！

生19：我想不会有人偷的，因为都知道这是专门用来回收废旧电池的。

生20：请问第四小组同学，你们知道电动自行车的电池能用几年吗？

第四小组：大约用两年吧。我们也做过一个统计，我市大约有20000辆电动自行车，按这样计算，大约每年会产生10000块废旧电池。

生21：这些废旧电池都回收了吗？

生22：我知道大部分都没有回收。除了部分品牌电动车厂家进行回收外，近95%的都没有回收，只是作为废品卖给了废品回收站，而废品回收站只拆出其中的铅板等，其余就又丢弃了，这样会造成更大的污染。

师：对于这个问题，大家能想到哪些办法？

生23：可以采用高价回收的方法。例如每块废旧电池50元人民币，这样就不会有人乱丢了。

生24：而且要交到指定的商店或代理商处。

生25：可以规定在商店购买新电池时必须同时交出废旧电池，才可购买。

生26：卖电池的可不管这些，只要有人买他们就会卖。

生27：可以检查他们的存货，卖出一块新电池，必须有一块旧电池，否则就对他们进行罚款。

师：大家的讨论非常激烈，而且很有创意。从这四个小组的汇报中我们也可以看出，大家都进行了深入的调查和研究，得到了第一手的资料，成果非常丰富：有的录像，有的拍了照片，有的写了采访日记，等等。说实话，老师很钦佩大家，同学们很了不起。当我们研究到这儿的时候，请同学们静静地想一想，你又能提出哪些新的问题？

生28：外国是怎样处理废旧电池的？

生29：罚款是不是一个好办法呢？有没有更好的方法？

生30：可以从哪些方面对垃圾进行分类？可以分为几类？

生31：在利用垃圾上，都有哪些新技术、新方法？

生32：太空垃圾是怎么回事？

……

师：同学们提的问题都很好，很有探究价值。课下同学们可以自由组成小组，选择你们喜欢的子课题进行研究，在下一节探索活动课上我们再来共同分享大家的研究成果。其实，我们还可以利用一些垃圾做一些小制作，这样不仅利用了垃圾，而且美化了我们的生活。老师就制作了几件，同学们想不想看一看？

生：想。

教师展示作品：用包装盒、烟头、塑料袋制作的课题——考察生活垃圾；用硬纸板制作的"魔卡"；用废旧笔管制作的乐器，并演奏《粉刷匠》。

师：老师的作品怎么样？

（生情不自禁地鼓掌）

师：我们同时举行一次变废为宝的制作比赛，老师相信在同学们灵巧的小手下，一定会制作出更加精美的作品。解决垃圾问题需要我们每个人都养成良好的生活习惯，从自己做起，从小事做起，从现在做起，我们坚信：只要我们不断努力，就一定会拥有更加美好的家园。说到不如做到，心动不如行动，让我们现在就行动起来，请把今天的垃圾按照分类回收的原则放到垃圾箱中。

教学反思：

一、综合实践活动课程的定位及其类型

综合实践活动是在教师的引导下，学生自主进行的综合性学习活动，是基于学生的经验，密切联系学生自身生活和社会交际，体现对知识的综合运用的实践性课程。它并不是学生经验的简单重复，而是为学生能力的发展提供了一个十分有利的平台和较为广阔的发展空间。就其类型而言，按照事物发展的规律可以分为开题课、过程探究课、质疑问难课、成果交流课、体会反思课等课型，它们是一个整体，也可以说作为开展研究性学习的活动内容，一般要按照这几个环节来进行活动。由此我们可以看出，任何一个探究活动都不是孤立的单一的活动，它们是环环紧扣、互为条件、互为补充的。在教学中，我们一定要把握准活动进行的尺度，不同阶段采用不同的方法开展教学活动。

二、课程是资源，是生成性的；教学是艺术，是随时变化的，它们的魅力在于变化，都是不断发展的

课程是一种资源，活动主题仅仅是为我们提供了一个大体的活动对象，而对于这个研究对象调查研究点什么，则是需要师生共同来建构、挖掘、生成的，它们的内容是生成性的，是在师生认识的不断加深下，不断得到认识，从而不断开发出来的，所以不同的人会开发、建构出不同的课程资源，会确定出不同的研究主题，并在研究的过程中，不断生成更新的、想进行持续探究的子课题，这样研究会不断地持续下去，所以课程资源也就会不断地生成、完善下去，而每一次的建构，每一次的完善，每一次的探究都是学生的认识不断深入的过程，是学生已获得充分探究体验的标志。教学是艺术，作为教师，要直面这随时在变化的教育对象，面对随时在变化的活动内容。艺术的魅力就在于它的变化，一潭死水也就无所谓生机，更谈不上美丽。所以我们要努力做一名艺术型教师，以先进的思想应对万变的教育对象，以万变的教学艺术来应对五彩的教学资源。

三、学会倾听，关注每一个学生

关注每一个学生，就是要确实摆正以学生为主体的理念。开展活动的过程中，教师要随时关注学生活动探究的每一步，或给予鼓励，或给予帮助，或给予纠正，总之，教师要关注学生开展探究活动流程中的每一步。另外，关注学生要留给学生充分的独立思考的时间和空间。在答疑时、在质疑时、在信息反馈时都要留给学生时间，让他们静下来进行独立思考，只有这样，学生反馈的信息才是真实的，提出的见解才是深入的，这样的活动才是富有成效的。在学生发言的过程中，教师要及时关注学生的发言，或作为良师诤友，及时发表见解，挑起课堂教学中的矛盾，引领学生进行集体讨论，集思广益，在大家共同的参与下使问题得以解决；或成人之美，及时加以表扬和鼓励；或百花齐放、百家争鸣，鼓励更多的人参与争论，畅所欲言，各抒己见，从而在师生互动、生生互动的交流中实现对信息的交流反馈、加工重组、再生，转化成为学生自己的东西，这种体验对于学生良好的情感、态度与价值观的形成是很有帮助的。

"纸杯变奏曲" 教学设计

【教学目标】

（1）通过废弃纸杯再利用，渗透环保意识，培养环保能力。

（2）开发想象力、创造力，并锻炼学生的动手实践能力。

【教学重难点】

围绕纸杯开展创新设计活动。

【教学准备】

（1）教师准备：每四人为一个小组，若干纸杯小企鹅。

（2）学生准备：双面胶、水彩笔、两个废旧的一次性纸杯、小剪刀。

【教学过程】

1. 创设情境，谈话导入

师：同学们，课前老师让大家一人准备了两个废旧一次性纸杯，你猜猜老师打算用它来干什么？

生1：喝水。

生2：老师让我们准备了剪刀是准备教我们做手工制作吗？

师：被你猜中了，你真聪明，是一个爱思考，善于推理的孩子。

师：今天我们带来的这些纸杯，都不是普通的纸杯，它们个个神通广大，会七十二变，越变越好看，你们相信吗？它还能像一曲美妙的音乐使我们的心情变得美丽。今天就让我们一起来欣赏"纸杯变奏曲"。（教师板书题目）

2. 分工合作，尝试制作

师：大家看这是什么？（教师出示纸杯手工制作——小企鹅）

生：小企鹅。

师：可爱吗？

生：可爱。

师：喜欢吗？

生：喜欢。

师：想让老师送给你一只吗？

生：想。

师：坐好了，老师送你们每组一只小企鹅。（教师分发作品）

师：当你看到这些可爱的小企鹅你有什么发现？

生3：小企鹅是纸杯做成的。

生4：制作小企鹅原来非常简单。

师：告诉老师你现在最迫切的想法是什么？

生：想亲手做一个小企鹅。

师：老师也迫不及待地想早些看到同学们的第一个作品，你能尽快完成小企鹅的制作吗？你想怎么做？

生：小组分工合作完成。

师：怎样分工合作会更节约时间呢？

师：我想时间更能证明你们的分工更合理，合作更愉快；时间也是你们做事效率和综合实践能力的最好见证。我们看哪一个小组做得最快、最好。

师：在行动之前，老师问一下大家，我们在制作过程中应该注意些什么？

生：使用小剪刀时注意安全，垃圾入筐……

师：准备好了大家就行动吧！

（学生合作完成作品小企鹅，教师巡视指导）

师：看到这一只只栩栩如生的小企鹅，老师心中不由地产生了一个问题，是不是纸杯只能做成小企鹅呢？

生：不是。

师：那还可以做成什么？你是怎样设想的？

……

师：同学们的创见可真多。

师：下面请大家欣赏一些作品。请看大屏幕。（出示课件）看完这些作品你想说些什么？你认为这些作品怎么样？哪个作品给你的印象最深刻？你受到了哪些启发？

……

师：在这里，老师想问一下大家，难道用这个纸杯真的什么东西都能做出来吗？

生：不是。

师：为什么？可以制作成电脑吗？自行车呢？为什么？

师：我们所选事物必须接近这个纸杯的形体——下面带有一个圆底的类似于圆柱的这样一个形体，然后通过我们大胆丰富的想象，能够完成事物的主体，最后再抓住事物的特征加以装饰，一个栩栩如生的作品就完成了。

师：同学们，想不想做一个更精美的作品？你们是不是早就已经迫不及待了？下面请同学们自由发挥创造，做自己喜欢做的东西，想做什么就做什么。心动不如行动，请大家展开想象的翅膀，自由表现，大胆创造，一会儿，我们通过自做自夸的展评方式评选出本堂课中最精美、最富有创意的作品。同学们记住："放不开，就不能出奇制胜。"大家开始行动吧！

3. 自由创作

学生自由创作，教师巡视指导。

师：好了，同学们，我们的课堂已步入了收获的季节，我们一起分享这收获的喜悦吧！现在，我们的自做自夸式作品展评会正式开始！

（各小组学生充满信心，一一展示作品，听众鼓励的掌声不绝于耳，大家共同选出最精美、最富有创意的作品，并把最热烈的掌声送给了他们。）

4. 五彩缤纷话收获

师：一个个废旧的不被人注意的纸杯经过同学们的妙手生花，赋予了它们生命的灵动，是你们把千"杯"一面变得五彩纷呈，千姿百态。同学们，这节课我们收获了这么多，你想说些什么？

（学生自由表达）

师：你还想用纸杯做什么？

……

师：你们想做的可真多！真的能用纸杯做成吗？只有亲手试一试才知道，只要你有一双发现美的眼睛，表现美的小手，我相信你一定能变废为宝，让我们的身边少一份垃圾，多一份美丽；少一些污染，多一些环保。我们坚信，"没有垃圾，只有被放错了的资源"。

课题研究

综合实践活动小课题研究

"蒜苗在哪种颜色的薄膜下长得快"小课题研究报告

一、问题的提出

很多孩子都有种蒜苗的体验，而且能够总结出"蒜苗喜欢阳光"的规律。之所以确定这个课题，也源于学生想到的一个问题：她栽种了3头蒜苗，并罩上了不同颜色的塑料袋，结果一段时间后发现——原本高度相近的3头蒜苗变得高度很悬殊。于是提出了一个问题：不同颜色的塑料袋对于植物的生长有影响吗？为了更准确地界定和描述课题，最终确定为"植物在哪种颜色的薄膜下长得快"这一课题。研究这个课题对于学生有很强的指导意义，不仅可以直接服务于他们的生活，更能激发他们关注生活的兴趣和意识。在小学生现阶段认知领域内能开展研究，六年级的学生对于常见植物的生长条件已有比较明晰的认识，动手能力较强，相应的观察和计算能力也已具备，这些都为课题的顺利开展奠定了坚实的基础。

二、课题界定

研究对象的界定：除覆盖的薄膜颜色不同外，水、肥、土、光照时间等条件完全相同的蒜苗。研究工具为观察箱、直尺、电脑等，观察箱必须大小相等、保证进入箱内的光线大体相等。观察记录数据的时间为每天下午四点半，地点在茶艺室。方式方法为依次测量计算不同色光下植物的生长变化，如记录数据（蒜苗的高度）并做出相应的统计图表。

塑料薄膜的颜色为红、黄、绿、蓝、紫、白6种颜色，青色薄膜不便于组织材料，在本次研究中，暂没有给予研究。根据不同的植物确定具体的观察点。例如，蒜苗的观察点为长得快，即仅考虑蒜苗的高度变化，而对蒜苗的颜色、粗细等不予考虑，测量时记录蒜苗最长叶片的长度。抽取样本时，在观察箱内随机抽取相同的蒜苗株数，计算它们的平均数为蒜苗的生长高度。

三、研究方法

研究方法主要有：观察法、实验法、数据统计法、对比分析法等（其中不包括调查法和访问法）。选择研究方法之后，要对所选择的研究方法的使用过程进行简要描述。

观察法：研究过程中观察贯穿始终，学生需要观察不同植物生长变化的数据，在进行浇水、培土等活动时也需要耐心细致的观察。

实验法：主要表现在设计实验，观察不同颜色薄膜下蒜苗等植物生长速度的问题。

数据统计法、对比分析法：对观察中收集到的数据进行分析，制作出图表或统计图，并对这些数据和图表进行观察和分析，得出自己的结论。

四、研究工具的选择

本项研究需要以下研究工具：直尺（用于测量蒜苗的高度）、观察箱（除照射的色光不同外，其余条件完全相同）、电脑（用于制作统计图表）、数码相机（用于研究中拍摄图片）。在研究中，我们对工具进行了重大改进：采用输液器滴灌，尽量保证水分的相同；相同尺寸的观察箱，保证了光照多少的相同；观察箱预留通风孔，保证蒜苗的自由呼吸。

五、研究过程

1. 活动准备

塑料薄膜的颜色为红、黄、绿、蓝、紫、白6种颜色（这6种颜色的塑料袋生活中较为常见，便于取材）。除覆盖的薄膜颜色不同外，蒜苗的水、肥、土、光照时间等条件应完全相同。为了观察研究的方便，师生动手设计了观察箱，确定了观察时间和地点以及本次探究活动的观察点：每个观察箱内种5株蒜苗，探究的重点为哪种薄膜下的蒜苗长得快，即仅考虑蒜苗的高度变化，而对蒜苗的颜色、粗细等不予考虑，测量时记录5株蒜苗最长叶片的长度，将它们的平均数作为蒜苗的生长高度。

图1为学生制作的观察箱。为了测量的方便，在箱内张贴了刻度表（与每株蒜苗一一对应）；为了便于控制浇水量，设计了用输液器滴灌的方法；每个观察箱统一尺寸和样式，尽最大可能保证蒜苗在光照、水分等方面的一致性。

图1　学生制作的观察箱

2. 探究过程

（1）活动之初，首先组织学生以小组为单位制订了研究方案。表1是刘星阳小组的活动方案。

表1　刘星阳小组活动方案

组长	刘星阳	小组成员	郭依涵、杜琪玥、董芳旭
活动地点	综合实践活动室		
活动安排	1.每天下午课外活动时间到活动室开展观察活动。 2.由郭依涵同学负责记录，小组成员写好观察日记。 3.每天下午观察结束后，在活动室进行讨论和交流。 4.观察时间为20天，从4月8日开始，4月28日结束（双休日不进行观察和记录）。 5.活动结束后写出关于本次小课题研究的活动总结。 6.注意和班内其他研究小组的交流。		

（2）根据活动方案的安排，学生开展了后续的探究活动，他们定时去活动室开展观察活动，记录数据并撰写观察日记。

刘星阳同学的观察日记（摘录）

时间：2017年4月17日

今天下午，我们照例来到了活动室。我测量了6个观察箱里每一株蒜苗的身高，我们都非常想知道蒜苗这一种植物到底喜欢什么颜色。

我测量后，郭依涵同学做了详细的记录，通过测量，各观察箱内蒜苗高度如表2所示：

表2 蒜苗高度记录表

	红色箱	蓝色箱	绿色箱	黄色箱	紫色箱	白色箱
蒜苗高度	75mm	91mm	90mm	70mm	86mm	75mm

随后我们仔细研究了这些数据。我们发现：蓝色薄膜箱里的蒜苗长势最好，黄色薄膜箱里的蒜苗长得最慢。而黄色和蓝色不相近，所以我们猜想：蒜苗这种植物最喜欢蓝色薄膜，最讨厌黄色薄膜。到底是不是这样呢？还是拭目以待吧！

（3）整理数据，绘制统计表、统计图。统计图表的学习和使用也是本次小课题研究活动的训练内容之一。统计图表又称统计图或者趋势图，是人们为表明某种数据的趋势而经常采用的一种统计工具，让学生熟练掌握这种数据统计的方法，对于他们今后的学习生活有着十分重要的意义。

"蒜苗在不同颜色薄膜下的生长情况"统计表、柱状统计图（部分）

（以刘星阳小组为例）

根据增长情况，我们首先计算出6种不同颜色的薄膜下各观察箱内5株蒜苗20天增长的平均值（见表3）：

表3 不同颜色薄膜下的蒜苗增长值

	红色	蓝色	绿色	黄色	紫色	白色
20天内，观察箱中5株蒜苗的平均增长高度	202.1mm	216.6mm	189.2mm	170.4mm	178.8mm	200.7mm

20天内，观察箱中5株蒜苗的平均增长高度柱状统计图（见图2）：

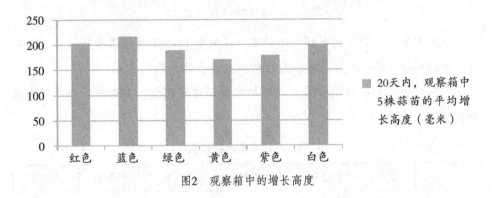

图2　观察箱中的增长高度

（4）通过分析数据，得出研究结论。下面是刘星阳小组的研究结论：

经过20天坚持不懈的观察和分析，我们初步得出了这样一个结论：本次实验中，在红、紫、绿、蓝、黄、白6种不同颜色的薄膜中，我们所栽种的蒜苗在蓝色薄膜下生长得最快，在黄色薄膜下生长得最慢。

（5）拓展延伸，生成新的思考。学生初步得出本小组的结论，并不意味着探究活动的结束，我引导他们在此基础上继续提出问题，从而让研究继续进行下去。例如刘星阳小组就提出了这样的问题：太阳光是由七色光组成的，不同颜色的薄膜和太阳的七色光之间有联系吗？有什么联系呢？我鼓励他们继续将研究活动进行下去，并愿意为他们提供力所能及的帮助。

六、问题与思考

在研究中，我们还产生了一系列的困惑：

不同颜色的塑料薄膜的颜色深浅，我们怎样把握和判断呢？

方便袋的厚度如何进行测量？这些非常细小的问题对研究的开展有没有影响呢？

通过本次研究，学生们又产生了一系列的新问题，如把大棚弄成七彩的，就可以在相同的区域种上适宜生长的植物，能行吗？……

我们准备在今后的研究活动中，组织材料，选择操作易行的方式和方法进行研究。

七、"蒜苗在哪种颜色的薄膜下长得快"小课题研究意义

研究"蒜苗在哪种颜色的薄膜下长得快"这一小课题，对于学生有很强的指导意义，不仅直接服务于他们的生活，更激发了他们关注生活的意识。《儿童像科学家一样》一书这样解释了"儿童像科学家"这一比喻的含义：与科学家联系在一起的许多特质——实验、好奇心、创造性、理论建构与合作，同样也是儿童所具备的特点。综合实践活动课程的总目标是密切学生与生活的联系，推进学生对自然、社会和自我之间的内在联系的整体认识与体验，发展学生的创新能力、实践能力以及良好的个性品质。通过开展诸如此类的探究活动，引导学生学会在生活中发现问题，进一步密切联系学生的自身生活和社会生活，在问题解决的过程中实现对知识的综合运用，提高学生的创新精神和实践能力。

"蒜苗的研究"小课题研究问题库

宋代著名理学家朱熹说过："读书无疑者，须教有疑，有疑者，却要无疑，到这里方是长进。"爱因斯坦也曾指出："提出一个问题往往比解决一个问题更为重要。"因为解决问题，也许仅是技能而已，而提出新的问题，新的可能性，从新的角度去看过去的问题，却需要创造性的想象。小课题研究中学生提出的问题一直是研究性课程的重要资源，如何指导学生提问题一直是研究性课题的瓶颈，因此我们在教学中要指导学生多角度、多层面、多方位去思考，提出一些立体化、综合化、系统化的问题。

很多孩子都有养蒜苗的经历，对蒜苗都很熟悉。大蒜是一种很常见的植物，由于种植比较简单，不少居民会在屋前屋后的院子里种上一小块。蒜苗，即大蒜的花茎，由于蒜苗的辛辣味比大蒜要轻，加之它所具有的蒜香能增加菜肴的香味，因此更易被人们所接受。

针对蒜苗学生们提出了许多问题，有种植方面的，有生长方面的，有营养方面的，还有价值方面的，五花八门（见表1）。

千里之行，始于足下。成长是一个漫长的过程，作为一名教师，可不可以在这个过程里，让每一个脚印更清晰、更有力，让每一个脚印，变成跳跃的音符，舞动成欢乐的乐章。我想，努力就会有回报，在孩子们的成长过程中做一个有心的老师，定会收获很多的喜悦。

表1 "蒜苗的研究"问题库

序号	提问者姓名	提出的问题	转化后的问题	酷问题
1	白雅欣	如何种蒜苗	种蒜苗需要注意些什么	
2	白雅欣	蒜苗一天长多高	蒜苗最快一天能够长多少	
3	潘华伟	蒜苗的种植与地理位置有关吗		
4	刘淑欣	冷库中存放过的蒜还能长出蒜苗吗		√
5	张航睿	种植蒜苗应选用什么样的大蒜		
6	李欣颖	在哪里种蒜苗最好		
7	李欣颖	蒜苗种植的最低温度是多少		
8	毛承钰	什么土壤适宜种蒜苗		
9	刘晓帆	蒜苗为什么在水里也可以生长		√
10	张孜旭	放在水里的蒜苗能抽蒜薹吗		
11	王西林	蒜苗施什么肥长得快		
12	刘尚斌	蒜苗每天浇多少水为宜		√
13	阴子昊	蒜苗适宜在什么季节种养		
14	李佩佳	蒜苗会生病吗		
15	毛承钰	不同地区的蒜苗的种类相同吗		
16	刘晓帆	蒜苗的肥料是什么		
17	张孜旭	什么蒜长出的蒜苗最有营养	不同品种的蒜苗营养相同吗	
18	王西林	暴晒的蒜苗还能成长吗		
19	张逸群	一根蒜苗大约有多粗	蒜苗的直径平均有多少	√
20	朱慧聪	蒜苗适合在什么温度下生长		
21	朱慧聪	离开水和土壤的蒜为什么也长蒜苗		
22	李志杰	没有阳光蒜苗也能生长吗		
23	牛志锐	蒜苗会开花吗		

续　表

序号	提问者姓名	提出的问题	转化后的问题	酷问题
24	牛志锐	蒜苗能进入太空生长吗		
25	朱慧聪	蒜苗靠什么吸收阳光		
26	聂文轩	蒜苗适宜在什么地方生长		
27	李鹏程	蒜苗的生长与水分多少有什么关系		√
28	李鹏程	蒜苗的生长过程是怎样的		
29	李欣颖	蒜苗喜欢阳光吗		
30	朱慧聪	蒜苗在黑暗的地方生长吗		
31	李欣颖	蒜苗会繁殖吗		
32	毛承钰	蒜苗的生长期是多少		
33	孙慧憬	蒜苗喜欢什么颜色的光		√
34	付晓玉	蒜苗有什么生长规律		
35	刘润琦	蒜苗的生长期是多少天		
36	牛志锐	最长的蒜苗长多高	蒜苗能够长多高	
37	韩金涛	蒜苗长多大才能食用		
38	朱慧聪	蒜苗长到什么程度会结蒜薹呢		√
39	李佩佳	蒜苗喜欢听音乐吗		
40	牛志锐	经过太空旅行的蒜还会长出蒜苗吗		
41	李佩佳	蒜苗的生命力旺盛吗		
42	李佩佳	蒜苗是大蒜的幼苗吗		
43	刘晓帆	蒜苗剪掉了叶子还会生长吗		
44	李鹏程	怎样让蒜苗更有营养		
45	阴子昊	蒜苗的生长不要超过多少度	蒜苗生长对温度有要求吗	
46	聂文轩	蒜苗中包含哪些营养成分		√
47	鹿鑫悦	蒜苗有药用价值吗		
48	毛承钰	哪些人群不适宜多吃蒜苗		√
49	刘晓帆	怎样食用蒜苗更好呢		
50	李鹏程	多吃蒜苗对人体有害吗		
51	阴子昊	蒜苗放久了能吃吗		

序号	提问者姓名	提出的问题	转化后的问题	酷问题
52	王英豪	蒜苗和蒜黄的营养价值一样吗		
53	陈鑫钰	怎样管理会让蒜苗更具营养呢		
54	范凯瑞	给蒜苗罩上薄膜后有什么变化吗		
55	刘晓帆	音乐对于蒜苗的生长有影响吗		
56	于鑫淼	小孩吃多了蒜苗有害吗		
57	张航睿	蒜苗在什么环境中存储比较好		
58	孙浩宁	蒜苗放久了营养价值会发生变化吗		
59	王英豪	叶子发黄了是不是就不能食用了呢		
60	张航睿	蒜苗的种类有哪些		√
61	张家绮	蒜苗为什么这么辣		√
62	张孜旭	蒜苗是怎么被发现的		
63	张子昂	蒜苗为什么有那么多根		
64	刘晓帆	蒜苗属于哪一类		
65	张家绮	一株蒜苗最多能结多少瓣蒜		
66	刘润琦	怎样去除蒜苗留在嘴里的味道		
67	刘尚斌	挑选时应选择什么成色的蒜苗		
68	李佩佳	蒜苗由哪几部分组成		
69	陈鑫钰	人们什么时候开始食用蒜苗的		
70	潘华伟	蒜苗的叶子最宽是多少		
71	刘淑欣	蒜最快多长时间发芽		
72	张航睿	蒜苗长大后是什么样子		
73	李欣颖	结了蒜薹的蒜苗还能食用吗		
74	李欣颖	蒜苗是什么颜色的		
75	毛承钰	蒜苗中的叶绿素和蒜苗有没有关系	蒜苗为什么呈现绿色呢	
76	刘晓帆	蒜苗在各地有什么不同的叫法		
77	张孜旭	蒜苗是不是草本植物		

序号	提问者姓名	提出的问题	转化后的问题	酷问题
78	王西林	蒜苗的主要成分是什么		
79	刘尚斌	市场上卖的蒜苗是绿色蔬菜吗		
80	阴子昊	如何选择蒜苗的品种		
81	潘华伟	蒜苗放久了能吃吗		
82	刘淑欣	在家能种蒜苗吗		
83	张航睿	蒜苗可以在花盆中生长吗		
84	李欣颖	蒜就是蒜苗的种子吗		
85	李欣颖	蒜苗和其他的植物有什么不同		
86	毛承钰	蒜苗有茎吗		
87	刘晓帆	如何区分蒜苗和韭菜		
88	张孜旭	蒜苗和韭菜的长相相似，营养相同吗		
89	张航睿	蒜苗与什么一起食用有害		
90	刘润琦	蒜苗生吃是辣的，熟了为什么不辣了呢		√
91	朱慧聪	蒜苗能做哪些美味佳肴呢		
92	王名金	蒜苗与蒜的营养相同吗		
93	邱化睿	蒜苗怎么食用最好		√
94	张逸群	老人能吃蒜苗吗		
95	阮修平	常吃蒜苗的人和不常吃蒜苗的人有什么不同		
96	董太坤	蒜苗吃多了有害吗		
97	张家绮	蒜苗有药用价值吗		√
98	刘润琦	俗话说吃肉不吃蒜，营养减一半，科学吗		
99	闫雪婷	蒜苗中含有哪些微量元素		
100	潘华伟	蒜苗中含有哪些人体所需的矿物质		
101	薛瑞泽	蒜苗含有哪些维生素		

教育科学规划课题

"综合实践活动小课题常态化、生活化、有效化发展的研究"研究报告

（山东省教育科学规划课题）

　　从"十五"开始，面对综合实践活动无教材，无课程标准，无专职教师的"三无"局面，我们以研究性学习为切入点，以原生性课题为基础，以再生性课题为主体，指导广大师生开展综合化、立体化、系列化小课题研究，努力实施综合实践活动课程，初步构建了综合实践活动小课题研究理论体系，开发了相对稳定的课程资源，建设了一支专兼职结合的教师队伍，有效地推进了小学综合实践活动课程的发展。

　　反思"十五"的研究历程和研究成果，尽管我们在推动综合实践活动课程方面取得了一定的成绩，但也存在一些问题和不足：一是研究内容还不够深入，学生开展的小课题研究活动还停留在较浅层次，不会也不能够持续深度地开展研究；对于研究主题的确定，注重了学生情感的培养和德育渗透，但是还没有做到专题化、系列化实施，课程开设无序，随意性较强。二是研究领域窄化，对于德育渗透、创造性教育、创客等涉及不多且不够系统，需要进一步拓展课程实施领域，丰富课程实施形式和内容。三是理论体系建构还不够完善，还没有从理论层面根本解决综合实践活动课程理念问题，对于综合实践活动目标、内容、组织、实施、评价等问题还停留在经验层面，缺乏理论支撑和系统认识，还没有将综合实践活动推向常态化、生活化和有效化，实现综合实践活

动常态化、生活化、有效化将是今后我们开展研究的主攻方向。

一、课题的提出及研究意义

　　综合实践活动是在新一轮基础教育课程改革中应运而生的新型课程，2001年6月颁布的《基础教育课程改革纲要（试行）》明确规定："从小学至高中设置综合实践活动并作为必修课程，其内容主要包括信息技术教育、研究性学习、社区服务与社会实践以及劳动与技术教育。强调学生通过实践，增强探究和创新意识，学习科学研究的方法，发展综合运用知识的能力。增进学校与社会的密切联系，培养学生的社会责任感。"在我国基础教育新课程体系中，"综合实践活动"课程是一种与各学科课程领域有着本质区别的新型课程，是我国基础教育课程体系的结构性突破。

　　"九五"期间，肥城市教学研究室作为山东省的唯一分课题组，参与了全国教育科学"九五"规划国家部委级重点课题"活动课程和中小学生科学素质的提高"的研究工作，其研究成果获得山东省首届省级教学成果（中等以下）评选一等奖。进入"十五"之后，随着课程改革的实施，原来的活动课程衍变为综合实践活动课程，基于以上认识，我们在继承"九五"课题研究思路、研究内容和研究方法的基础上，抢抓机遇，坚持走创新之路，积极申请成立了全国教育科学"十五"规划教育部重点课题"综合实践及其师资建设"分课题组，并以此为载体，深入开展综合实践活动课的研究与实践工作。在研究的进程中，针对课程开设不规范、实施非常态、教学效益低的现状，我们借鉴在第七次课程改革中，我们参与全国教育科学"九五"规划教育部重点课题"活动课程和中小学生科学素质的提高"的研究方面积累的成功经验，适时创生了"综合实践活动小课题研究"（DFB010570-30），该成果得到推广，之后发展为"中小学综合实践活动小课题研究理论与实践"，被列为山东省教育科学"十一五"规划重点课题（115JZ91）。

　　通过本课题的开展，旨在解决综合实践活动小课题研究常态化、生活化、有效化实施的问题。作为一种独立形态的课程，综合实践活动课程是一种经验性课程，是一种实践性课程，是一种向学生生活领域延伸的综合性课程，是最能体现学校特色、满足学生个性差异的发展性课程，主要解决三个方面的问题：一是在综合实践活动课程"无教材、无专业师资、无课程标准"的情况下，该研究力图解决综合实践活动的常态化开设问题；转变学生的学习方式和教师的教学方式，改变学生培养模式，丰富学生的直接经验，增强学生的创新精神和实践能力，提高学生的综合素质；小课题研究与学校课程建设、学校特色发展、教师专业成长一体化，蹚出一条素质教育的新路子。二是该研究基于学生的生活经验，以问题引领学生自行探索，通过研究与实践解决学生的问题，旨在增强学生的问题意识，使学生体验并初步学会分析解决问题的科学方法，形成科学态度，培养学生的创新精神。主张学生在"做中学"，注重亲身体验；参与社会实践，丰富学生的直接经验，通过开展多样化的实践活动，提高学生的社会责任感，发展学生的综合能力。三是努力提高课程实施的有效性。综合实践活动不是教学层面的一种教学活动方式，而是课程层面的一种具有独立形态的课程，是一种实践性的综合课程。综合实践活动是着眼于发展学生的综合实践能力、创新精神和探究能力的发展性课程，所以应在作用于学生的有效性上下功夫。

二、课题研究目标及研究假设

通过"综合实践活动小课题常态化、生活化、有效化发展的研究"的研究主要实现以下几项目标。

1. 发展学生的综合能力，确保综合实践活动的有效性

学生结合自身的生活经验发现并提出问题，生成课题，通过调查、采访、实验操作等活动形式，获得信息，整理形成成果。在经历了自主选题、行动研究、成果展示之后，学生发现问题的能力、收集处理信息的能力、社会实践能力及社区服务的意识都会得到不同层次的发展。

2. 提升教师的科研素质

教师通过指导学生开展小课题研究，经历了选题、研究、形成成果的过程，把握一种研究思路，掌握一种研究技能，提升教师的科研素质。

3. 推动综合实践活动课程的常态化、生活化、有效化发展

课题从资源开发、师资培训、课程管理及评价等方面深入研究，以推进综合实践活动课程的常态化、生活化发展。

4. 为校本课程提供丰富的物质基础

综合实践活动小课题研究是以学生的生活经验为基础，立足学校、地方的

实际，结合当时的社会热点问题，自主开发、生成的创生性课程，将会为校本课程的建设提供丰富的物质基础。

5. 建构综合实践活动小课题研究的理论体系，积累区域开展综合实践活动小课题研究的经验

通过综合实践活动小课题研究，形成以小课题研究为载体，以区域推进为手段，常态实施综合实践活动，紧密联系生活，并从常态走向有效，提高教育教学质量，形成综合实践活动小课题研究的整体理论建构。

从"十五"开始，我们以小课题研究为切入点，实施综合实践活动课程，构建了综合实践活动小课题研究理论体系，开发了相对稳定的课程资源，建设了一支专兼职结合的教师队伍。在积极的行动研究中，我们针对课程的实施与管理、课程资源的开发和利用、教师的指导与评价等一些实际问题，潜心探索，悉心钻研，积累了许多宝贵的课程实施经验。从内涵上来看，综合实践活动小课题研究，是实施综合实践活动的切入点，该课题以研究性学习为切入点，让学生自主选择具有时代性、地域性和发展性以及自己感兴趣的小课题，开展综合化、立体化、系列化的研究，以操作性很强的综合实践活动四种课型（课题开题课、行动指导课、汇报交流课和体味反思课）为依托，积极推进综合实践活动小课题研究的常态化、生活化和有效化，实现研究性学习、社区服务与社会实践、劳动与技术教育、信息技术教育四个领域的整合，提高学生的综合素质和创新、实践能力。从外延上来看，综合实践活动小课题研究的内容是非常广泛的。小课题研究的内容和学生活动的载体主要包括四个专题，体验性活动、探索性活动、创造性活动和服务性活动；课堂教学包括四种课型的研究；运行模式包括区域推进综合实践活动常态化的策略；就教师层面而言，包括小课题研究与教师的成长；就学校层面而言，包括综合实践活动小课题研究与校本课程的开发、学校文化的提升与发展等；就学段而言，包括综合各学段综合实践活动小课题研究的特点和规律、内容和标准、实施策略评价标准等。

三、课题研究理论基础

课题研究的理论基础包括《基础教育课程改革指导纲要（试行）》、认知建构主义理论、多元智能理论、主体教育理论、教学信息论、陶行知"生活教育理论"。从"九五"至今，肥城市协同全体综合实践活动教师，组织学生进行了系列化、立体化、综合化综合实践活动的研究与探索，于是，我们把全国教育科学"十五"教育部重点课题"综合实践活动及其师资建设"总课题组编写的"研究性学习材料"作为原生性课题，并以此为源头，加大力度开发综合实践活动研究资源。我们以学生的生活经验为基础，或者把相关、相近的课题相互结合，生成创生性的研究专题，并以此为主体开展综合实践活动研究。总结摸索出的一系列研究成果，如宿文传等编著的《综合实践活动小课题研究理论与实践》等资料，也可以作为本课题研究开展的理论基础。

四、课题研究成果

几年来，综合实践活动小课题研究茁壮成长，逐步实现了"常态化、生活化、有效化"实施，在这一过程中，实践活动的方式方法不断创新，资源建设全面发展，教师们的专业水平不断提升，新的课程观逐步建立，教学资源开发能力显著增强，在课程的实施中获得了巨大发展和成长；学生的学习方式得到有效转变，思维方式变得更加完善，批判性思维、创造性思维等思维品质正逐步形成并获得有效提升。

1. 总结出了一条实现综合实践活动小课题研究"三化"实施的新路子

（1）"一点因由，点石成金"，精心开发课程资源。综合实践活动没有现成教材，精心开发课程资源，"有米下锅"是实施好该门课程的基础和前提，基于学生的兴趣点、成长点和教师的引导推荐确定活动主题是我们始终坚持的有效策略。

针对部分研究内容还不够深入，学生自己进行的探索活动未能在一定深度的层面上进行，学生真正直面课题自行探索的东西较少的状况，我们广泛征集问题资源，启发引导学生提出自己感兴趣且有一定探究价值的问题，作为小课题研究内容。这学期我们在四年级开展了"身边的科学"小课题研究工作，综合实践活动教师和学生一起，从身边的一些小细节入手，进行科学探究活动。例如研究小狗、小猫等是否存在左撇子现象，左撇子和右撇子的比例问题，左撇子和右撇子的比例和小动物的性别是否有关系，研究它们的坐立行走和喜怒哀乐等；研究藕眼的个数、大蒜的瓣数，研究它们的常态分布，初步感知统计学的相关原理和价值。在这一过程中，通过有计划地开展研究性学习活动，学生的动手能力和创新精神得到了较好的培养。例如在研究"小狗是否存在左撇子"这一问题时，学生们自主设计了研究器材，在一个木架上悬挂一个小桶，并在里面放上食物，这样小狗如果想吃到食物，就会用前爪去抓小桶，从而判断出小狗是属于左撇子还是右撇子。但是在实践中学生们发现，百分之九十的小狗并不是用前爪去抓小桶，而是用嘴去拱小桶，通过拱翻小桶的方法吃到食物。于是学生们又改进制作了第二件研究器材。他们制作了一个类似水渠的工具，两块木条之间的距离经过了精心设计，这样小狗用嘴不能接触到食物，从而只能用前爪去取，这样就能研究出狗是属于左撇子还是右撇子了。

在以前的小课题研究活动中，虽然我们注重了学生的情感体验，但缺乏对体验活动进行专题化、系统化展开。另外，为了增强学生的感恩意识和责任感，我们开展了"感恩教育"主题活动，学生从感恩父母、感恩老师、感恩学校、感恩社会等方面入手，深入细致地开展了相关活动。他们深切体察了母亲十月怀胎的不易，留心观察父母早起晚归的奔波操劳，记录下老师从早到晚一天的活动，留心观察、体会社会上人与人之间的关爱和温暖。同样，他们也精心设计了一个感恩教育展室，从图片到文字，从实物到现场展示的包水饺、炒家常菜，无一不饱含着对父母、老师、学校、社会的浓浓爱意。感恩教育展室也成为我校的感恩教育基地，定期组织学生参观学习，增强学生的责任感和感恩意识。

（2）"顺水推舟，巧引妙导"，扎实推进课程实施。在教师的指导上，我们采取"教师下水"和"授人以渔"相结合的方法。"教师下水"，即每一位参与小课题研究的指导教师都必须先完整地经历整个综合实践活动的过程，方能游刃有余、轻松地指导学生。而"授人以渔"，则是指面对学生林林总总的学习需求，没有必要只有老师掌握了之后才能教学生。教师可能不会刻印章、制作丝网花、制作纸浮雕……但学生依靠网络、书籍等资源就可以进行自主学习，而且这种学习不受课堂的限制，只要学生喜欢，课余时间都可以开展研究活动。例如，四年级部分学生确定了"趣味折纸"的课题，他们在网络上下载整理了一些关于折纸方法、图样的材料，而指导教师只是根据他们的要求帮忙将这些材料打印出来，并提醒他们在使用剪刀等工具时要注意安全。

综合实践活动课程是以学生的过程体验为价值取向的，它强调的是学生与具体情境的交互作用，强调的是随着活动情境的展开和活动的需要不断生成新的目标、新的主题。这种生成包括两个方面的改变：对于有意义的主题，可以增加；对于起初预设了但在实际操作中却发现意义不大或根本无法完成的主题则可以放弃。例如在"孔子与论语"的课题研究中，师生们发现给《论语》配上乐谱，用歌唱的方式更容易传诵，于是就生成了"唱论语"这一研究内容，不断地将课题研究推向深入和丰富多彩。

（3）"平开多选，各尽其才"，全员参与课题研究。针对综合实践活动课程本身的特点，在活动时间上，我们进行了相应的调整。将每周的两节综合实践活动课统一安排在周五的下午，连同课外活动时间，统一组织综合实践活动。对于任双班综合实践活动课的教师，则调整为周四下午和周五下午，确保能够有充足的时间按质按量地完成相关活动。对于双休和节假日的活动，指导教师要有针对性地安排好相关活动。

（4）"师生互学，教学相长"，适应学生发展要求。我校每一位综合实践活动教师都有两本装帧精美的记事本，一本是综合实践活动小课题研究业务学习笔记，记录平时自己的所学所思所想；一本是小课题研究工作日志，课题研究如何安排、如何开展，每天都进行哪些内容，这些都细致地记录在他们的工作日志上，确保了课题研究的有序开展。这些笔记也便于他们今后总结自身工作、记录成长轨迹、沉淀教育思想。

（5）"科学评价，有效激励"，充分激发教师的工作热情。由于综合实践活动课程在教材、课程标准等方面的特殊性，学期初安排课程时，学校在工作量方面予以充分照顾，确保指导教师有时间、有精力开展课题研究，保证研究效果。在综合实践活动课程教师的安排上，我们还遵循以下原则，即建立一支素质过硬的专兼职教师队伍，做到年级固定、内容固定，教师不循环。例如三年级的综合实践活动教师每年都任教三年级，任教的内容在基本固定的基础上，可以根据实际情况适当动态生成。

我们在三年级三个平行班同时开展了"艺术创想"小课题，这个课题研究系列共有60多个研究内容，交由2位教师自由选择，这样开展同一个系列研究，学校在评价时便于鉴别，也便于激发指导教师的积极性，提高教学效果。

2. 通过小课题"三化"研究活动的开展，教师参与资源建设和研究的能力显著增强

综合实践活动课没有固定的教材，需要教师结合实际创生开发，由此可见，资源的开发能力是综合实践活动教师的一项基本功。通过小课题"三化"

研究的开展，不仅极大地丰富了教师的知识储备，扩大了知识量，更为重要的是教师开发课程资源的能力显著增强。例如在刚开始研究金线河流域的相关情况时，学生们只是收集了一些文本资料，对于一些具体数据很难了解到。为了获得第一手的资料，学生们决定对金线河开展社会调查与访问。对于外出采访，指导教师心里却一直在打退堂鼓，平时很少走出校园的她不知如何与外界联系，加之又是一位女教师，所以对于外出联系采访一直心存顾虑。但为了完成小课题研究工作，指导教师鼓起勇气，带领学生走出了校门。他们走进水利局、宣传办、史志办、档案馆等部门，走到田间地头，获得了大量生动翔实的第一手资料。这次的实践活动更给指导教师带来了难以言表的愉悦体验！

综合实践活动小课题研究为广大指导教师提供了一个广阔的发展平台。在课题研究的过程中，他们和学生一起学习、共同进步，无论是知识能力，还是情感态度等方面均获得了很大发展。展望未来，我们将会把综合实践活动小课题研究活动持续深入地发展下去，和学生们一起去开拓更加璀璨的未来。

3. 学校特色凸显，形成了以"综合实践活动"小课题研究为主要抓手的学校文化

几年的不断探索和实践，我校逐步形成了以"综合实践活动"小课题研究为内容的学校特色。我校于2010年12月被评为泰安市3A学校；2010年11月5日，肥城市农村小学综合实践活动小课题研究"四化"实施现场会在我校召开，在经验交流会上我校进行了典型经验介绍；2011年5月肥城市教师进修学校组织全市综合实践活动骨干教师到我校参观；我校于2004年、2006年、2010年三次被评为全国综合实践活动课程实施优秀实验学校；我校现有山东省教学能手1名，泰安市教学能手1名，泰安市学科带头人1名，另有7人次获全国及山东省优质课奖励，200余篇论文在《中国教育报》等专业期刊发表，其中《让儿童自由地探究生活——谈综合实践活动的常态化、生活化、有效化实施》一文在《教育文摘周报》发表。

五、课题研究的过程设计和研究方法

本课题以行动研究法为主，辅之以调查法、文献法、经验总结法、个案研究法等。研究过程中"巧取他山之石"充实提高自己，及时聘请有关专家对课题进行专业引领，鼓励实验学校、教师及时总结、反思、提高，本着边总结，边提高，边推广的原则不断壮大研究队伍，形成集团优势，全面实施综合实践活动课程，推进综合实践活动课程小课题研究的"三化"发展。

回顾我们的研究历程，主要经历了这样三个阶段。

1. 资源建设阶段

实现综合实践活动课程的常态化实施，有充足的课程资源是重要的物质基础。我们在使用教材资源中发现，不少教师很难摆脱综合实践活动教学学科化的倾向，不能真正体现综合实践活动研究的情境生活化、内容综合化、活动实践化思想。于是我们以每课确定的研究内容为研究专题的教学思想，组织学生进行了系列化、立体化、综合化综合实践活动的研究与探索，于是，我们把全国教育科学"十五"规划教育部重点课题"综合实践活动及其师资建设"总课题组编写的"研究性学习材料"作为原生性课题，并以此为源头，加大力度开发综合实践活动研究资源：我们以学生的生活经验为基础，或者把相关、相近的课题相互结合，生成创生性的研究专题，并以此为主体开展综合实践活动研究。在课题研究内容方面，我们主要抓了两个方面的研究内容，一方面注重综合实践活动研究性学习材料领域的研究，即指定领域原生性课题的研究内容，同时，把突出以综合实践活动研究性学习材料为源头生成出来的研究专题作为研究主体，两者相互结合形成指定领域的研究内容。另一方面，我们把非教材领域的学生感兴趣的活动作为综合实践活动的重要研究内容，即非指定领域的研究内容。

在课程资源的使用中，一方面，我们对教材重新建构和组合，作为文本性资源。例如，由原生性课题"模型建小区""纸飞机的制作与放飞""做个小小成果袋""妙用旧报纸"创生出折纸艺术的研究专题；由原生性课题"纸模服装设计——套裙""纸模服装设计——T恤衫"创生出民族服装文化的研究专题。另一方面，根据综合实践活动课程本土化、生成性的特点，我们确立了"以学生发展为本"的校本开发理念，形成了综合实践活动课程的校本课程体系，产生了具有地方特色的课程资源。以王庄镇为对象，构建了地方篇、人物篇、资源篇、物产篇等四大版块的研究内容，充分体现了地方特色。

2. 常态运行阶段

实践证明，我们以小课题研究为载体实施综合实践活动课程，促进了学生全面发展，提高了教师素质，推进了学校的特色发展。于是我们抓住这一有利契机，结合自身实际，深化小课题研究，将综合实践活动课程的实施推向常态化、生活化和有效化，使综合实践活动小课题研究迈入常态研究阶段。

我们形成了小课题研究与常态化教学并行的综合实践活动实施思路。

（1）在保证综合实践活动课程基本课时（每周2课时）的前提下给予学生充分的弹性的时空环境，允许不同的研究小组有不同的发展，保证活动的连续性、长期性，还注意了适时开发利用周末、节假日等课外时间。

（2）学校、教师还根据学校实际在学期初制定了"综合实践活动小课题研究计划"，安排每月、每周的研究内容、成果呈现以及教师指导活动，使小课题研究内容和成果具体化。

（3）我们将原来的活动课、劳动课、信息技术课任课教师转变为综合实践活动专职教师，同时配合其他学科教师指导小课题研究。

此外，我们通过开展优质课评选，教学能手、优秀论文、案例评选，参与各级教研部门的教材建设等活动，培养了一批综合实践活动课骨干教师，形成了一支专兼职结合的、强大的教师队伍，保证了综合实践活动小课题研究的常态化发展。

我们制定并完善了小课题评价意见，包括对指导教师的评价和对研究专题的评价。构建了课题开题课、行动指导课、汇报交流课、体味反思课四种课型，使综合实践活动教学常规化。无论是哪一种课型，都不是孤立存在的，而是相互依存、相互联系的，是一个有机整体。开题课上制定的研究方案需要在行动研究中贯彻执行，否则就失去了制定方案的意义，同时在行动研究和汇报交流中要对所制定的方案进行反思。

3. 总结提升阶段

2010年11月5日，肥城市综合实践活动"四化"实施现场会研讨会在我校召开，会议提出了综合实践活动实施规范化、有效化、常态化、生活化的"四化"策略，将综合实践活动小课题研究又推进了一步，对于带动全市高质量、高效益地实施综合实践活动，具有一定的推进作用。一方面，鼓励立足实际，精致研究：研究目标体系，实施分层指导；细化研究专题，分解研究内容；注重方法指导，追求指导有效；构建评价体系，探索高效运行。另一方面，与各级教研部门联合，加大对学校骨干教师培训力度，将新鲜资讯、发展前沿、改革成果与一线教师共享，注入了新的活力，提高了研究质效。

六、课题研究的结论以及存在的问题和今后的设想

1. 课题研究结论

综合实践活动小课题研究是开好综合实践活动课程的有效途径，实现课程开设的"常态化、生活化、有效化"是落实课程目标的重要指标。在这一过程中，教师、学生均获得了较为理想的成长，有效地推进了课程改革，较好地落实了综合实践活动课程目标。

2. 课题研究存在的问题和今后设想

几年来，我们虽然持续地对综合实践活动课程进行了研究，但在完善课程体系上还有待加强，如在课程资源转化为校本教材的制度建设、课程开设评价的科学量化等方面还有待加强。鉴于这些问题的存在，我们今后主要围绕以下方面进行研究与实践。

（1）将课题研究与教师专业发展、学生全面成长更加紧密地结合。

（2）继续健全并完善课程实施中的评价体系，实现对课程的科学评价，以评价促发展。

（3）配合课程的开设，总结出丰富的综合实践活动课程资源，供教师选用。

"综合实践活动课程与学科整合及其整体推进" 研究报告

（山东省教育科学"十二五"规划课题）

一、简介部分

自2011年"综合实践活动课程与学科整合及其整体推进"这一课题被山东省规划办确定为"十二五"规划课题以来，我们认真部署，扎扎实实开展研究，三至六年级累计参与班级达到160个教学班，参与学生8000余人，教师参与达到了300余人次。课题研究五年来，我们以《综合实践活动课程指导纲要》为依托，结合本地本校实际，与任教三至六年级课程的大部分教师密切合作，在综合实践活动课程资源的开发以及与学科课程的整合方面取得了大量的实践经验。在资源包的开发以及与语、数、英、音、体、美和地方校本等课程的整合方面，我们在内容整合、资源包整合开发、课时整合、与各学科课的整体推进等方面都有了相对成熟的经验，并通过近五年的边实践边总结，边总结边修正，让这个课题的成果变得更加成熟。其次，我们自2014年起在肥城市王庄镇演马小学、尚庄小学作为实践基地进行了课题的实践应用，也取得了较为理想的效果。

累计在《中国教师报》《综合实践——劳动技术教育》《教育文摘周报》《山东教育》发表相关论文7篇。作为本课题的研究成果之一，我校尚海涛老师主持开发的《包水饺》课程被《中国教育报》评为"2015年可以给孩子开设的28个创意课程"，两节综合实践活动优课被推荐到省级教研平台，在2012年山东省综合实践活动课堂教学研讨会出示观摩课1节、2013年全国综合实践活动第七届学术年会出示公开课2节、2015年泰安市课堂教学研讨会出示观摩课1节。

两位教师参与编写了综合实践活动资源包及教师用书，参与编写了山东教育出版社出版的《寒暑假生活指导》中的"实践天地"部分。

二、主体部分

（一）研究问题：研究目的—研究意义—研究假设—核心理念

1. 研究目的

综合实践活动课程是一门十分具有生命力的课程，可以说，自这门课程问世那天起就饱含着无数教育工作者的殷切期待。期待这门课程在学生的创新精神和动手能力方面能够开辟出一片新的天地，能够较好地弥补学校教育的某些短板。事实上，这门课程实施十几年来，也确实在一定意义上起到了它所承担的使命，但是在实施的过程中，由于没有统一的课程标准、没有固定的相对成熟的教材、没有固定的师资，导致这门课程在实施中出现了诸多问题，如教学内容混乱、教学内容难度与学生的身心发展不协调、课程实施内容与其他学科课程的交叉太多，往往一个内容科学课上讲过了，品德与社会（以下简称品社）课还要讲；美术课上讲过了，品社、综合、数学等学科课上还要讲，造成了大量的资源浪费，诸如学生的时间成本、不同学科教师重复叠加的讲授成本……为了较好地解决以上问题，我们申请立项了"综合实践活动课程与学科整合及其整体推进"这个课题。

2. 研究意义

在申报课题之初，我们就针对这个课题的意义在一定范围内进行了调查研究。课题的提出是出于我们在课程实施过程中，尤其是结合综合实践活动课程的实施中，在课程资源开发、师资配备、教学具准备等方面出现的一系列问题，我们本着"问题即课题"的原则初步确定了"学科整合及整体推进"这一研究方向。其次，我们选择了王庄镇的三处定点小学：王庄镇演马小学、尚庄小学、花园小学进行了"综合实践活动与学科整合"这一问题的问卷调查，通过调查，我们发现，这一问题有着一定的普遍性，众多的综合实践活动任课教师（涵盖了城区小学和农村小学）都遇到同样的问题——课程资源难度系数混乱，语、数、英、音、体、美和地方校本等教学内容混乱（很多内容学生需要在不同的学科课堂上重复学习、教师重复教学）……由此可见，研究本课题，对于解决这一普遍存在的问题，有着十分重要的现实意义：通过研究本课题，可以进一步厘清综合实践活动课程资源的内容；可以将综合实践活动课程与各学科课程的内容实现贯通，避免出现内容重复叠加的现象发生；可以进一步稳定综合实践活动教师队伍，避免出现"谁都能上，谁都上不好；谁都是综合实践活动教师，谁也不对这门课程的开设情况负责"的局面，从而，通过解决师资、课程资源包、课时等方面的问题，实现综合实践活动这一必修课程的科学有序的实施。

3. 研究假设

从确定这一课题起，课题研究小组就对于问题的解决有着自己的推理和设想，并进行了认真的论证。解决这个问题，主要是从教师、课程资源、课时等几个环节来考虑。

（1）教师方面。对于综合实践活动科任教师的确定，可以由学校的专职教师担任，也可以由社会上有一技之长的人员担任，即综合实践活动科任教师可以是固定的某个教师，也可以是不固定的多位教师（包括社会义教教师）。

（2）课程资源方面。对于语、数、英、音、体、美和地方课程、校本课程等小学段开设的所有课程，进行一次整体的摸排整合，对于内容重合（包括内容完全重合或者部分重合）的，结合各自学科的教学目标进行一次统整，然后结合教学目标兼顾学生的身心特点，分年级进行重新划分。

（3）课时方面。因为内容进行了整合，因此涉及相关课时的整合，如整合的某个内容涉及美术、品社、语文和综合实践活动，所涉及的四个学科安排的课时共计有17课时，而整合重置后只安排了5个课时的教学时间，这样就空出了12个课时，如何安排这12个课时，安排什么内容加以填充，以及这5个课时安排在美术、品社、语文、综合实践活动的哪一个学科，都需要进行合理妥善的安排。

4. 核心理念

一切有助于课程目标实现的因素即课程资源。课程资源是课程实施的重要保证，没有课程资源的支持，再美好的改革设想也不能变成实际的教育效果。按照课程资源的功能特点，可以把课程资源分为素材性课程资源和条件性课程资源。本课题研究中所指的多为素材性课程资源。素材性课程资源指能进入课程、成为课程素材或来源的资源，如教科书、网络信息、社区提供的信息等。

教师在筛选课程资源的时候，是以学生为课程资源整合的基点。课程资源要经过教师和学生这两个教学主体的过滤，从这一点上说，教师与学生是最重要的课程资源，按照这个原则，课程资源被分为教师、学生自身资源与其他材料性资源。教师、学生自身资源包括教师和学生的知识、技能、经验、活动方式、个性风格等自身所具有的特点；其他材料性资源指一切有助于师生成长的资源。

围绕我们所研究的这一课题，资源整合中统一课程资源可以达到多个目的，而不同的课程资源也可以达到同一个目的，这就需要教师针对不同情况对课程资源进行整合。所谓整合就是使不同的课程资源因素融入同一教学目标之中，使这些资源都紧紧围绕目标这个"魂"来展开，而不是以杂乱的形态出现。对课程资源进行整合的主体可以是共同体，这个共同体由多人组成，他们的成果通常表现为有形的东西（如学校根据本地区以及学校的实际情况制作校本课程；把学习资源制作成网页实现资源共享等），也可以是学生，也可以是教师。

课程资源整合遵循的原则：

（1）课程资源整合的基点是学生，所筛选的课程资源必须接近学生生活、接近学生认知水平，并且这些课程资源能够促进学生的发展。基于这点，教师就必须充分重视学生这一重要的资源，一切从学生出发。

（2）资源整合避免形式化。

（3）资源整合要结合被整合学科的课程目标要求以及学生的身心发展规律。

（4）针对性原则。根据学校、学生差异和主题差异，在各学科培养目标一致的前提下，因地制宜，因时制宜，因人制宜，选择相应的教育资源。针对活动主题的差异，开发并利用课程资源；针对学校特色开发的课程资源，根据本校课程资源的现状加以利用；针对学生身心特点，开发课程资源；针对学生年龄特征、认知水平、能力等方面的差异，开发课程资源，注意兼顾学生兴趣和学生的可接受性。

（5）整合性原则。将综合实践活动与各学科课程资源综合协调，以促进学生个性的、整体的、全面的、和谐的发展。学生的素质是有机的整体，学生生活世界里的资源也是丰富多彩的，要实现学生的整体性发展，必须是资源充分综合整合利用的结果。资源内容上的整合，各种资源都要尽可能协调开发利用，如校内和校外资源整合、文本与非文本资源整合、人力与物力资源整合；资源使用方式整合，接收式学习方式和研究性学习整合，动手动脑整合，个人与集体整合，目标要素的整合，科学的真、道德的善、艺术的美的整合，学会知识、学会合作、学会做事、学会生存的目标整合。

（6）经济型选择。在综合实践活动进行课程资源整合与开发时，要根据学校的实际，优先选择那些课程成本低而且可能对学生终身发展具有重要意义的课程资源，实现课题研究的低成本高效益。

（二）研究背景和文献综述：理论基础—相关研究成果

综观国内外关于综合实践活动课程发展的论述以及与学科整合的研究，我们也有了很多的发现。尤其是国内，近五年来，已有大量的有识之士开始关注、反思并研究综合实践活动课程与学科间的整合，且取得了大量的研究成果。综合他们的研究成果，可以概括为以下几个方面。

1. 整合管理资源，促使综合实践课程有效实施

综合实践课程是否能正常实施，关键在于学校领导的重视程度，学校只有充分认识综合实践课程在实施素质教育中的重要性，制订相应的管理制度，才能保证综合实践活动课在相关年级正常有序开设。

（1）组建综合实践活动管理领导小组。抓综合实践活动课程不能流于形式。学校应组建以校长为首，其他职能部门作为成员的课程领导小组，专门负责学校的综合实践活动课程资源的开发、方案的制订与实施、管理的督查等。同时设立综合实践课程管理层级机构，厘清各自职责，加强对实践活动的过程管理。例如教科室负责教师培训、课程研究、过程管理、教师评价，教导处负责综合实践活动课务安排及课时执行，德育处负责实践活动的学生组织等。

（2）成立综合实践活动教研组。综合实践活动虽然不是教师在课堂里教出来的课程，但它是学校教育中的一门必修课程，同时又是一门新兴的课程，学校或教师都缺乏对这门课程的认识，缺乏对这门课程开发与指导的经验。因此，成立教研组，积极开展有效的教研活动，积极组织对指导教师的培训，是提高对这门课程的认识和把握指导方法的重要途径。教研组在综合实践课程的开展过程中应该统一认识，统一思路，集体研讨，加强理论引领，分享实践经验，并能利用已有资源开发原创资源，挖掘当地资源，全面发展学生的综合能力。

2. 整合课程资源，丰富综合实践活动的内容

《综合实践活动课指导纲要》指出，在新的基础教育课程体系中，综合实践活动和其他的学科领域形成了一个有机整体，将综合实践活动课和各学科知识综合起来教学，做到书本知识与实践相结合，融知识和能力为一体，从学生的需要和社会的需要出发，把学科教学内容与综合实践活动内容恰当地整合与互补，在学科、学生、社会三者之间寻求一种动态的平衡，从而使得学科领域的知识在综合实践活动课中可以得到延伸、综合、重组与提升。

（1）统筹安排，先行做好学科内部的整合。

（2）突破课堂界限，加强与其他学科教学的整合。

3. 整合教师和家长资源，优化综合实践活动的组合

综合实践活动课程强调的是以学生为主体，强调学生要在自主学习和实践活动中吸取经验、提升能力，而教师则融进学生中，去指导、去帮助、去引领。但随着时代的发展，家长整体素质和文化水平大幅提高，我们要以完全开放的心态去接纳来自各行各业的家长，挖掘宝贵的教育资源，使家长和教师成为综合实践活动的共同参与者、合作者。这样综合实践活动不但有学校优秀教育资源的全员参与，更有了家长的大力配合，融合了教师和家长的组合优势，综合实践活动的可利用资源、空间就会大大增加。

（三）研究程序：研究设计—研究对象—研究方法—技术路线

1. 研究设计

（1）选择研究课题。"综合实践活动课程与学科整合及其整体推进"这一课题来自一线综合实践活动教师以及其他学科教师的教学实践，属于将教育实践活动中迫切需要解决的问题直接转化为研究问题。这一研究课题的确定具体体现为：①价值性。在本研究总报告第二大部分"主体部分"的研究目的和研究意义方面已有阐述，在此不再赘述；②新意性。虽然国内对于这一课题的研究也相当多，但是还未能探索出一套相对较为成熟且全面的经验，我们开展这项研究，意图在课程资源的建设和课时实施上总结出一条具有相对普适性的新路子。

（2）界定研究主题。对于本课题的界定，我们确定为综合实践活动学科与除音乐和体育之外的小学阶段的课程之间的整合。

（3）研究假设。我们的研究假设为，课程整合势在必行且有一条行之有效的具有普适性的规律可资总结，本课题研究结束后对于提高课程效率、发展学生的创造性和动手实践能力，必将会有很大的提高。下面从科学性、预测性、新颖性、可验证性等几个方面对本课题的研究假设加以阐述。科学性，我们的研究假设是在国内外对本课题进行的相关研究的基础上开展的，充分依托《综合实践活动课程指导纲要》和作为整合对象的各学科课程标准，严格按照学生的身体发展规律和知识构成体系，确保课题研究的假设科学。预测性和新颖性在前面的主题选择中已有论述，在此不再赘述。本课题的研究假设的可验证性是显而易见的，我们站在课堂实践的基础上开展研究，所有的设想和研究都是从课堂中来到课堂中去，从实践到实践，所以从始至终，我们的研究都在实践的不断检验和修正中呈螺旋上升式前进。

（4）关于进行文献检索。我们依托中国知网、万维数据等信息终端，选择"综合实践活动课程整合""综合实践活动课程实施""综合实践活动与学科课程""学科课程整合""课程整合"等进行了大量的检索研究，整理了大量的信息材料，供课题组交流阅读和讨论。

2. 研究对象

结合本课题的研究内涵和外延，我们确定了本课题的研究对象和主要研究的问题。我们主要的研究目的为：综合实践活动课程如何与学科课程整合，从而实现丰富综合实践活动课程资源包、提高学科课程资源效率、避免同一教学内容的多次重复授课、减轻学生和教师的负担等目的。基于此，我们确定并开展了以下子课题的研究：

综合实践活动课程与语文学科的课程整合研究；综合实践活动课程与数学学科的课程整合研究；综合实践活动课程和品德与社会学科的整合研究；综合实践活动课程与科学学科的整合研究；综合实践活动课程与美术学科的整合研究；综合实践活动课程与地方课程的整合研究；综合实践活动课程与校本课程的整合研究；综合实践活动课程与各学科整合研究之后的整体推进研究；整体推进过程中的知识架构研究；整体推进过程中的时间、课表安排研究。

3. 研究方法

（1）文献搜集法。搜集有关综合实践活动课程开设、综合实践活动学科与学科整合等相关期刊、专著以及网络文献，对资料进行归纳、整理、分类、分析，得出相关的研究成果，为本论文的研究奠定理论基础。

（2）系统分析法。在整个课题研究过程中，始终贯彻以理论知识为基础，以一线教师的课堂教学实践为根本，通过问卷调查、实践测查、效果考查，进行效果分析，以此对本论文进行布局、设计，保证本论文体系结构的逻辑性、科学性、可行性。

（3）定性与定量分析法。本文采取的定性方法是对课程整合之后的课程开设内容和效果进行分析，总结其优势，并找出现阶段发展存在的主要问题；定量方法是限定在单一的教学班，对于学生进行某一个课题资源包的效果分析，通过问卷调查等多种形式，让学生发表自己的看法和感受等。

4. 技术路线

本课题的主要研究技术路线见图1。

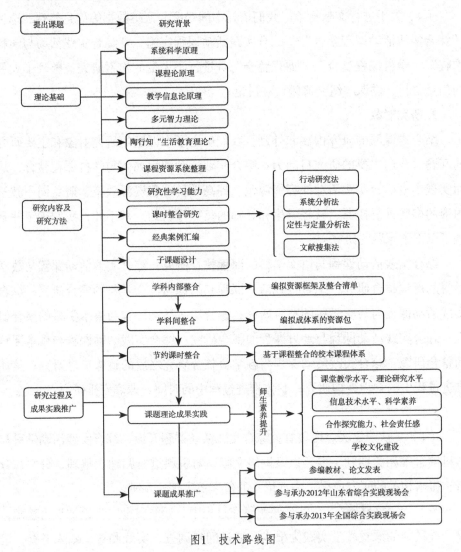

图1　技术路线图

（四）研究发现或结论

通过近五年的研究，我们发现，在小学三至六年级的学科教学中，可以进行资源整合的内容比较多，语文和品德与社会之间，品德与社会和美术之间，综合实践活动与语文、数学、科学、美术之间……基于此，我们首先搭建了综合实践活动与学科课程资源整合的资源框架，然后对需要整合的相关内容的教学目标以及各学科课程标准的要求进行了整合，整理出了各学科的课程资源整合清单，并编写了相关内容的教学资源包。此外，我们在课程整合实施评价、资源开发等方面也有了很多的收获。我们从课题研究中得到的最大收获是各学科之间课程资源的整合势在必行，可以节约、集约利用的空间很大，课程资源整合对于学生、教师、教学都有着十分重要的现实意义。

（五）分析和讨论

从课题题目"综合实践活动课程与学科整合及其整体推进"来看，无疑包括两个大的方面，即综合实践活动与学科课程的整合、综合实践活动与学科课程整合后的协同推进。课题组首先进行了多次的讨论研究和论证，此外，还向本学校在语文、数学、英语、科学、品社、美术……学科的专业教师，尤其是各学科取得"泰山名师""泰安市教学能手"以上业务荣誉的教师进行了请教，请他们在课程整合方面献计献策，获得了大量的意见和建议，这些都对后续的课题研究的实施奠定了坚实的基础。研究之初，课题组将研究重点首先放在整理出需要整合哪些资源、被整理的这些资源整合后以什么样的形式出现、被整合后的资源安排在哪些学科中开展教学，继而本着随研究、随解决、随总结的原则，开展实施本课题。

（六）建议

通过近五年的研究，我们也产生了很多的思考。

首先是课程整合中，在资源选择、年级分配的过程中，要注重学生的心理发展规律，注重对学生心理上的引导。小学生的理性思维还不够成熟，主要是以感性思维来完成任务，感兴趣的就好好去做，不感兴趣的、不喜欢的、遇到困难时就会往后退。所以，在活动中经常是有的小组没有计划性，想到哪里就做到哪里，小组内也不会较好地进行自我管理，最后只剩下小组长一个人在做；有的小组成员，任务总是拖拖拉拉到最后一分钟才完成，还有的坚持不到最后，一遇到困难就成逃兵……针对这种情况，教师一开始一定要注重做好引导工作。例如教小组长怎样管理组员，教小组成员如何克服困难，教组员如何齐心协力开大船……鼓励学生"不经风雨，怎见彩虹""失败是成功之母"，从而学会正视困难、挑战困难、战胜困难，在磨炼中尝到成功的快乐，在挫折中锻炼成长。

其次是整合后课程实施效果的评价。从课题研究过程中来看，综合实践活动与学科整合后的评价难以操作是制约活动效果的一个重要方面。课题选择、教学内容、教学设计、学生活动、学生成果、教师管控、课堂气氛、教学效果这些方面如何在活动实施过程中实现一个相对科学的评价，从而保证活动的良性长久发展，从我们的研究过程来看，这还需要进行深入的探索和完善。尽管我们也制作了《综合实践活动课程评价手册》，但是，这个手册在细化评价上还有很多内容需要完善，以便让更多的内容从中体现出来。也就是说，如何对一次综合实践活动的设计、组织、实施做出合理、科学的评价，即教师在指导学生收集、整理、加工资料，指导学生外出考察、访问、调查等一系列活动中付出的努力，花费的时间……这些都应该有一个评价来体现出来。然而，综合实践活动与学科整合的评价量化制度难以科学制订，评价量化就更难具体了。因此，研究和建立科学、合理的评价量化制度是目前亟须解决的问题。

三、主要成果

通过对"综合实践活动课程与学科整合及其整体推进"课题近五年的研究，我们扎扎实实开展实验，认认真真记录过程，仔仔细细分析效果，坚持边实验、边研究，边改进、边总结这种螺旋上升的原则，在五年的课题研究中，取得了较为丰富的课题研究成果。

（一）编拟出了综合实践活动学科的资源包框架

框架是课程资源整合的指导性文件，因此我们在课程整合之初，就精心研究编制出了"综合实践活动课程与学科整合及其整体推进"课题课程资源整合的编写框架。框架涵盖了综合实践活动课程资源开发的内容划分和具体内容，包括了与其他学科在整合过程中的取舍腾挪。

（二）整理出了各学科课程资源整合清单

在综合实践活动课程指导纲要、各学科课程标准以及综合实践活动学科框架的指导下，我们参照各学科教材，本着内容整合、目标整合的原则，进行了精心组合，列出了各学科课程资源整合的项目清单，从而做到了在课程整合中的有的放矢。

（三）在探索综合实践活动课程资源整合方面探索出了一系列途径和方法

在综合实践活动课程资源整合方面，我们认为不能人为地将研究性学习、社区服务和社会实践、劳动技术教育、信息技术教育机械地割裂开来，不能简单地把综合实践活动划分成相对独立的四门课程来教学。

（1）两两结合，整体设计。将综合实践活动中的研究性学习、社区服务和社会实践、劳动技术教育主要指定领域两两结合，进行整体设计，并将信息技术教育渗透其中。这样，可以构成由研究性学习、社区服务与社会实践；研究性学习与劳动技术教育；社区服务与社会实践、劳动技术教育三种整体设计的方式。

（2）以某一领域为核心主题，以一拖三，融合四大领域。综合实践活动各领域内的整合还可以采取以研究性学习、社区服务与社会实践、劳动技术教育、信息技术教育中的某一个领域为主，构成核心主题，也可以以社区服务与社会实践为核心主题，还可以以劳动技术教育为核心主题。但是无论哪一种领域为核心主题，都要求兼顾其他领域的要求。

例如，我们围绕地域特点组织的"访百岁老人活动"活动。围绕"践君行，做桃都君子"这一学校文化，师生一起开发了"走近家乡人"系列课程资源，不仅增强了学生的自豪感，更能认识到家乡文化的博大精深，感受到家乡的伟大。"走近家乡人"系列课程资源包括：走近百岁老人、走近家乡民间艺人、天南地北家乡人、家乡历史名人……每一类资源都可作为综合实践活动主题加以开发和组织实施。

以"走近百岁老人"为例，不仅可以锻炼学生的语言表达、与人合作、倾听、采访等多项技能，更能在与老人的交流过程中收获知识、丰富体验，重新认识老人那饱经风霜的脸，重新定义那一头白发，重拾那段岁月，进而鉴往知来。通过走近百岁老人，了解老人的饮食起居，听老人讲述自己丰富的人生经历，从中感悟时代和文化的变迁，既丰富学生的社会体验，拓宽了知识领域，又有利于学生学会调查，了解调查的一般方法，学会做调查记录，锻炼学生从事调查的过程体验及调查报告的撰写。

（3）在新的基础教育课程体系中，综合实践活动与各学科领域形成了一个有机的整体，二者既有相对的独立性，又存在紧密的联系。

综合实践活动课程是直接经验取向的课程，学科课程是间接经验取向的课程，综合实践活动课程作为一种经验性课程，它的独特性就在于通过经历来获得经验，包括在生活中遭遇的各种情景和问题的体验，获得新经验是经验性课程的目标之一，但是不能仅仅停留在经验的获得上，而是通过经验的获得，产生体验和感悟，在经验的基础上有所知、有所得、有所悟，则体现了经验课程的根本价值。而学科课程设计的基本出发点就是学生的发展，但是其逻辑前提是体系化、理论化的间接经验，也就是知识体系，它为学生认识世界、认识和发展自我提供了系统的认识基础和方法论基础。但是任何学科课程的教学，首先要保证使学生获得系统的书本知识，并在知识获得的过程中发展学生的能力和情感态度。因此，可以说，面对学生的经验世界还是面对学生的符号世界，是综合实践活动课程与学科课程的直接分界。综合实践活动是一种实践去向的课程，学科课程是认知取向的课程。作为一种基本的课程形态，综合实践活动课程尤其注重学生多样化的实践性学习方式，转变学生那种以单一的知识传授为基本方式，以知识获得为直接目的的学习活动。实践是综合实践活动的本质属性。综合实践活动课程与学科课程的最根本的区别在于课程观的差异，综合实践活动强调实践取向的课程观，而学科课程则偏重于认知取向。具体来说，综合实践活动与学科课程之间存在着三方面的联系：一是学科领域的知识可以在综合实践活动中延伸、综合、重组和提升；二是综合实践活动中所发现的问题、所获得的知识技能可以在各学科领域的教学中拓展和加深；三是在某些情况下，综合实践活动也可以和某些学科教学打通进行。

（4）综合实践活动与学科课程资源的整合方法途径。综合实践活动课程的实施与学科课程息息相关，它的课程资源与学科课程相比，有着更丰富、更多样化的特征，并且随着研究内容的变化而变化，因此，我们在研究之初就将两者看作一个有机的整体互相促进，紧紧围绕研究性学习课程资源整合目标，把各门学科都当作有效的课程资源，整合进综合实践活动课程（整合后的课程资源并不全部由综合实践活动课完成，将会根据具体情况划分到包括语文、数学、美术、科学以及综合实践活动在内的相关学科，具体的完成方法和划分将在后面的内容中单独论述）。在这样的整合中，小学生的综合实践活动与学科学习、兴趣的培养相辅相成，产生了合力。综合实践活动与学科教学的整合就是将综合实践活动与学科课程的教学融为一体。其操作意义是：一方面，在先进的教育理念指导下，把综合实践活动的目标、内容、学习方式以及评价应用到学科教学之中；另一方面，通过学科教学使教学资源、教学要素和教学环境整体化产生聚集效应，促进传统教学方式的根本改变，促使学生健康地发展。

（5）综合实践活动与学科教学目标整合的研究。学科教学的目标侧重于某一领域的知识技能目标，综合实践活动不是单纯从知识着眼，而是从人的发展着眼，着力点是促进学生主动地发展各项基本素质。在本课题的研究中，我校以校本课程"面食制作""沙画艺术"等为抓手，试图探索把综合实践活动目标与学科教学（语文、品德与社会、美术等学科）目标整合起来。原来的课程结构注重分科课程的设置，强调不同学科门类之间的相对独立性，强调一门学科的逻辑体系的完整性。而综合实践活动课程强调各学科知识的相互联系，综合性是综合实践活动课程的基本特征，强调各学科知识在实际生活中的相互渗透、相互补充和协调应用。基于以上分析，我们研究时尝试将综合实践活动课程的内容与其他学科教学内容相整合，融合两门或两门以上的学科，强调了内容与社会发展、社会现实生活的紧密联系，把环境教育、健康教育、安全教育、现代生活教育、当代科技教育等内容融为一体，将各学科知识综合起来进行教学，做到书本知识和实践相结合，融知识和能力于一体，在引导学生学习相关知识时，能够以教材为引子，进行辐射性的探究活动，在综合实践活动和学科教学的相互作用中提高学生、发展学生，在学科、儿童、社会三者之间寻求一种动态的平衡。

例如，徐瑜蒲老师自编的"沥粉画"一课，充分展现了学生的个性品质，体现了开放式的教学思想，并将综合实践活动课程与自然学科、美术、信息技术相结合。本课分6课时，从沥粉画的历史探索到色彩的分类，从不同的色彩到不同色彩的配合，从木架的制作到木工器材的使用方法，从沥粉画画板的设计到轮廓的勾勒，从沥粉的调制到绘画制作……在交流收获时其中某个学生通过课外阅读资料获得的知识，可能恰恰是另外一个同学想知道的信息，此教学环节是对美术教材的有效补充，学生在本教材的学习中，制作"沥粉画"时运用了美术知识，学生通过上网查资料在获得科学知识、美术知识的同时也提高了利用信息技术的能力。这样美术、科学、信息技术、综合实践活动学科的知识就在一起得到了延伸、补充，使之与学科课程交相呼应，相得益彰。

（四）在课题研究的过程中，编写出了成体系的资源包

开展"综合实践活动课程与学科整合及其整体推进"研究，最终的教材资源整合是关键所在，因此，我们对照综合实践活动以及其他学科课程的教学目标、课程标准、教材内容设计，逐一进行了整理、统计，对于能整合兼容的，我们予以整合，并在课时划分、教学建议指导等方面进行了研究和探索，编写出了较为系统的"综合实践活动课程与学科整合及其整体推进"资源包。共整合了语文、数学、科学、品德与社会、美术、综合实践活动等相关学科的主题，编写了23个资源包。

（五）在综合实践活动与各学科的内容整合后的课时安排上有了较成熟的经验

通过近五年的探索研究，我们在本课题的研究中，对于课程、课时、教师的安排和实施取得了一些较为成熟的经验。下面简要介绍一下在课程内容的实施、课时的安排、教师安排上的实施办法。

"综合实践活动课程与学科整合及其整体推进"课题整合资源包简介："综合实践活动课程与学科整合及其整体推进"是将综合实践活动与学科课程的教学融为一体，是在先进的教育理念指导下，把综合实践活动的目标、内容、学习方式以及评价迁移到各学科教学之中。一方面把学科领域的知识在综合实践活动中进行延伸、综合、重组与提升；另一方面在综合实践活动中所发现的问题、所获得的知识技能可以在各学科领域的教学中拓展和加深，通过学科教学使综合实践活动得到进一步的发展，使两者间的教学资源、教学要素和教学环境整体性产生共振效应，促进传统教学方式的根本改变，达到整体推进的目的，促使学生健康、富有个性的发展。（见表1）

表1 "综合实践活动课程与学科整合及其整体推进"课程整合资源使用指南

资源名称	使用年级	学科	所用课时数	节约课时数	节约课时可选校本课程菜单年级
1. 学会感恩	三年级上册	综合实践活动	4课时	节约4课时	三、四年级
2. 我是生活小主人	三年级上册	综合实践活动	5课时	节约5课时	三、四年级
3. 趣味动漫	三年级上册	综合实践活动	5课时	节约5课时	三、四年级

续 表

资源名称	使用年级	学科	所用课时数	节约课时数	节约课时可选校本课程菜单年级
4. 留住秋天	四年级上册	综合实践活动、美术	6课时	节约12课时	四、五年级
5. 盘泥条	三年级上册	美术	4课时	节约14课时	三、四年级
6. 纸品乐陶陶	四年级上册	综合实践活动、美术	4课时	节约9课时	四、五年级
7. 美化教室一角	三年级下册	综合实践活动	4课时	节约8课时	三年级
8. 端午节	五年级上册	综合实践活动、品社	4课时	节约4课时	五年级
9. 花儿朵朵	四年级上册	综合实践活动、美术	4课时	节约8课时	四、五年级
10. 乘风破浪	四年级上册	综合实践活动、美术	4课时	节约5课时	四、五年级
11. 城市美容师	四年级上册	综合实践活动、品社	6课时	节约14课时	三、四年级
12. 跟奶奶学手艺	三年级下册	综合实践活动、美术	6课时	节约9课时	三、四年级
13. 蔬果的联盟	四年级下册	综合实践活动、美术	4课时	节约8课时	四、五年级
14. 风筝	四年级下册	综合实践活动	4课时	节约5课时	四、五年级
15. 布艺温馨	五年级上册	综合实践活动、美术	6课时	节约6课时	五年级
16. 飞天畅享	五年级下册	美术、综合实践活动	3课时	节约4课时	五年级
17. 摄影	五年级下册	美术、综合实践活动	4课时	节约10课时	四、五年级
18. 我们去旅行	四年级上册	综合实践活动、品社	4课时	节约5课时	三、四年级
19. 编花篮	五年级下册	综合实践活动、美术	4课时	节约10课时	五年级
20. 饮食与健康	四年级下册	综合实践活动、数学	2课时	节约2课时	四、五年级

续 表

资源名称	使用年级	学科	所用课时数	节约课时数	节约课时可选校本课程菜单年级
21. 发明创造	五年级上册	综合实践活动、语文	5课时	节约5课时	五年级
22. 研究报告	五年级下册	语文、综合实践活动	5课时	节约5课时	四、五年级
23. 学会整理资料	三年级下册	语文、综合实践活动	3课时	节约2课时	三年级

（六）在整合学生资源以及教师资源等方面总结出了相对成熟的经验

综合实践活动具有整体性、实践性、开放性、生成性、自主性的特点，但是具体到某个班级的学生情况很不均衡，有的擅长交际，但是不善于收集；有的善于发现问题，但是不善于解决问题；有的家里藏书很多，有的家里基本没有书籍可供查找，拥有和熟悉电脑的情况也不均匀……这些都是班级之间的不均衡现象。考虑到这个情况，为了使课程整合不流于形式，我们发现：一个年级合作研究1~2个课题比较可行，班级与班级之间相互合作，共同研究，资源共享。综合实践活动强调通过引导学生参加丰富多彩的探究性学习活动，帮助学生在活动中学会发现、学会探究，形成解决问题的能力，增加学生的生活体验，强化学生的社会责任感。但这会不可避免地让学生接触社会、走进社会。因此，我们有意识地把社区资源整合到综合实践活动课程中，与我们的学科整合有机结合起来。结合科学、品德与社会等学科，开展社区调查、了解社区状况，如水土、气候、植被等；引导学生从生活实际出发，善于发现问题和提出问题，如环保问题、住房问题、健康问题等。在"社区公共设施使用与保护"活动中，一个小组在小区调查健身房，一个小组调查附近小区的绿化带，一个小组调查垃圾箱。活动小组分头调查访问，查阅资料，实地考察，亲自体验，调查公共设施给人们带来了哪些方便、公共设施的使用和保护情况。然后各小组交流总结写出活动报告，最后学生把自己的建议和设想变成服务社区的实际行动，成立了保护环境小分队，受到社区居民的普遍好评。总之，通过整合利用社区资源，参与社区活动，充分发挥身边的资源，培养了学生积极主动探求知识的技能。

在整合教师资源方面，我们也进行了大量的探索。首先，整合各学科的课程资源，必然会涉及教师资源的整合；其次，如何整合这些教师资源？涉及教师资源的整合和再分配；最后，教师的各有所长也注定了必定会有所整合。社会人士是综合实践活动实施的积极帮助者，他们分布在社会的各行各业，有着各种不同的人生经历、知识阅历和兴趣爱好，他们自身潜藏着丰富的资源，同时，他们身处的图书馆、科技馆、博物馆、工厂、企业、部队、政府机关等，都可以成为学生开展综合实践活动的生动资源。如果能把他们的积极性调动起来，开展综合实践活动课程资源就变得轻松而丰富了。虽然，教师们接受着相同的培训，但是教师和教师的接受能力之间有差异，教师的专业技能也不可能全部适应课程的要求，而且学生有些技能的培养需要其他教师的配合。因此，我们在研究和实施中树立了全校教师共同参与的思想，需要谁谁就上，无私地为这项课程资源开绿灯，提供帮助，并提供相应的技术支持。

教师资源也包括家长义教、社会助教等多个方面。由于综合实践活动充分照顾到了学生的个性差异，所以在课程内容的设计上也要充分关照学生的个人差异，因此，面对学生丰富多彩的学习内容，在教师的选择上也必然异彩纷呈，这期间，有着一技之长的社会人员、学生家长等本着"能者为师"的原则，也就成了学校教师资源有益而且非常必要的补充。不同的学生来自不同的家庭，不同的家长从事不同的职业，他们的家庭环境不同，经济状况不同，文化层次不同，社交范围不同，他们走到一起就是一个小小的社会。而这个小社会与学生生活息息相关，紧密相连。家长是学校开展综合实践活动的支持者和配合者。综合实践活动的实施，一方面取决于家长对该课程资源的信任度，另一方面也依赖于家长对课程资源的开发程度。许多家长非常热心于学校的综合实践活动，他们自身具有的知识、智慧、特长，如在饮食文化、广告设计、动物饲养等方面，可直接为综合实践活动服务。同时，他们还可以利用家庭、社区、单位等方面的人力和物力资源，为学校开展综合实践活动提供便利。例如，在开设"自护与自救"综合实践活动时，我们就邀请了班内张晓钰同学的家长到学校开展了家长义教活动。她的妈妈是医院骨外科的护士长，在儿童常见外伤的处理与预防方面积累了大量的经验。在授课过程中，晓钰妈妈用了大量的图片和现场演示，为孩子们提供了一场别开生面的自护自救课，深受孩子们的喜爱和好评。

在整合学科资源的同时，也需要同时兼顾校内外资源，学校承担着对综合实践活动进行总体规划、资源开发、技术指导、管理和监督、经费保障等方面的职责，是综合实践活动资源开发的自然主体。学校开发综合实践活动课程资源的过程，就是使课程得以具体落实的过程，是贯彻国家教育方针，促进学生发展的体现。例如，我们站在综合实践活动与学科课程整合的基点上，开发了丰富多彩的校本课程，如积极开发校内的人力资源和物力资源，把校内课程资源与校园文化建设、校园潜在课程等结合起来，校园的任何空间和时间都充分利用。我们充分利用文化墙、宣传栏、黑板报等来进行课程内容的开发：在宣传栏中，将世界上最前沿的社会、科技发展的文字、图片资料展示出来；黑板报展示的是学生研究性学习的活动图片或者活动报告；长廊的名人名言全部都用双语；课间十分钟让音乐铃声和音乐走进校园。努力重塑校园文化，创设浓浓的文化氛围，大力推进科学精神与人文精神的融合，处处为学生提供实践的舞台。另一方面，学校主动与社区、部队、工厂、农村、家庭等联系，把校外课程资源与校内课程资源有机地结合起来。这样，教师是资源整合的核心主体，学生是关键主体，校园内外是自然主体，家长和社会人士是积极的支持者和帮助者，它们缺一不可，共同构成综合实践活动课程资源整合的主体群，共同为综合实践活动的开展铺路架桥。

（七）在课程资源整合的基础上，建构了扎实高效的校本课程体系

我们立足学校实际，整合与规划校内外资源，以君子文化为主线，以"综合实践活动课程与学科整合及其整体推进"为框架，构建了君子文化校本课程体系。这一课程体系是"综合实践活动课程与学科整合及其整体推进"的课题研究成果，是国家课程和地方课程校本化的研究成果，是我校特色发展的重要载体，受到了学生的喜欢，提升了师生综合素质，生成了文化引领下的系列化特色校本课程资源，在综合实践课程资源整合的基础上，构建了扎实高效的校本课程体系。

1. 资源开发背景

（1）基于学生的发展需求。校本课程开发的首要的出发点和落脚点就在于满足学生的兴趣爱好发展需要。作为一种重要的课程类型，校本课程是学生学习的消费品，是一种多样化的可供选择的学习机会。

（2）基于"综合实践活动课程与学科整合及其整体推进"研究。我校有着丰富的综合实践活动小课题研究资源，数量众多且内容充实的小课题无疑是课程整合的有效载体。

（3）基于学校君子文化的理念引领。我校坐落于被称为"君子之邑"的肥城，基于肥城君子文化的深厚底蕴，我校提炼出"培育有文化根的现代君子"的办学理念，设计了君子文化SIS识别系统，明晰了"养良习，立君子之品；知诗书，成博雅之学；习雅艺，做美慧之人"的培养目标，提炼出"仁爱担当、明礼诚信、谦和睿智、博学笃行"的现代君子品质。

（4）基于课程建设的内在规律。课程建设必须与立德树人的教育任务相结合，体现课程育人的属性。学校课程是国家课程的第二次具体化，是国家课程与地方课程的融合与补充。校本课程的开发，要满足学生的兴趣和需要，这一生本要求决定了校本课程的育人归向。

2. 资源开发的研究方向和意义

（1）基于"综合实践活动课程与学科整合及其整体推进"课题所解决的主要问题：

① 学生层面：解决在三级课程设置框架下，打破行政班级界限，使学生能够获得个性、全面、和谐的发展。

② 教师层面：倡导"教师即课程"的理念，解决教师忽视个体课程"开发者、建设者"的问题，探寻有效途径，真正实现教师角色转型，促进专业提升。

③ 学校层面：在学校文化引领下构建立体化的校本课程，并提供可操作、具有推广价值的校本课程实践经验；做好学校课程资源与地域文化的结合，凸显课程的校本化、本土化，推进教育改革创新，为师生提供超值教育服务，进而实现学校的美好发展愿景。

（2）基于"综合实践活动课程与学科整合及其整体推进"校本课程资源体系开发的意义：君子文化校本课程的规划与实施，是综合实践活动小课题研究的进一步升华，是传承肥城"君子之邑"精神和文化的积极探索，是课程资源与当地人文历史底蕴有机衔接的积极探索，是全面满足师生个性发展的需要，是学校内涵特色发展的必然选择。君子文化校本课程是我校作为课改先行者所进行的有益的探索成果，丰富了学生的学习生活，提升了学生的生命质量。

3. 确立课程目标以及内容

涵养浩然正气，引导学生领悟古今君子的优秀品质。崇尚高雅趣味，了解科技、人文、艺术、体育等方面的知识，促使其生命质量得以提升。润泽君子品行，培养"仁爱担当、明礼诚信、谦和睿智、博学笃行"的现代君子。

课程内容主要有：以"综合实践活动课程与学科整合及其整体推进"为基础，发掘肥城"君子之邑"文化资源，立足师资、课程资源优势，本着学会生活、学会学习、学会健体、学会审美、学会创造、学会做人的目标，开发了养正气系列的"君子礼仪""写字""走近君子""美丽的桃都我的家"等校内必修课程12门；开发了尚雅趣系列的体育健身类、艺术器乐类、科技发现类、审美欣赏类、角色体验类、技能训练类、制作设计类、文化探源类等诸如"形体训练""科技创意""国画""白云传媒""阅读与写作""泰山文化""丝网花"等共计52门校内选修课程；开发了"我与学校共成长""君子文化润我心""童眼看桃都""经典诵读"等8门校外自修课程。

4. 活动实施

运行主线：组建开发团队→学校情境与学生需求分析→确定目标方案→课程申报与审定→课程推介与选课→制订课程纲要→设计研发方案→立体实施课程→评价优化课程→反思与改进课程。

实施策略：尊重学生兴趣，探索校生双向选择、二次调剂的方法，周三学校课程与课外活动连排授课。

一是立体化的开发主体定位。教师、家长、社会、学生资源成为课程开发的主体。

二是立体化的教师培训活动。对校本课程开发与实施的各个环节进行专题培训。

三是立体化的学科融合。与品生、品社、语文、音乐等学科相融合，开发了君子礼仪、经典诵读等课程。各年级学科在综合实践活动资源整合中节约出来的课时可在菜单中进行自助选择授课。

四是定期评估更新设置。淘汰受欢迎度低的校本课程资源，及时更新课程设置，丰富课程资源。

（八）课题研究提升了学生，丰富了教师，提高了学校的综合竞争力

1. 提高了学生的整体素质和能力

开展综合实践活动课程与学科课程的整合，满足了学生成长的需要。综合实践活动注重学生多样化的实践性学习方式，转变学生那种单一的以知识传授为基本方式，以知识结果的获得为直接目的的学习活动，强调多样化的实践性学习，如探究、调查、访问、考察、操作、服务、劳动技术和技术实践等。

2. 学生积累了大量的写作素材，促进了学生写作水平的提高

课题实验研究的中期调查显示，在整个活动中，学生人人都有研究日记，而且日记的内容真实具体。语文教师反映，学生的作文和随笔从没有像现在这么好过，连原来对写作文十分头疼的学生现在都能提笔立就，不再感到苦恼。通过本课题的研究，开阔了学生的"生活世界"，增加了与社会、大自然零距离的接触。综合实践活动超越了书本知识的局限，以活动为主线，要求学生从自己熟悉的生活中、社会中提出问题，并通过各种形式来解决问题，如果在解决问题的过程中又发现了问题，可以继续提问和解决，就像一棵大树，不断长出新的枝叶来。但是要长出新的枝叶，也要有足够的营养。

3. 学生的信息技术能力、科学素养得到了提高

4. 锻炼了学生的组织能力、协作能力、自控能力

综合实践活动课程与学科整合后的相关活动主题，是一个开放性的研究主题。因为每一个课题的研究都需要所有组员的齐心协力，才能达到最终目标。在合作中，有摩擦、有争论、有隔阂，但是为了研究课题的顺利进行，组员们之间学会了谦让、协作，更明白了只有团结一心、携手并肩，才能把研究性学习搞好。

（九）本课题研究助力教师成长，提升了学校的综合竞争力

"教育科研是教师成长的阶梯，是学校提升的基础。"教师在指导研究性学习的过程中，自身素质也得以提高。在实施综合实践活动的过程中，首先改变的是教师的教学方法，从单一的传授方法到转变为学生的主动参与、积极探究。其次，教师勇于实践，大胆创新，不断反思，不断总结，积极撰写案例和教学论文。

教师的教育观念发生了较大改变。课题研究几年来，大多数教师认为自己自从参与研究后教育观念发生了很大变化。"综合实践活动不同于其他学科课

程""教师应该充分尊重少年儿童的主体性""儿童站在教育的最中央""儿童的需要是课程建设的中心""课程应该追随儿童"……这些观念一次次刷新着课题研究团队教师们的认识。在实践中，教师们已走出权威式的讲解教学，建立起了与学生的对话关系，从而实现了传统教学模式的突破。

教师之间也逐渐形成了研讨、协作的氛围。综合实践活动的开展需要教师团体指导、协同教学，因此，教师单枪匹马、各自为政的工作方式将遭遇重重困难。调查表明，69.1%的教师认为自己需要与其他教师协商才能指导学生的活动。所以，综合实践活动与学科课程的课程整合要求打破因学科隔离造成的交流屏障，促进不同学科背景、不同特长的教师之间互相学习、互相帮助。因此，在课题研究开展中，教师之间的研讨、协作机制就自然建立起来了。

教师之间开展了广泛的继续学习。教师们在综合实践活动中，无论是知识储备还是指导能力，都感到了欠缺与不足。多数教师认为自己的知识结构也只能在一定程度上满足学生的需求。教师面临着挑战，他们深切地感受到自己需要不断提高。在调查中，"意识到自己应不断提高"成为近半数教师在活动开展中的最大收获。尽管教学任务繁重，但是多数教师在业余时间都投入了学习，阅读教育理论书籍、总结教育教学经验、关注社会现实发展、拜访学者专家成为教师自身素质发展的有效途径。

几年来，参与本课题研究的课题组成员有多人被评为"山东省教学能手""泰山名师""泰安市学科带头人"，在2012年召开的山东省综合实践活动课堂教学研讨会上，本课题组为大会提供了观摩课。在2013年召开的全国综合实践活动第七届年会上，我校两位教师参加了会议的优质课评选，均荣获一等奖。此外，有十余篇综合实践活动课程实施及其整合方面的文章在《教育文摘周报》《中国教师报》《综合实践-劳动技术教育》《山东教育》等教育类专业期刊上发表。从这些成果来看，本课题组教师的素质得到了很大的提高。

"科研兴校、科研强校"是我校求生存、求发展永不动摇的信念。我校现有国家级课题两项、省级课题5项、市级课题7项、县级课题12项，各类课题互相渗透，相互补充，相互促进，贯穿于教学活动的全过程，共同折射出我校教育科研的斑斓彩虹，"综合实践活动课程与学科整合及其整体推进"这一课题，更是走在了肥城市乃至泰安市的前列。几年来，我校先后成功承办了山东省综合实践活动课堂教学研讨会、全国第七届综合实践活动学术年会、肥城市综合实践活动课堂教学研讨会。我校的教育教学质量日益提升，年年被评为市教学工作先进单位、教学工作成绩突出单位，多次名列肥城市教学视导检查第一名，赢得了社会各界的广泛关注和普遍赞誉。整合综合实践活动学习资源，有计划地开展综合实践活动与学科整合的研究，对于学校的帮助是显而易见的。

"君子文化"是我校的校园文化的核心。"综合实践活动课程与学科整合及其整体推进"尊重教师和学生的主体性，从而引发了教师和学生行为的变化，转变了师生之间、同学之间、教师之间的关系。课题开展以来，教师和学校决策层的教育思想、管理思想、教学方法等都发生了一定的变化，而且一种彼此尊重、相互协调、追求创新的风气在校园内悄然形成。可以说，综合实践活动推动了学校的整体变革，为重塑新型的学校文化提供了契机，综合实践活动是学校文化的有机构成，集中体现了学校特色，如我们建立的"白云书画院""白云茶艺馆""白云3D打印室"……再如，我们开展了"午餐的研究"活动后，由于学生的积极参与，我校餐厅无论是饭菜质量、品种、花样还是卫生等情况都得到了很大的改进，已成为远近闻名的营养食堂，成了我校的金字招牌。这就是特色，尽管校园文化的内容很多，但是实践证明，综合实践活动的有效发展，已经为我校的特色形成起到了重要的作用。

（十）综合实践活动课程的教学理念在其他学科课程中得到了广泛应用

自主、合作、探究，以开放的观点看待学科的知识，以学生的自主活动作为教学的重要构成……综合实践活动诸如此类的课程理念在悄然之中已经自觉转入课堂之中，给课堂带来了活力。在调查中我们发现，有50.9%的教师认为综合实践活动课程理念对自己的学科教学发挥了促进作用。现在这种促进作用已经渗透到各个学科，如语文、数学、英语、科学、品德与社会、美术等学科的教学都有了一定的改变，这可以从教师的一部分教学案例中得到印证。

（十一）参与编写鲁科版《综合实践活动》《劳动与技术》

课题组多位成员参与了鲁科版《综合实践活动》《劳动与技术》的编写工作，课题组组长尚海涛还参与了整套教材的统稿工作，我们在课程资源整合与学科整合方面的一些想法也得到了省教材编写专家的认可。此外，还参与了《寒暑假生活指导》中有关"综合实践活动"部分的编写工作，以及每年两次的材料修订工作，我们在综合实践活动课程实施与资源开发方面的诸多想法都成为资源包编写和修订过程中的有益补充，得到专家们的支持和肯定，这对于我们的草根研究无疑注入了无穷的动力，促使我们在这所城乡接合部的小学里，潜心搞研究，扎实做实验，努力去追求自己的梦想。

（十二）成功参与承办了两届盛会

学校成功参与承办了两届盛会：2012年5月在我校召开的山东省综合实践活动课堂教学研讨会和2013年10月在我校召开的全国综合实践活动第七届学术年会。我校作为现场单位，所呈现的综合实践活动课程开发与实施成果得到了与会专家和学者的一致好评。

（1）山东省小学综合实践活动课程教学观摩研讨会议。2012年4月24日，山东省小学综合实践活动课程教学观摩研讨会议在肥城举行，来自全省各市县区的综合实践活动学科教研员、课题负责人、学科骨干教师共500余人参加了会议。这次会议是肥城市也是泰安市中小学生素质教育成果的一次集中展示。在4月25日上午的开幕式上，泰安市教育局和肥城教育局的负责人先后介绍了肥城市综合实践活动课程实施情况，《人民教育》总编辑傅国亮，省教科所副研究员曾庆伟先后做了精彩的报告。下午，由27位省级教学能手和骨干教师上了教学观摩课，会议主持人山东省教学研究室办公室主任、综合实践活动学科教研员王秀玲及8位地市教研员对教师们的课堂教学进行了现场点评。观摩课集中展现了深化课程改革、推进素质教育的优秀成果，课堂以前沿的教育理念，新颖的教学方法，活泼的组织形式，赢得了与会专家与教师的一致好评。

此次会议为期三天。4月26日上午继续进行课题教学观摩，下午与会人员参观肥城市河西小学白云山校区和王瓜店街道办事处中心小学的综合实践活动课程现场。现场按照研究性学习、社会实践社区服务、劳动与技术、信息技术等四大领域，整合各街镇、市直、矿区学校课题成果，布置了47个展室，展室中学生作品、现场操作、图文简介、研究过程性资料等应有尽有，既丰富充实，又布局合理、疏密有致。在室外，成百上千的学生进行了抖空竹、太阳能水陆两栖车、太阳能四轮车、武术表演、太极拳等精彩纷呈的节目表演。4月27日上午，国家社科基金"十一五"课题组负责人对"十一五"的课题研究工作进行总结，课题实验先进学校进行经验介绍，颁发结题证书，表彰课题实验优秀研究成果。

（2）全国教师教育学会综合实践活动学科委员会第七届学术年会暨"综

合实践活动课程区域推进"理论与实践研讨会。2013年10月23日至25日，全国教师教育学会综合实践活动学科委员会第七届学术年会暨"综合实践活动课程区域推进"理论与实践研讨会在肥城市白云山学校成功举行，来自全国各地的500余位专家、学者和骨干教师齐聚在桃都肥城，参与和见证了这一盛会。

10月23日，会议在肥城市白云山学校如期开幕，开幕式由全国教师教育学会综合实践活动学科委员会秘书长刘玲主持。教育部基础教育二司课程发展处研究员柳夕浪，全国教师教育学会雷启之主任，全国教师教育学会综合实践活动学科委员会名誉理事长陈树杰教授、理事长杨培禾教授以及肥城市名树伟副市长、教育局杜君河局长等领导出席会议。肥城市副市长名树伟向大会致欢迎词。三天的会期，每一天都是一场饕餮盛宴。柳夕浪、张华、陈树杰等名人名家的专家报告，来自五湖四海的各位综合实践活动教师所带来的精彩课堂，每一位与会教师的真知灼见，精彩绝伦的活动展示，让整个大会五彩纷呈、硕果累累。尤其是肥城市的典型经验介绍，更是激起了与会专家的热烈讨论和一致认可。肥城市从课程实施保障、课程实施模式以及下一步的工作打算等几个方面详细介绍了肥城市十几年来在综合实践活动课程实施方面所积累的先进经验。所提到的"趟路子""构模型""创模式"及其"九化模式"更是成为大会热词，与会代表普遍认为肥城的经验扎实、务实，并有很强的创造性，对比本地区也有很强的可借鉴意义。

会议的另一个亮点是由肥城市中小学生带来的精彩的科技制作、手工作品、民间工艺、艺术表演……琳琅满目，美不胜收。张华教授在报告结束后也兴致勃勃地观看了学生们的表演，领导和与会专家们一次次驻足留步，欣赏着一件件精美的手工作品，赞叹着孩子们精湛的技艺，轻抚着一件件专利证书，"太好了""了不起"……诸如此类的溢美之词脱口而出！从这些现场展示活动中，与会教师们看到了肥城市综合实践活动课程十年来筚路蓝缕、脚踏实地的耕耘之路，看到了肥城市综合实践活动课程探索者锐意进取、勇攀高峰的壮志豪情！直到会议结束，仍有众多的与会代表流连于展室之间，请会务组联系如何能够获得更多的有关肥城综合实践活动课程发展的材料；一次次打开相机，与学生合影留念，并毫不吝惜自己的溢美之词，在留言簿写下自己感谢和激动的话语……

10月25日，大会总结。学科委员会理事长杨培禾教授高度评价肥城市在综合实践活动课程建设方面取得的成就，孩子们的现场展示以及所做的扎扎实实的工作让她以及众多的与会代表感到非常震撼，同时对未来综合实践活动课程的发展进行了憧憬和展望。更让我们感到激动的是，在26日下午，时任山东省教育厅副厅长张志勇专程赶到肥城，现场观摩了肥城市综合实践活动展示现场，听取了教育局领导的汇报及会议情况介绍。张厅长对我市的综合实践活动课程建设予以高度肯定，并对下一步的工作提出了殷切希望。时任市委副书记、市长张成伟陪同了活动，并对教育工作取得的成就给予了高度评价。会议在大家的依依不舍下闭幕了。

第四章 04

教育情怀与感悟

做一名有趣的综合实践活动教师

作为一门新兴课程，综合实践活动的成长需要众多因素的助力，以期实现课程本身新课程改革中的亮点、基础教育课程改革结构性突破的课程价值。因为鉴于课程的价值意义，资源需要自主开发、实施需要自主探索、师资需要在成长中培养，课程实施的难度可见一斑。如何让学生更加喜欢综合实践活动课程，如何让课程展现出更大的魅力，我想，综合实践活动教师本身也是十分生动的资源。

一位优秀的综合实践活动科任教师，能够更好地激发学生对课程本身研究的兴趣，进而从喜欢和崇拜一位老师，喜欢和爱上综合实践活动课程。那么一位优秀的综合实践活动教师，应该是一个什么样的老师呢？

最重要的，是要做一个有趣的人。有趣，《现代汉语词典》的解释为"有兴趣，有趣味"。不管是作为一名教师还是从事其他的工作，我想，成为一个有趣的人是十分重要的。肯定一个人的方法有很多种，这其中"有趣"是一个很重要的指标。"有趣"还指有自己的思想，有对某一事物具体清晰的判断。由此可见，有趣的人首先是一个自信的人，而自信也必能让人自带光芒。有趣的人对人热情，热爱生活，他们能把生活中的针头线脑、鸡毛蒜皮唱出歌的乐曲、种出花的芬芳。一个有趣的人，如果走近他的身边，我们能深切感受到他对世界的热爱、对未来的探索的渴望和对美好事物的向往。

作为一名综合实践活动教师，"有趣"还表现在我们的课程资源开发视野和关注点上。一个有趣的教师，能从司空见惯的现象中提出问题，能从人们耳熟能详的事情中翻出新意，能从学生的异想天开中同频共振，发声共鸣。例如学生看到自家院子里有的树上长出了木耳，有的却没有长木耳，还有的长在枯树上，且不同的枯树木耳生长的种类和大小也不相同，于是产生了这样一个问题：为什么有的树上长木耳，有的却不长呢？为什么不同种类的树，长出的木耳也不相同呢？一位有趣的综合实践活动教师，能够充分理解学生的心理，能够站在儿童的视角看世界，会肯定学生的奇思妙想，并蹲下身子，倾听学生的想法，进而和他们一起去设计实验探索，一起去寻找问题的答案。于是，有趣的老师和一群天真烂漫的学生，一起去做他们都认为很有趣的事情，这可能是每一位教育工作者心中最美的一幅图景了。

综合实践活动教师还要是一个会"玩"的人。玩什么？怎么玩呢？笔者经常和老师们谈论一个话题：综合实践活动课程的资源如何开发呢？大家都认为教师本身就是很生动的课程资源。结合教师自身的兴趣爱好，可以组织学生一起开展相关的活动探究。例如，教师喜欢无线电测向，那么就可以和学生一起开展这样一项综合实践活动小课题研究；教师擅长泥塑制作，据此开设一门"泥塑"课程也就变得很容易实施了……但是，事情的关键是，作为教师，你有没有兴趣爱好，你有哪些兴趣爱好。笔者在福建教育学院参加全国综合实践活动骨干教师培训时，认识了福建教育学院的肖晓阳老师，也聆听了肖老师的报告。作报告的肖老师旁征博引，和我们分享了许多的教学案例，其中很多都来自不同的领域。肖老师研究的领域有哪些呢？诗钟、对联、诗词、书法、绘画、盆景、赏石、根艺、灯谜、折纸、二胡、散打、手工，而且玩出了名堂，除了已经出版的七本专著，"诗钟"更是"玩"到了全国知名的程度，在这一领域有着举足轻重的地位。肖老师说他的教学主张是"教学皆玩"，我想肖老师说的"玩"更多的是侧重于兴趣爱好，是一种发自自身的强大内驱力。试想，如果我们将学习目标变成了学生的一种爱好，那么我们还会担心学习效果吗？所以，作为综合实践活动教师，要有广泛的兴趣爱好，而要实现这个目标，无疑也需要我们付出自己的努力，要通过自己的研究，让自己的兴趣爱好物化、系统化，并逐步向高端化发展。所以，要想会"玩"，就需要我们不断地去学习、实践和创造，如此，等我们有了源源不断的源头活水，再给孩子一碗水时，我们才不会感到局促和尴尬。

综合实践活动教师还要是一个幽默的人。老舍说："幽默者的心是火热的。"而综合实践活动教师更要做这样的一个播火者，用自己的幽默去点燃学生求知的火把。在一项"学生喜欢什么样的老师"的调查研究中，"幽默的老师"排名第一。由此可见，幽默有着无穷的魔力，它可以让学生被老师的人格魅力所吸引，进而爱上这门学科，爱上所参与的每项综合实践主题活动。幽默还可以降低学生的心防，让他们能够卸掉恐惧，轻装上阵，展现出活力最高的自己，而这样的投入，也无疑是我们实现课程目标最坚实的保证。

　　综合实践活动教师还要是一个有梦想的人。我们挚爱的课程虽然还很稚嫩，但是我们的梦想却无比远大，我们每一位综合实践活动人，都会步伐坚定、目光如炬、坚持不懈地走在求知探索的研究之路上。我们有着最遥远的梦想，那就是让综合实践活动课程给每一个学生都插上腾飞的翅膀；我们也有最朴素的生活，在看似平淡的生活中，我们会和学生们一起，种上未来的种子，并让它开出最美的花，结出丰硕的果！这些果实虽不华丽，但颗颗饱满！愿每一位综合实践活动人乐此不疲！

彼此唤醒

在所有让我感动的对象之中，孩子是最为特殊的一个。这些小生命清澈见底，却又仿佛蕴含了荡涤一切的巨大能量，让成人世界中的一些东西在他们的面前被迫卸下伪装，甚至被击得一败涂地。

我的一位朋友有一个两岁大的男孩，小家伙胖乎乎的很讨人喜爱。谈论孩子是每一位母亲的天性，她当然也不例外。就在最近几天，她给我讲了这样一个小故事：一天晚上孩子很调皮，一直哭闹着要她抱，而且要抱着他在卧室和客厅间不停地走动。也许是朋友温暖的怀抱让孩子感到异常的安全和舒适，小家伙在朋友肩上快乐地撒起欢儿来。但一段时间之后，朋友明显地坚持不住了：一天劳累的工作早已使她本就脆弱的腰椎疼痛难忍，哪还经得起孩子的这一阵折腾。于是她放下孩子，对正在哭泣的孩子赌气地说："哭吧！再哭我就不管你了！"没想到孩子竟然马上止住了哭声，看着她说："妈妈好！我不哭！我不哭！"看着面前这个挂满泪珠的小脸蛋，朋友一把把孩子搂在了怀里。

听完朋友的讲述，我的内心久久不能平静。我们该如何看孩子？还能不能仅仅用"孩子小，不懂事"来搪塞任何事情？他们的情感是那样地细腻，他们的行为是那样地直接，甚至有时带着他们很自以为是的狡黠，然而正是这些，给了我们每一个成人以感动和快乐，同时也唤醒了我们，唤醒了我们那颗同样本真的童心！

今年由于初中生源减少，一批初中教师被调到了小学任教。在交流中，他们说得最多的是"小孩子太有意思了！感觉自己又找回了儿时的时光！"

孩子与老师又究竟是谁在唤醒谁呢？谁又该被谁唤醒呢？作为一名教师，尤其是一名小学教师，整日里与一颗颗稚气的童心打交道，犹如掬一捧清泉在手，明目清心。感知儿童异想天开的思维，倾听他们无忌的童言，在和他们的交流中，共同去欣赏那经过一双双童眼过滤后的世界，因为这样，我们的认识也变得更加清纯本真。于是我们感叹：和孩子在一起真好！他唤醒了我们久违的童心、好奇心，唤醒了我们内心深处最朴素的善良和正义。

在一次次的彼此唤醒中，我们感觉到和孩子们的共同语言多了，更容易和他们交流了。自然，我们的生活也会因此而变得更加丰富、快乐起来。

心有多大，孩子们的舞台就有多大

最近读了耕青老师的一篇儿童文学作品《梨一样的苹果》，感受颇深：这是一个所有教师都应该看的故事。

米哈果夫是俄罗斯偏远小城里一个出色的小学图画教师。有一天，他在黑板上画了大大小小十几种苹果，然后让孩子们每人选一个自己喜欢的苹果来画。这时他发现墙角的尤里卡似乎是在故意捣蛋：他画的苹果又长又圆，蒂部尖尖的，并且涂满了梨黄色。"你画的是苹果吗？""是的！""我看怎么有点像梨？""是的，有些像梨的苹果！"尤里卡告诉老师：在西伯利亚大森林里，一棵苹果树和一棵梨树各自被雷劈去了一半，两棵树紧紧地靠在一起，长成了一棵树，上面结的就是这种像梨的苹果，并且他是世界上唯一吃过这种苹果的人，因为这棵树上只结了一个苹果。但是后来树慢慢死了。这一切巧合在米哈果夫的眼里更像是一个孩子并不高明的谎言。他把尤里卡赶出教室："要么拿出你所说的那种苹果，要么乖乖地画我的苹果！"在第二天尤里卡的作业本上，米哈果夫发现每一个圆润鲜艳的苹果旁都洒满了斑斑点点的泪渍。他感到自己必须要弄清楚世上到底有没有这种像梨的苹果。他询问尤里卡的父亲，一趟趟迎着风雪去邮政所发信，到处询问有没有这种苹果，但一点回音都没有。终于有一天，他匆忙跳上了一辆破旧的汽车赶到了两千里之外的莫斯科。在国家园林科研所里，他向伟大的园艺家米丘林讲了这个故事。米丘林发疯似的跳了起来，"我的确不知道世界上有没有这种苹果，但我必须要感谢你的故事，请给我三年时间，三年后的秋天我会给你一个像梨的苹果！"三年后的一天，披着厚厚尘土的米丘林拿着两个神奇的梨苹果走进了校园。"这是一场真正的革命，有了嫁接术，我们就有了成千上万种没有见过、没有吃过的神奇水果，而开始这场伟大革命的有两个人：一个是图画教师米哈果夫，一个是12岁的学生尤里卡!"

一、面对学生的时候，教师是一份容易犯错误的职业

因为我们的教育对象是一个个鲜活的生命，每个孩子都是一个世界，他们的梦想、个性、爱好、知识储备、思考问题的方式各不相同。其气质类型之丰富、知识面涉及领域之广对每一位教师都是一种考验。这要求我们为人师者一定要彻底抛弃高高在上的师道尊严，摒弃教师无所不通的错误认识，凡事不要以自我为中心，想当然地去分析和处理问题。把自己放在与学生平等的位置上，抱着共同学习的态度认真地倾听、积极地思考、平等地交流，最大限度地保障孩子健康成长。在米哈果夫老师眼里，小尤里卡讲的一切都太巧合了，这更像是一个童话，他凭经验主义做出的轻率判断也给他们两人带来了长达三年的折磨。

二、留心细节是教师责任心的重要体现

"天下大事，必作于细""成大业如烹小鲜"。在教学中，尤其是在小学教育中，关注学生学习生活中的细节对于培养其良好的生活习惯、学习习惯、道德品质都有着极为重要的作用。柳青说过："人生虽然漫长，但紧要处只有几步。"我将这句话引申一下：在学生的学习生活中，关键点也往往只有几个，它就存在于我们因自己的经验主义、个人主义等原因而可能犯下的错误中。我们一次不经意的处理可能会铸就学生未来成长的路，可能会让他信心倍增，重燃希望；也可能使其偃旗息鼓，放弃梦想。米哈果夫老师在第二天小尤里卡上交的作业本上发现了泪渍，这个细节显然不是所有人都能察觉的。更为可贵的是他进行了深入的分析：一个孩子如果当着老师的面哭，可能是在掩饰什么；如果当着家长的面哭，可能因为害怕什么；而一个孩子对着自己的作业本掉眼泪，则只能说明他非常非常地委屈，也正是这些极易被人忽略的泪渍开启了米哈果夫老师三年的求索之路，诞生了这个不朽的传奇。

三、教师的心有多大，孩子的舞台就有多大

在学校这个场域里，学生无疑处于一种较为弱势的地位。他们手中的资源远没有我们多，在知识储备、技能技巧、思维能力等方面也处于明显的劣势。

但这群年幼孩子的心智、个性、认知等正在悄然形成，我们的一些想法、做法在他们眼里会被无限放大。这要求我们必须要坚持学习、坚持反思，用自己的言传身教为学生打造一片真善美的天空。我们要让武断、自以为是等一切不利于学生健康成长的思维方式远离我们。其实"人非圣贤，孰能无过"，我们不能保证自己不犯一点错误，关键是我们如何去面对错误。是逃避，甚至将错就错、一错到底，还是亡羊补牢，及时改正并真诚道歉，这是两种截然不同的处理方式，也反映了两种不同的工作态度。作为教师，我们是在塑造孩子们的心灵，正确地面对错误显得尤为重要，每一次错误都是孩子健康成长的关键点。米哈果夫老师是可敬的，他的伟大之处在于面对可能存在的错误时那深深的自责，并为之付出的艰辛努力。"他不敢看小尤里卡，他莫明其妙地自言自语，烦躁地跺脚挥手。无论他的手挥得怎样有力，总也赶不走缠在脑袋中那像梨的苹果。无论他是多么不愿意，那些泪渍早已像一块块苦涩的盐斑深深印在了他的心上。每一节图画课对他都是一种煎熬。"我们可以推想三年中他的每一天都不快乐，都是在痛苦和自责中度过的。他顶风冒雪一次次地寄信查访求证，甚至远赴千里之外的莫斯科。这种近乎执拗的执着让人肃然起敬，也为小尤里卡展现了一个公平正义的世界。

做教师，就是在做良心。和孩子们在一起的时候，我们在接受世界上最严厉的监督，也在接受最严峻的考验，需要我们用最大的耐心、爱心去面对他们，因为"我们的心有多大，孩子的舞台就有多大"！愿每一位教师乐此不疲！

请不要把孩子看作"隐形人"

记得看过这样一则笑话，是两个孩子之间的对话。

"我想做蜘蛛侠！""不可能！"

"我想做超人！""不可能！"

"我想做隐形人！""行！因为大人们经常无视我们的存在！"

可能是出于职业的敏感，会心一笑的同时，我想到了我们的教育。

一节公开课正在进行，课题是"认识交通标志"。教师出示了很多的交通标志，请学生们分类。小组讨论后请两个学生进行汇报。教师对于学生的陈述未置可否，而是直接让他们回到座位上去，然后开始对展示的交通标志逐个讲解。

试想，安排学生讨论、交流这一环节的目的是什么呢？我们充分发挥学生的能动性，让他们凭借自己的经验做出相关判断。可是，如果教师对于他们的思考不予评价、不予引导，不去倾听他们思考的过程，那么走这样的过场又有什么意义呢？站在学生的角度上考虑，他们很需要老师的评价，需要和老师之间思维的碰撞、互动。他们的脑袋是一个等待点燃的火把，而不是感觉自己仅仅被当成了一个用来盛知识的容器。当师生之间的思维变成了各说各话的"两张皮"，尊重何来？碰撞何来？显然，在这样的情境下，一切美好的目的都只能是镜花水月。

像这样无视学生存在的例子还有很多，很多情景我们都似曾相识。课堂上，我们布置了作业不检查、许下了承诺不兑现、对学生的观点不过问，回答完问题的学生因为没有得到我们的授权仍然保持着站姿……；校园内，在那些天真活泼的学生们面前，我们旁若无人地吸着烟、乱丢着烟蒂，铃声落了我们还没有走进课堂……试问，我们真的看不见学生吗？当然不是！我们都拥有一双明察秋毫的眼睛，它显示的是我们思想的麻痹，这比真正的失明更可怕！因为麻痹，我们认为自己的一切行为都是那么地理所当然、天经地义；因为麻痹，我们降低了对自己的要求，学会了为自己寻找各种各样的借口。长此以往，对于学生，我们累积了太多太多的错误——根本无法宽恕的错误！

从另一个层面讲，我们漠视学生的存在，他们是如何认识我们的呢？因为担任班主任的缘故，所以从教学管理中能够更多地了解他们的所思所想。其实，我们的这些小把戏无不在他们的心里被打回了原形。他们毫无遮拦地揭着我们的老底：已经会做的题目为什么还要翻来覆去地做？周末的作业太多了，为什么不让我们多玩儿一会呢？老师您为什么能够在校内骑车呢？……而对于这些，我们却多不自知，情何以堪？

不要把学生看成隐形人！每一个学生都是和我们一样平等存在的，而且他们拥有世上最神奇的宝贝——童心。他们心似秋月，碧潭皎洁，在他们的面前，我们接受着世界上最严厉的监督，几十双、几百双眼睛在注视着我们，解读着我们的一举一动。由此看来，他们不仅真实地存在着，而且在我们的四面八方，督促我们不断地提升自己，告诫我们：凡是面对学生的，再小的事情也是大事，都要事无巨细地谨慎对待！

我只想安安静静地教一辈子书

在和一位朋友的聊天中，她有些苦闷地告诉我："如果有更好的选择，我不会做老师，我感觉做老师很累，我不像你那么爱学生，爱教育！"

我说，我给你讲几个小故事吧！

一件发生在2010年的1月份。批改作业时，一篇题为"我的生日即将到来"的日记引起了我的注意，他写道："我的生日是腊月初五，还有两天就到了。因为家里贫穷，只要奶奶给我五角钱让我买一个乒乓球我就心满意足了。前几天，我看见同学过生日时买了一个大蛋糕，我真的有点嘴馋了。但是我知道，我无法和人家相提并论。"

面对这篇日记，面对这个孩子并不算高的奢望，我的心情变得沉重起来：怎样帮助他过一个快乐的生日呢？

第二天，我把去南京讲课时带回的牛皮糖拿到教室里，对大家说："同学们，今天是我们班一个同学的生日，你们猜，他是谁呢？"在学生们一通兴奋的猜测之后，我说出了这位学生的名字，并把牛皮糖发给大家，一起来分享这个快乐的时刻。同时，我把一个信封送给了他，信封里装了20元钱，并写了一张小纸条：祝你生日快乐！这是老师送给你的生日礼物，去买一个生日蛋糕，邀请你的家人和朋友一起过一个快乐的生日吧！再次祝你生日快乐！

在第二天的日记中，他这样写道："说实话，这是我一生中最快乐、最幸福的生日！至今，没有一个人在我过生日的时候这样对我，只有您！这是我最好的生日！无论您在何处，我都会想念您！都会支持您！爱您！身正方能带人，无私方能感人，您就是这样的！我跟定您了！"

一件发生在2010年的3月份。一个学生在日记中同样提到了自己的生日："老师，您知道吗？3月21日是我的生日，还有4天就到了！以往过生日的时候妈妈总会给我煮几个鸡蛋……"

我翻阅了日历，发现3月21日正好是星期天。于是我精心准备了一张面值20元的崭新钞票夹在她的日记里，并写了这样一段话：老师先预祝你生日快乐！去买一个生日蛋糕吧，让妈妈炒几个小菜，再邀请几个好朋友，一起过一个快乐的生日吧！

谁知第二天，钱依旧夹在日记本里，只是多了一个书签。书签的背面满是对我的祝福和感谢。在那天的日记中，她写道："老师，这个钱我不要，您如果再给我，我就再也不和您说心里话了！过年时，您已经送给了我们一桶油（春节时朋友送我一桶油，我推说离家太远不方便携带，送给了这个单亲家庭的孩子），妈妈也时常把您挂在嘴边，说您是一个大好人，让我将来一定要好好感谢您。您如果真想送我礼物，就送我一张您的照片吧，我感觉那样比金钱更宝贵！"

我悄悄地把她请到办公室，对她说："我们班每一个孩子过生日的时候，老师都会送蛋糕的，你的生日正好在周末，你就算帮老师一个忙，自己去买一个蛋糕好吗？你送给老师的书签我收下，我正好需要一个书签！谢谢你！"

讲完这两个小故事，我对朋友说："你还想听吗？这样的故事几乎每天都在发生，每当想起它们的时候，心中都感到无比的幸福！"

朋友看着我，脸上微笑着，没有说话。从她湿润的眼眶里，我想她已经理解了教师职业的意义……

是的，我一直很享受和孩子们在一起的每一分钟。我还告诉他们要像记住119、110一样记住我的电话号码，无论是现在还是将来，在任何地点、因为任何事情，我都会及时地给予他们帮助——在我的生命历程中。其实，我的梦想很简单，我只想做一名始终有学生可以教的一线教师，安安静静地教一辈子书。每天与无数的童心为伴，每天我都会收获无数的感动，给我无穷的勇气和力量！

牵着孩子们的小手，无论我身在哪里，都感觉自己是在向着天堂奔跑！

附录 活动目标分层设计

综合实践活动课程"研究性学习"领域
活动目标的分类与分层设计

依据《综合实践活动课程指导纲要（讨论稿）》中关于研究性学习的相关要求。

A级指标	B级指标	C级目标描述			
		三年级	四年级	五年级	六年级
问题意识	提出问题	能够从观察到的现象中，提出自己感兴趣的问题；能够从生活经验中提出问题	能通过观察、实验提出问题；能对自然现象、生活常识等产生好奇心，提出问题	能针对研究进程中的新发现，提出进一步研究的问题；能够在活动中不断产生或提炼出更多的问题	在解决问题的基础上，提出更有研究价值的问题
	聚焦问题	在教师的帮助下，对问题进行梳理	能够针对研究对象，分析哪些问题具有研究价值	分析提出的问题并能将问题聚焦，确定自己的研究方向	
方案的制订	预测	能够根据事物或现象的外部特征进行预测其内部结构	能够根据收集的证据及现象的表象对事实的本质进行预测	能够根据证据进行连续或多次预测	

A级指标	B级指标	C级目标描述			
		三年级	四年级	五年级	六年级
方案的制订	控制变量	知道控制变量实验的特点；在教师的指导下，能初步设计控制变量的实验	能够自行设计简单的控制变量的实验	能够利用控制变量的实验研究同一事物受多个因素影响的问题，开展实验活动；能够从对这些变量实验活动中所得数据的分析中，得出相关结论	
	建立模型	能够根据事物的表面特征建立简单的模型，来解释事物是怎样的或是怎么工作的	能够通过分析比较事物之间的变化和联系，建构模型	能够根据对事物规律的研究，通过数据和事实做出合理的解释，构建较为复杂的模型	能够根据对事物规律的研究，通过数据和事实做出合理的解释，构建较为复杂的模型
	制订方案	知道方案的基本要素；能够在教师的指导下，初步制订研究方案	能够根据研究内容，自行设计研究方案	能够自行设计研究方案，并能够根据研究中出现的问题，不断改进研究方案	
观察与实验	观察	能利用感官观察事物的表象；能够利用简单的仪器进行观察	观察前有计划，能够进行有目的的观察；在教师的指导下，尝试中长期观察	能够独立提出观察目的，并能够持续地进行中长期观察，并能够翔实地记录发现	能够借助精密的仪器进行观察
	实验	在教师的指导下，能够按照事先设计的实验方案进行研究	能够自行设计研究活动；能够根据实验中的现象与预测进行对比，进行初步的分析	观察实验现象，分析实验数据，从中得出结论；通过实验检验已有的知识和掌握的资料	
	图表	能够阅读并理解简单的统计图表；能够根据研究数据在制定好的表格线上绘制统计图	能够根据研究的现象和数据，分析并制作出多种形式的统计图表	能够根据研究的需求，自行设计统计图表；能够精确地将实验数据呈现在统计图上	能够整理研究中的数据，并根据数据制作复式统计图

A级指标	B级指标	C级目标描述			
		三年级	四年级	五年级	六年级
观察与实验	收集信息	能够针对某一问题通过询问他人等方式收集信息；能够对在观察、实验等探究活动中获得的信息进行记录并整理；尊重事实，并能够保留且不随意涂改原始数据	根据要研究的内容，主动的、多种途径地收集信息，并进行整理加工	能够选取有价值的信息，并能够将在研究活动中获得的有效信息整理加工形成新的信息	能够在信息整理的过程中，发现矛盾冲突，并能够进行分析和判断，去伪存真
表达与交流	表达与交流	用自己喜欢的方式表述自己观察到的现象；能够有条理地陈述自己的观点，并能够阐明自己观点的合理性	能够对研究中的记录进行简单的分析、解释，得出结论；能够在交流中，根据他人的合理的意见，反思并改进自己的研究	能够针对研究过程中的发现，提出自己的观点，能倾听他人的不同观点；能针对别人的研究提出评价或质疑	能够在同伴的交流与质疑的同时，分析研究的科学性，探究结果的合理性
	写作技能	能够简单讲述研究的大致过程，并简略介绍自己的观点	能够通过论文的形式让他人同意自己的观点	能够通过论文的形式说明事物之间的关系；介绍自己的研究并详细阐述	能针对一些具有争议的现象提出自己的观点，并能够用充分的证据论证
设计与制作	设计	能够在教师的指导下进行简单的设计	能够与小组成员一起完成简单的设计	能够根据研究的需要自行进行设计	能够独立进行有创意的作品设计
	制作	能认识制作的常用工具；能够在教师的指导下根据设计进行简单的制作	能够根据制作的对象自行选用合适的制作工具；能够独立完成一件简单的制作作品	能够根据设计选用合适的材料进行制作，并能检测制作的作品；将一些科学知识应用于制作之中	能够将自己的创意变成作品

A级指标	B级指标	C级目标描述			
		三年级	四年级	五年级	六年级
调查与访问	调查	能够在教师的指导下，学会制订简单的调查计划；会用表格等简单的方式记录调查结果	能够自己制订较为周密的调查计划；学会设计简单的调查问卷；能够根据自己的研究需求展开调查活动	能够利用多种形式展开调查；学会通过图表等形式分析调查结果；在教师的指导下，初步学会撰写调查报告	学会撰写调查报告，并能将自己的调查与别人交流
	访问	基本了解访问的特点；能够在教师的指导下，根据访问对象设计问题；在教师的陪同下，初步学会访问	能够自行设计访问问题；能够选择相应的对象进行访问，并与小组成员一同进行访问	能够独立完成访问任务；在教师的指导下，根据访问的情况，进行分析整理，得出结论	能够独立分析访问情况，进行分析、整理；能够独立完成访问报告
规划意识与规划能力	主题确定	能够领会和理解在教师的指导下确定的研究主题	在教师的指导下，能够根据自己产生的问题将问题转化为课题	能够独立将自己产生的问题转化为课题	能够结合自身能力特点、实际情况等因素有选择地将问题转化为课题
	阶段划分	能够在教师的帮助下，理解"开展研究活动需要分阶段"的意义和方法	在教师的帮助下，能够根据研究活动的需要对活动过程进行阶段划分	能够独立地根据活动内容进行阶段划分	能独立进行阶段划分，并能根据实际开展情况进行阶段的整合、新设等调整工作
	时间安排	能够在教师的帮助下，理解"分阶段"开展研究活动，有初步的时间划分意识	在教师的帮助下，能够根据内容安排划分出相应的时间段	能够独立根据活动内容分阶段进行时间划分	能够独立进行时间划分，并能根据活动开展情况灵活调整

A级指标	B级指标	C级目标描述			
		三年级	四年级	五年级	六年级
规划意识与规划能力	方法选择	能够在教师的帮助下，了解一些开展研究活动的常用方法；能够在教师的指导下，初步运用一些常用的研究方法	能够在教师的帮助下，熟练地运用研究方法	能够个人或小组内根据活动需要灵活运用研究方法	能够尽量多地运用研究方法为研究活动服务；能够对各种方法进行比较鉴别，并总结出各种方法的优缺点；能够创生出一些新的独特的研究方法
	资源利用	能够在教师的指导下，意识到"利用资源的意义和必要性"；能够尝试利用周边资源	能够在教师的帮助下，有效地利用周边资源；能够用拍照、取标本等一些常用方法利用资源	能够个人或小组内设计活动利用周边资源；能够利用政府部门、社会人士等丰富的社会资源	能够有较为成熟的资源意识；能够掌握较为娴熟的利用周边资源的技巧

综合实践活动课程"劳动技术与制作"领域活动目标的分类与分层设计

依据《综合实践活动课程指导纲要（讨论稿）》中关于劳动技术与制作方面的相关要求。

A级指标	B级指标	C级目标描述			
		三年级	四年级	五年级	六年级
问题意识	问题的提出	结合自己感兴趣的内容，从现象中发现并提出问题	能在日常生活、学习生活、家庭生活中发现并提出问题	能通过观察、比较等途径，从更广阔的领域中发现并提出值得研究的问题	
	问题的表述	能在教师帮助下，将问题表述清楚	能在小组讨论过程中，将问题表述清楚	能通过独立思考、小组讨论，将问题简洁、明确地表述清楚	能通过独立思考、小组讨论，有重点地将问题明确表述清楚
	问题的整理	通过小组讨论，初步了解问题的相关因素	学会分析问题之间的关系，初步理解"解决问题要把握问题的关键"	分解问题的发展过程，能够提出两个以上的相对具体的研究内容	能够从原因与结果、结构与功能等角度具体描述研究的内容
	体会问题研究的价值	体会到问题的解决能让自己获得更多的知识；体会劳动技术给自己带来的便利	认识到问题解决能拓展个人的知识领域并促进其自身能力的提高；加深理解劳动技术与社会的关系	问题解决有助于学生研究能力的进一步提升并使其逐步形成一定的问题意识；深刻体会劳动技术给自己带来的方便	

A级指标	B级指标	C级目标描述			
		三年级	四年级	五年级	六年级
劳动情感和态度	兴趣培养	通过集体活动和简单的制作活动，初步建立对劳动技术的兴趣	在劳动技术活动中，能总结自己的收获和体会，增强参与劳动技术的兴趣；在完成作品的过程中，体验劳动技术带来的成就感和乐趣	进一步增强对技术问题的兴趣，初步建立探究的欲望	关注日常生活中的劳动技术问题，形成稳定的学习兴趣
	合作交流的态度	尝试与别人进行交流，获得初步体验	能比较熟练地与人交流；在与人合作交流的过程中体会其中的意义与乐趣	初步学会小组合作的方法，体会分工的必要，并乐于与别人合作完成探究活动	积极采用小组合作的方式进行劳动技术活动，并能明确地进行分工
	创新意识	提出解决问题的简单设想	能结合自己的知识水平和兴趣，比较具体地提出简单的设想	提出多种设想，并在教师指导下进行筛选和甄别	发挥想象力，大胆提出设想，并初步推想方法的可行性，大胆进行创新
	节约意识	养成珍惜劳动成果、爱护工具的意识	进一步养成珍惜劳动成果、爱护工具、节约材料的习惯	养成较为良好的珍惜劳动成果、爱护工具、节约材料的习惯，增强节约意识	在实践中能积极主动地爱护工具，及时维修工具，爱护保存劳动成果，养成节约材料的好习惯；有较强的环保意识
劳动技术基本常识	认识简单材料和工具	在教师帮助下认识几种常见的材料和工具	了解常见加工材料、工具特性和用途	掌握若干日常生活中常见的加工材料的特性和用途，初步学会根据设想选择材料	能根据实际需要，创造性地选择加工材料和工具；能根据需要尝试创造一些简单实用的劳动工具

A级指标	B级指标	C级目标描述			
		三年级	四年级	五年级	六年级
劳动技术基本常识	工具的使用	在教师的指导下，正确使用几种简单的手工工具	能够熟练使用一些简单的劳动技术工具	掌握常见的劳动技术工具的使用方法；能够安全有效地使用工具进行加工	熟练使用劳动技术工具，有效安全地对材料进行加工制作；积累制作方法
	困难及意外情况的应急与处理	学会简单的劳动技术常识，遇到困难能及时向教师汇报，并寻求帮助	进一步掌握各种劳动技术常识，遇到困难或意外情况时能在教师或同学的帮助下想办法解决问题	熟练掌握劳动技术，能够在遇到困难时，通过与他人合作克服困难，解决问题	在实际操作中学会解决常见的困难和问题，培养克服挫折的能力和意志
	自护自救意识	知道简单的自护方法	在实际操作中掌握各种自我保护方法	自觉采取一些措施预防意外伤害，增强自我保护意识	在不断的实践活动中，发现探索简单的自护自救措施
设计制作能力	提出设想	在问题解决的过程中，能够提出自己简单的设想	能够在与人讨论的基础上，提出不同的设想	提出多种设想，并能进行甄别，确定可行的设想	利用已有的知识储备及调查结果，分析设想的可行性；制订设计草案
	作品描述与设计	能用简单的语言对设想或作品进行描述	尝试用文字对设想中的作品进行描述	能用简单的图示或设计草图对设想进行描述或介绍	能准确识读简单的加工图例和相关的说明书，尝试绘制简单的草图；树立质量意识
	工具材料的选择	根据个人喜好，选择自己感兴趣的材料	在教师帮助下选择合理的材料和工具	通过独立思考，能够根据不同材料、不同目的选择工具	能够通过综合设想和限制条件来选择合适的工具或材料
	作品制作	在教师帮助下完成简单的作品制作	能通过小组合作的方式，按照图纸步骤完成作品制作	按照制作设想或图例独立地进行制作或组装；培养技术意识	能够熟练根据图例或自己的设计图将材料或部件制作、组装出完整的作品；初步培养职业意识

A级 指标	B级 指标	C级目标描述			
		三年级	四年级	五年级	六年级
合作 能力	与他人交流	尝试与教师、同学交流	喜欢与他人交流，初步培养积极与他人交流的意识	遇到困难或问题时主动积极地与他人交流，寻求解决问题的办法	通过解决问题，体会与他人交流的意义和价值，增强合作意识
	认识自我和他人	能够发现自己或他人的优点	敢于指出别人的优点或缺点，正视自己的优点或不足	能够委婉地指出别人的优点或缺点；能发挥自己或他人的优点进行劳动技术活动	根据自己或他人的优势，主动合作完成一项任务；及时总结经验和教训，扬长避短
	合理利用自己和他人的优势	结合自己的兴趣开展制作活动	积极发现他人的优点或不足，并能对他人提供帮助	发挥自己与他人的长处，合作完成一项任务	根据每个人的长处，进行合理分工，合理有序地完成一项任务
	学会组建团队和小组合作的方法	尝试与他人合作，感受合作的快乐	进一步学会与他人合作，体会合作的价值与乐趣	初步探索合作的方法，掌握合作技巧；培养在合作分工与活动过程中的调控能力	根据设想有目的地组建团队，合理进行分工合作，按照计划顺利地完成一项任务
信息的收集及应用能力	文本资源整理与应用能力	根据需要采用请教、阅读等方式收集文本资料	能运用阅读、观察等途径收集各种资源；能对这些获取资源的途径进行比较和反思	学会通过各种渠道收集与解决问题有关的各种信息，并能将所获取的信息真实地记录下来	能快速地综合运用所学技能收集需要的资源；在收集预设信息的基础上，能根据生成的需要及时调整和确定是否要增加收集信息的范围；自觉做到资源共享

A级指标	B级指标	C级目标描述			
		三年级	四年级	五年级	六年级
信息的收集及应用能力	网络资源的选择与应用	在教师指导下，尝试用网络查找资源	能独立上网查找资源	根据自己的实际需要，有选择地收集有价值的资源	熟练地应用网络收集各种有价值的资源
	现代化设备的了解与应用	初步了解一些简单常用的现代化设备	学会一些常用现代化设备的使用方法	尝试应用现代化设备记录活动过程，为劳动技术活动服务	熟练应用各种现代化设备为实践活动提供便利
评价与反思	评价指标	在教师指导下，能够理解评价指标的评价要点	在教师指导下，能结合活动内容，参与评价指标的制订	活动前，能结合活动特点，尝试在小组合作的基础上，形成班级成员共同约定的评价指标	能根据活动过程或主要环节，制订简洁明了的评价指标
	评价活动	能根据评价指标，对自我或他人做出相应评价	能根据评价指标对自我或他人做出合理评价	能根据评价指标的要求开展活动；活动后，能结合表现对自我或他人做出合理评价	自觉围绕约定的评价指标开展活动；活动后，能结合表现对自我或他人做出合理评价
	总结和反思	能简单评价自己或他人的作品	能正确评价自己或他人的作品，用活动日记等方式记录自己的收获和体会	采用多种方式对操作过程和作品及时进行总结反思	根据设想要求对设计制作过程进行多方面的评价；尝试撰写评价报告

综合实践活动课程"社区服务和社会实践"领域活动目标的分类与分层设计

依据《综合实践活动课程指导纲要（讨论稿）》中关于社区服务和社会实践方面的有关要求。

A级指标	B级指标	C级目标描述			
		三年级	四年级	五年级	六年级
认识自我能力	了解自己的成长过程	了解自己的身体，发现身体在身高、体重等方面的变化，感受生命的奥妙	知道自己的身体变化特点，比较和他人的不同	学会总结自己成长历程中的得与失，认识挫折教育	学会制订自己的成长规划，制订自己的成长目标
	自己的兴趣爱好与能力	能够说出自己的兴趣、爱好	能够与他人交流自己的爱好与特长	乐于表现自己，能结合自己的兴趣爱好为班级服务；积极参与学校班级活动	在各类活动中积极主动地展现自己，展示出较为广泛的兴趣爱好
	个性培养与人生观的建立	在教师指引下，能初步发现自己与他人性格的不同之处，比较性格优缺点	通过感情交流及体验活动，初步了解自己的能力、兴趣、情绪、价值观等个性品质	通过畅想、感情交流、体验行动等学习活动，养成自理、自律、自省的习惯；通过丰富的实践活动加深对自身的了解和认识	通过丰富的社会实践活动来获得探究问题、与人交往的能力，形成正确的人生观、价值观
规划意识与规划能力	内容的设计	能在教师帮助下，结合研究主题，以问题方式表述感兴趣的研究内容	能围绕研究主题，有序地以问题方式设计并选择有一定代表性的研究内容	能在小组讨论的基础上，选择有代表性的研究内容，并适当考虑研究的价值和可行性	能在独立完成研究内容设计的基础上，选择、整合一定代表性的内容作为小组的研究内容

A级指标	B级指标	C级目标描述			
		三年级	四年级	五年级	六年级
规划意识与规划能力	方法的选择	能在教师的指导下通过请教、阅读、观察、实验等方式开展研究	小组内通过上网、阅读、采访、实地考察、调查等方式开展研究	能熟练地通过上网、多途径阅读、多层次调查、访谈、设计实验等方式开展研究	能独立通过文献研究、上网、行动研究、实验验证、调查访问等方式开展研究
	周边资源的利用	能在教师提示下,利用周边资源设计简单的研究活动	能了解并熟悉周边存在的一些资源;能根据研究活动选择可利用的资源	能结合周边资源,设计调查、观察、采访等实践活动	能熟练地利用周边资源设计并开展有效的实践活动
	方案可行性论证	引导学生了解方案可行性论证的基本要素;能结合自身特点,做出初步的判断	引导学生从研究问题的难易程度、解决的途径、是否有相关资源等方面入手论证方案的可行性	引导学生从问题存在的现状、可能解决的途径、周边可利用的资源及可能寻求到的帮助等方面考虑方案的可行性	引导学生结合自身能力特点、小组构成情况、周边可利用资源、问题解决的难易程度等综合判断方案的可行性
信息收集与整理	信息的收集	能运用请教、阅读、观察等基本方式收集研究信息;在教师指导下,能做一些简单的实验和上网搜索信息的工作	能熟练地运用上网、阅读、观察等方法收集信息;能在教师指导下,尝试通过采访、实地考察、调查等方式收集第一手研究信息	能熟练地运用关键词搜索、多途径阅读、多层次调查、访谈等方法收集信息;能根据研究需要设计实验,尝试用"对比法"收集更多的信息,并能意识到各种不同信息在研究中的作用	能快速地综合运用所学技能收集到需要的信息;在预设信息收集的基础上,能根据生成的需要及时调整和确定是否要增加收集信息的范围;开始逐渐意识到文献研究、行动研究、调查访问等信息收集方法在研究中的重要性

A级指标	B级指标	C级目标描述			
		三年级	四年级	五年级	六年级
信息收集与整理	信息的处理	能根据研究问题，有针对性地确定有效信息；用画重点、剪贴、摘抄、记观察日记等方式对信息进行处理	能结合研究需要，从文本资料中将有效信息通过画重点、剪贴、摘抄等方式进行处理；对通过调查、采访等途径获取的信息能运用语言描述的方式，简洁地将重要信息进行整理并呈现	能熟练地运用常规方式对收集的信息进行处理；能学会运用序列呈现、表格呈现、图标呈现等方式对有效信息进行处理	能灵活运用各种常见的信息处理方法；能结合研究需要，恰当地选择最佳处理方法，较好地呈现处理的内容
	信息的运用	能结合处理的信息，写出简单的研究报告；学会选择有代表性的材料汇编成手抄报；结合某一发现，小组策划、编排一些有趣的节目，在班级中进行研究成果的分享	能结合处理的信息，小组合作写出有一定质量的研究报告；制作有一定质量的手抄报；能从获得的第一手材料中发现问题，并能结合问题，提出自己或小组的看法，在成人帮助下，开展进一步的研究活动	能结合处理的信息，小组合作写出较高质量的研究报告；能根据成员特长，制作较高质量的手抄报、电脑小报、幻灯片等；针对研究中发现的问题，能通过建议、倡议书、书信等方式寻求支持，以利于问题的解决	能结合处理的信息，提出自我建议，在小组优选的基础上，选择适当的方式高质量地完成研究报告、幻灯片并能熟练地运用建议、倡议书、书信等方式对发现的问题寻求相关解决的办法；在教师指导下，运用信息技术，尝试利用研究信息，制作研究类的电子书刊

续 表

A级 指标	B级 指标	C级目标描述			
		三年级	四年级	五年级	六年级
社会 适应 能力	环境适 应能力	了解并适应家庭、 邻里环境	认识并适应班 级、学校环境	深入了解所在社区 环境，了解社区管 理，能提出合理化 建议	走进社会，了解 社区周边环境， 会利用几种主要 交通方式，独立 采购
	人际适 应能力	了解家庭成员、 亲朋好友的生活 习惯，学会与之 交流	学会与老师、 同学沟通，交 到更多的知心 朋友	能够自己走进社区 调查了解问题，学 会参与社区活动， 对社区建设献言 献策	在不同的社会实 践活动中，初步 具有与不同行业 的人进行沟通的 能力
	问题解 决能力	能够意识到自己 在与他人交往时 会遇到的问题， 并学会处理	能够积极面对 与同学出现的 问题，自己化 解与同学之间 的矛盾	调查发现社区问 题，尝试解决问题	调查了解社会问 题，逐步掌握解 决问题的方法
社会 现象 调查 采访	选择调 查角度	学校调查	社区环境调查	社会环境调查	社会热点现象
	确定访 谈对象	能在教师帮助 下，确定访谈 对象	能根据研究需 要，小组讨论 确定访谈对象	能根据具体研究内 容需要，小组讨 论，有效选择访谈 对象	能根据具体研究 内容需要，小组 独立确定并联系 访谈对象
	设计访 谈提纲	在教师帮助下， 能以问题的方式 提出并设计简单 的访谈提纲	在小组合作下， 围绕访谈主 题，能设计有 一定质量的访 谈提纲	能结合访谈主题， 设计较高质量的访 谈提纲； 在设计访谈提纲过 程中，能关注提纲 设计的层次，便于 较自然地开展访谈 活动	能结合访谈主 题，有序地设计 较高质量的访谈 提纲； 在设计访谈提纲 时，能关注过渡 语的运用，努力 将访谈过程预设 得轻松、自然

A级指标	B级指标	C级目标描述			
		三年级	四年级	五年级	六年级
社会现象调查采访	选择访谈方式	"以多对一"的访谈方式	在掌握"以多对一"的访谈方式的基础上，尝试小组式的访谈方式	在掌握面对面访谈方式的基础上，尝试其他的访谈方式，例如，电话采访、网络信息平台采访、邮件采访、书信采访等	能根据实际需要，选择便捷、有效的方式开展访谈活动
	实施访谈活动	在教师带领下有礼貌地开展访谈活动	尝试小组合作，自主开展访谈活动。注意访谈礼仪，注意安全	小组合作，自主开展访谈活动。能自觉注意运用访谈礼仪，注意安全	在小组合作开展活动基础上，尝试个体独立开展访谈活动
	处理访谈信息	在教师帮助下，能较清晰地整理访谈的信息，能够描述一种简单的社会现象	通过小组合作，能较完整地整理访谈的信息，说明某种社会现象的存在状况	结合访谈活动，能筛选有效访谈信息；在小组合作基础上，完成访谈报告；分析社会现象对我们生活的影响，发现问题，提出假设	能在基本独立完成访谈报告的基础上，高质量地完成小组访谈报告；有条理地表达自己对社会现象的观点
社会参与能力	认识社会	初步了解社会的基本活动	初步认识人与社会、学校与社会、家庭与社会的关系	了解一些社会组织机构和社会规则；初步懂得规则、法律对于社会公共生活的重要意义	了解一些基本的地理知识；理解人与自然、环境的相互依存关系；简单了解当今人类社会面临的一些共同问题
	参与活动范围、方式	在家庭和班级内参加力所能及的劳动	逐步学会从身边的小事做起，养成爱护环境、热爱生活等方面的习惯	进行多种职业体验，感受科学技术与日常生活、社会发展的关系，逐步形成正确的科学观	积极参与志愿活动，关心残疾人、老年人等弱势群体，乐于为他们做一些力所能及的事情

A级指标	B级指标	C级目标描述			
		三年级	四年级	五年级	六年级
社会参与能力	合作能力的培养	体验个人与群体的互动关系	尝试小组合作，愿意与他人交往；初步形成与他人友好相处、共同成长的意识与能力；对他人的帮助心存感激并随时乐意帮助他人	掌握小组合作的方法，在学校活动中灵活运用；理解他人的生活习惯、个性特点，懂得尊重他人、宽容他人	以小组为单位，积极组织社会实践活动，体验合作的快乐。小组合作、自主设计活动，并能独立完成
	社会实践能力	开阔眼界，初步获得社会经验与能力；学习家庭生活中的小技能	能初步运用学习的小技能和经验，为他人服务；让学生有更多的机会自己去活动、体验乃至创造	通过观察、访问调查或知识竞赛，学习有关的交通知识、法规和安全小常识；开展模拟活动，感受服务他人给自己带来的快乐	关心社区中的重大活动和社区存在的主要问题；尝试运用自己所学知识分析和解决具体问题，按计划开展活动，从中获得积极的感受。初步学会分析活动的得与失，撰写报告
社区服务能力	认识并参与学校活动	具有初步的班级服务的能力；形成初步的班级服务的意识；在服务同学的过程中，逐步培育班级归属感	了解学校组成，各部门分工；在班级服务的基础上，树立为学校服务的意识	选择自己合适的服务项目，学习先进的方法；协助学校开展学校推介、政策宣传等服务活动	树立以服务他人为乐的意识，为参与学校、社区、社会实践打基础
	参与社区服务活动	参与学校组织的一些校内活动	协助办理学校、社区文艺表演、展览等活动；选择临近学校的社区或居家附近的街道、公园等进行环境整洁活动	参与当地政府或居家所在的社区组织的各项公益性服务活动	参加经政府立案成立的公、私立社团，公益团体，慈善机构，救助单位等举办的服务活动

A级指标	B级指标	C级目标描述			
		三年级	四年级	五年级	六年级
社区服务能力	认识公益活动	初步了解一些社会公益活动	了解社会福利机构和设施，体会社会对残障等弱势人群的关怀；对弱势人群有同情心和爱心，尊重并愿意尽力帮助他们	结合身边的事例，小组合作组织一些小型的公益活动	初步认识和适应不同的社会角色；积极参与志愿者活动；尝试运用所学知识为弱势群体解决一些实际问题
	树立服务社会意识	对社区的地理环境、人文环境、物产特色、民间风俗和传统节日有所了解；调查了解学校的服务人员，初步了解社会分工各有不同	开展各种服务社会的模拟活动，感受服务他人给自己带来的快乐	参与社区建设和发展服务活动，有较强的服务意识和责任心；体验服务的充实与愉悦	具有较强的主人翁意识，关心社区中的重大活动和社区存在的主要问题；尝试运用自己所学知识分析和解决具体问题，按计划开展活动，从中获得积极的感受；学习分析活动的得与失，撰写报告
社会责任感	初步理解社会责任感	知道我们每个人都是家庭、学校、社会的一分子	认识自己在学校班级家庭中所应该承担的责任	对社会责任感有比较客观的认识	知道自己应具备的社会责任感有哪些，学会负责任、有爱心的生活
	循序渐进地培养学生责任感	培养自己的集体荣誉感	知道荣誉来之不易，要靠大家共同努力	在学校以及其他公共场所注意自己的行为	以身作则，带动其他人为自己所担负的责任而努力

续表

A级 指标	B级 指标	C级目标描述			
		三年级	四年级	五年级	六年级
社会 责任 感	参与培 养责任 感的体 验实践 活动	在家可以完成力 所能及的事; 在班内履行好自 己的职责	立足校内,开 展丰富多彩的 班队活动	延伸校外,组织学 生参加公益活动	自己可以组织相 关活动走进社 区、社会,践行 责任
	内化学 生责任 意识	帮助学生意识到 自己的存在和价 值,发挥自己的 主体作用	能够运用情境、 活动等多种方法 激励学生理解责 任意识	学生自我评价,教 师随机评价,家庭 跟踪评价,共同激 励责任实践	自觉养成良好的 践行职责习惯
遵守 社会 行为 规范	初步了 解社会 行为规 范	了解学生行为 规范	熟悉学生行为规 范并加以遵守	了解社会行为规范	熟悉常见社会行 为规范并遵守
	观察认 识有关 社会行 为规范 的各种 现象	在班级、家庭内 部调查了解有关 社会行为规范的 现状	考察学校社会 行为规范的现 状并分析原因	考察社区社会行为 规范的现状,撰写 报告	根据社会行为规 范的现状,分析 原因,寻找解决 方案
	体验社 会行为 规范并 养成遵 守社会 行为规 范的良 好习惯	在教师引导下, 体验学生行为 规范、学生行 为守则	自觉养成遵守各 种规范的习惯	在社会上自觉遵守 公共秩序,注意公 共安全,做个讲文 明、有教养的人	小组合作,总结 如何遵守秩序, 教给大家怎样做 个讲文明、有教 养的人